W0304378

Søren Gericke / Henrik Skougaard Jacobsen
Smørrebrød und Rote Grütze

Søren Gericke
Henrik Skougaard Jacobsen

Smørrebrød und Rote Grütze

Lust auf Dänemark

Aus dem Dänischen von
Monika Wesemann

edition q

Die Deutsche Bibliothek – CIP-Einheitsaufnahme

Gericke, Søren:
Smørrebrød und Rote Grütze: Lust auf Dänemark / Søren
Gericke; Henrik Skougaard Jacobsen. Aus dem Dän. von
Monika Wesemann. – Berlin : Ed. q, 1993
ISBN 3-86124-236-2
NE: Skougaard Jacobsen, Henrik:

Originalausgabe
exklusiv bei edition q

Copyright © 1993 by edition q, Berlin

Dieses Werk ist urheberrechtlich geschützt. Jede Verwertung
außerhalb der engen Grenzen des Urheberrechtsgesetzes
ist ohne Zustimmung des Verlages unzulässig und strafbar.
Das gilt insbesondere für Vervielfältigungen, Übersetzungen,
Mikroverfilmung und die Einspeicherung und Verarbeitung
in elektronischen Systemen.

Lektorat: Klaus R. Dichtl
Fachberatung: Dora Abplanalp, Kopenhagen,
und Christine Horn, Berlin
Umschlaggestaltung: Atelier Höpfner-Thoma, München
Gesamtherstellung: Ebner Ulm
Printed in Germany

ISBN 3-86124-236-2

Inhalt

Herzlich willkommen in Dänemark, dem kleinen Land, dessen Schönheit in der ganzen Welt bekannt ist. Es begrüßt den Besucher mit seinen weiten Hügellandschaften, fruchtbaren Feldern und hellen, luftigen Buchenwäldern. Der Besucher findet hier einsame Heidegegenden, kilometerlange Küsten und selten überfüllte Strände.

Dänemark, das sind die Klippen von Bornholm, aber auch gemütliche, verschlafene Orte und freundliche Städte. Überall gibt es eine Menge zu sehen.

Der Jahreszeitenwechsel vermittelt dem Besucher immer neue und andere Erlebnisse: Im Frühjahr genießt er Dänemark in Hellgrün, der Sommer bringt das Strandleben in den Dünen und den Sand im Picknickkorb, der Herbst die Farbenpracht der Wälder, aber auch eine frische steife Brise, und im Winter erfährt der Gast, was echte dänische Gemütlichkeit an einem kalten Winterabend bedeuten kann.

Das Buch soll ein kleiner Begleiter durch die dänische Küche und die dänische Natur sein. Viel Vergnügen auf dieser Wanderung!

Vorwort

Die Grenzen sind praktisch verschwunden. Wenn erst einmal die Harmonisierung des Binnenmarktes richtig greift, kosten die Waren in Dänemark und in Deutschland ungefähr das gleiche, und man bekommt auch das gleiche. Weshalb also nach Dänemark fahren?

Inzwischen ißt man in einem guten dänischen Landgasthaus ebenso billig wie in einem Restaurant unter südlichen Palmen. Außerdem hat man dabei noch viele Vorteile. Man braucht nicht so weit zu fahren, die Leute verstehen meist Deutsch und sprechen es zuweilen sogar, und der einzige wirkliche Taschendieb ist der jeweilige dänische Steuerminister. Aber dem läuft man in einem dänischen Landgasthaus nur selten über den Weg.

Die Grenzen sind zwar gefallen, doch damit sind die Unterschiede zwischen Dänemark und Deutschland noch lange nicht verschwunden. Zum Glück haben wir alle unsere Eigenart. Wir Dänen sind beim Ausbau der Touristikindustrie ein wenig vorsichtig. Wir wollen keine großen Reklameschilder an den Straßen. Die versperren nur die Aussicht auf die schöne Landschaft. Wir wollen auch nicht, daß unser Land schmutzig wird, weder zu Land noch auf dem Wasser oder in der Luft. Dabei ist gleichgültig, wer den Dreck verursacht, sei es die Industrie oder ein gedankenloser Halbwüchsiger, der eine Bierflasche auf die Straße wirft. Auf allen dänischen Fährschiffen wird der Abfall behandelt und an Land gebracht. Bestimmte Flüssigabfälle kann man ganz elegant zu reinem

Trinkwasser machen. Deshalb kann es durchaus sein, daß das Wasser für die Tasse Kaffee, die man auf der Fähre zwischen Puttgarden und Rødby trinkt, aus den Resten eines herrlich kühlen Carlsberg von der vorigen Überfahrt besteht. Aber natürlich sind Alkohol, Biergeschmack und alle Spuren des Reisenden, der dieses Bier genossen hat, verschwunden.

In Dänemark mögen wir auch unsere Königin. Margarethe ist nicht nur ein würdiges Staatsoberhaupt, sondern auch eine sehr kluge Frau mit Verstand und Herz. Sie ist außerdem eine große Naturfreundin. Deshalb empfiehlt es sich durchaus, der sogenannten „Daisy-Route" zu folgen, wenn man durch Dänemark fährt. Das ist eine besondere Reiseroute, auf der man so viel von Dänemark sieht wie nur möglich. „Daisy" hat man sie genannt, weil das der Kosename ist, den die Familie der Königin gegeben hat. Sie meint sicher, dieser Name sei nur in ganz engem Kreis bekannt, aber das stimmt nicht, wir kennen ihn alle. Daisy ist das englische Wort für Margerite, die Lieblingsblume der Königin. Eine typische, schmucklose dänische Blume, die man überall am Wegrand findet.

Und dann müssen wir es ja wohl zugeben: Wie soviel anderes Gute, so kommt auch unsere Königsfamilie aus Deutschland, nämlich von den Glücksburgern bei Flensburg.

Möchte man anders fahren, kann man auch die nach dem dänischen Dichter Steen Steensen Blicher benannte Route durch Jütland nehmen. Es gibt noch viele andere, und die Touristenbüros im ganzen Land können dazu sehr gute Vorschläge machen. Auch auf den Bahnhöfen der dänischen Staatsbahnen bekommt man gute Auskünfte, am meisten aber erfährt man von den Dänen selbst. Schon möglich, daß wir ein wenig verschlossen wirken, aber wenn wir hören, daß sich ein Ausländer ehrlich für unser Land interessiert, dann tauen wir auf und sind wirklich hilfsbereit.

Die offiziellen Stellen brauchen also nicht unbedingt die besten Informationsquellen zu sein. Im Schuhgeschäft am Ort weiß man besser, wo man eine gute Tasse Kaffee mit dazugehörigem Kopenhagener bekommt. Fragen Sie ruhig.

Irgendein kluger Mann hat vor Jahren einmal gesagt, wenn etwas in Dänemark gehe, dann lasse es sich in der ganzen Welt machen. Darin liegt vielleicht ein Körnchen Wahrheit, denn alle Dänen sind die reinsten Querköpfe. In unserem Folketing sitzen mehr Parteien als im Parlament irgendeines anderen Landes, und ginge es nach den Dänen, dann hätte das Folketing fünf Millionen Abgeordnete, nämlich ungefähr so viele, wie das Land Einwohner hat. Bei uns wird alles diskutiert und gründlich durchgekaut.

Wir bezahlen teuer für einen ordentlichen Wasserschutzplan. Ein ganz normaler Ferienhausbesitzer bezahlt unter Umständen jährlich mehrere tausend Kronen für eine gut funktionierende Kanalisation. Der dänische Naturschutzverein ist mit seinen fast 300 000 Mitgliedern die stärkste Interessenorganisation in Dänemark.

In Dänemark gibt es Unmengen von Kühen und Schweinen. Das Land hat tatsächlich doppelt so viele Schweine wie Einwohner; eine ganz schöne Schweinerei, was da so alles abfällt. Der größte Teil wird allerdings auch genutzt. Immer mehr Städte bauen Kraftwerke, die in großen Anlagen den Stallmist auf 55° Celsius erwärmen. Die dabei entstehenden Gase treiben dann eine Turbine, die wiederum Strom liefert. Nichts geht verloren. Der Bauer bekommt seinen entgasten und nun weitaus brauchbareren Mist zurück und kann damit seine Felder düngen.

Wir halten in Dänemark recht viel von der natürlichen und ökologischen Landwirtschaft. Wir sind zwar keine Fanatiker, aber es steigen immer mehr Leute darauf um. Deshalb bekommt man fast überall in Dänemark Biowaren. Sie kosten scheinbar mehr, aber keine Angst . . .

Kauft man in einem Supermarkt ein Kilogramm normalen Fabrikschinken und dann beim Schlachter ein halbes Kilogramm Bioschinken, so bezahlt man das gleiche. Versucht man danach aber den Schinken zu kochen und zu essen, entdeckt man, daß der normale Schinken schrumpft, weil er mit Wasser aufgepumpt und stark gesalzen wurde. Auch nach der

Zubereitung enthält er noch eine Menge Wasser. Deshalb hat man auch nach drei bis vier Scheiben noch immer Hunger. Wasser macht nämlich nicht sonderlich satt. Der andere schrumpft fast gar nicht, und nach zwei Scheiben ist man satt. Noch wichtiger aber ist, daß er einfach schmeckt.

Auch in Dänemark hatten wir unsere Küchenrevolution. Sie wissen schon, was ich meine. Das Essen mußte vor allem ein auf dem Teller angerichtetes Kunstwerk sein. Auf jedem Teller lagen genau abgezählt gleich viele Erbsen in Reih und Glied, und der rote Salat durfte auf keinen Fall neben dem rosagebratenen Fleisch oder der currygelben Soße liegen, weil die Farben aufeinander abgestimmt sein mußten.

Das erstemal fand man das vielleicht ganz hübsch. Aber das Ganze war zu teuer und hatte noch einen großen Haken: Man wurde nie satt und schaute sich hinterher nach einer Würstchenbude um. Also findet man inzwischen schon oft wieder zurück zu alten Traditionen.

Vor vielen, vielen Jahren lebte einmal ein dänischer König namens Frede Fredegod, was ungefähr „Friede Friedegut" bedeutet. Damals lebte das ganze Land in tiefem Frieden, und die Dänen waren grundehrlich. Wenn sie auf der Straße ein Goldstück fanden, so ruhten sie nicht, bis sie den rechtmäßigen Besitzer gefunden hatten. Heute ist das nicht mehr so – wenn es denn überhaupt jemals so gewesen ist, aber trotzdem: An allen dänischen Landstraßen steht das Geld frei zugänglich am Straßenrand.

In den kleinen Zigarrenkisten auf einem Tisch in einer Hofeinfahrt liegt immer Wechselgeld. Daneben verkünden Schilder, daß man hier „neue Kartoffeln", „Pflaumen", „Gurken", „Erdbeeren" oder anderes haben kann. Dieser Verkauf an der Stalltür ist alte Tradition. Oft bekommt man hier mit Sicherheit ungespritzte und auf jeden Fall immer frische Waren. Sie sind billiger und schmecken besser als diejenigen, die den Weg über den Groß- und Einzelhandel hinter sich haben. Fast niemandem würde es einfallen, dieses Geld zu mausen, außer natürlich unserem Steuerminister, denn selbstverständlich gibt es in dem abgabengeplagten Dänemark auch Steuerbestimmungen für den Verkauf vor der Haustür.

Dänemark ist wohl das Land, in dem Felder und Feldfrüchte am wenigsten gespritzt werden. Auf vielen kleinen Inseln geschieht das nie, weshalb Obst und Gemüse auch noch nach etwas schmecken. Sie haben noch Saft und Kraft, so daß man richtig spürt, was in den Wikingern steckte. Sie wollten gern ausziehen und erobern, aber sie klebten auch an der heimischen Scholle. Sie wollten immer wieder zurück zu ihren eigenen Stränden.

Heute zieht es viele Dänen ins Ausland, doch meist nur wegen der steuerlichen Belastung. Ein Steuersatz von 60 Prozent ist in Dänemark nicht ungewöhnlich. Da haben wir ihn wieder, den Steuerminister!

Aber die meisten Dänen, die ins Ausland ziehen, machen es wie die Wikinger. Sie kommen wieder zurück, weil sie entdecken, wie gut sie es zu Hause gehabt haben.

Unsere Eßgewohnheiten sind natürlich stark durch unseren großen südlichen Nachbarn beeinflußt worden. Das läßt sich nicht vermeiden. Deutsche Heere haben das kleine Dänemark seit Urväterzeiten mehrmals überrannt. Jedesmal ließen sie ein fürchterliches Durcheinander, zahlreiche außereheliche Kinder, ein paar neue Fremdwörter im Dänischen und einige Eßsitten zurück. Wir Dänen lernen offenbar am meisten von denen, die uns besiegen. Als einzige Nation haben wir jemals England eingenommen, allerdings schon in der Wikingerzeit, aber immerhin. Davon zeugen dort heute noch zahlreiche Beispiele. Alle Ortsnamen auf *-by*, das dänische Wort für Stadt, bezeichnen alte dänische Städte. Hinter der vornehmen Londoner Straße „The Strand" verbirgt sich ganz einfach das dänische Wort Strand. Es bedeutet im übrigen das gleiche wie im Deutschen. – Aber an Eßkultur haben wir aus England nicht viel mitgebracht. Na ja, vielleicht das Roastbeef, aber das ist wohl auch das einzige. Die Briten dagegen sind seit vielen Jahren die größten Abnehmer von dänischer Butter und dänischem Bacon.

Unser heißgeliebtes Nationalgericht Frikadellen ist eine deutsche Erfindung. Man weiß mit Sicherheit, daß sie 1842 nach Dänemark kamen. Ich möchte allerdings behaupten, daß wir sie verbessert haben. Auch die Kartoffel kam aus Deutschland zu uns, nämlich zusammen mit armen deutschen Landarbeitern. Sie machten einen Teil der Heide urbar und lehrten uns, Kartoffeln zu essen. Man nannte sie Kartoffeldeutsche. Ihre Nachkommen leben noch heute in dem Gebiet zwischen Skive, Holstebro und Viborg in Jütland, wo man ihre große Leistung im vorigen Jahrhundert sehr zu schätzen wußte. Sie waren so ungefähr die ersten Gastarbeiter in Dänemark und brachten dem Land ein unentbehrliches Kulturerbe. Ach ja, der Weihnachtsbaum kam übrigens auch aus Deutschland!

Wenn die Dänen einem Ausländer ein wenig Dänisch beibringen wollen, dann muß er als erstes immer „rødgrød med fløde“ sagen (das ist „rote Grütze mit Sahne“). Dann lachen sich die Dänen halbtot, wenn der arme Mensch all die weichen „d“s auszusprechen versucht, die in ungeübten deutschen Ohren wie „l“ klingen. Doch dann muß man sich nur sagen, daß das Dänische keine Sprache, sondern eine Halskrankheit ist. Die Dänen selbst meinen, daß sie darin nur noch von den Holländern übertroffen werden.

Wenn die Küche zweier Länder aufeinandertrifft, entsteht daraus eine gelungene Mischung. Man fängt an zu vergleichen, zu experimentieren. So entstand die regionale Küche. Man nahm ein wenig von dem, was man andernorts gesehen hatte, schaute sich an, welche Rohwaren man dort zu bieten hatte, und kochte danach mit dem, was man selbst hatte. Genau das aber, die frischen Rohwaren der jeweiligen Gegend, ist typisch für die dänische Regionalküche. Dort waren ganz sicher nie Kiwifrüchte zu finden!

Bezeichnend ist es schon, daß es in dem dänischen Film, der 1988 einen „Oscar“ erhielt, nur ums Essen, um eine Mahlzeit, ging. „Babettes Gastmahl“ nach der Erzählung von Tania Blixen, der als bester ausländischer Film ausgezeichnet wurde, spielt im vorigen Jahrhundert an der jütländischen

Westküste. Leider nur wurde diese berühmte Mahlzeit von einer französischen Frau zubereitet und bestand aus Dingen, die nicht gerade zur dortigen Küche gehören, nämlich aus echter Schildkrötensuppe, Blinis mit echtem Kaviar und einer besonderen Sorte Wachteln sowie französischem Champagner.

Der Film war gut, aber für dieses Essen können sich die Westjüten heute noch nicht erwärmen. Sie essen lieber rote Grütze mit Rahm, frisch ausgebuddelte dänische Kartoffeln und eine frischgefangene Scholle mit ausgelassener Butter und trinken dazu ein herrliches, kaltes, dänisches Bier!

Darf ich noch ein wenig angeben? Wir haben uns auch im Jahr darauf einen „Oscar" und sogar die „Goldene Palme" von Cannes geholt, nämlich mit dem Film „Pelle der Eroberer". Der spielt auf Bornholm, und auch in dem Film wird gegessen. Allerdings ist das ein ganz anderes Essen. Der Film handelt von armen Tagelöhnern, denen man einen schlimmen Schweinefraß zumutete. In den Verträgen der Knechte stand damals, der Dienstherr dürfe ihnen nur viermal in der Woche Lachs vorsetzen! Dieser Lachs hatte allerdings auch nicht sehr viel mit dem feinen, frischgeräucherten Ostseelachs zu tun, den man heute auf Bornholm bekommt. Er war zerkocht und schmeckte nach Tran.

Wir möchten in diesem Buch ein wenig von den Dänen und vom dänischen Essen erzählen. Die beiden Dinge gehören in Dänemark untrennbar zusammen. Viele Menschen essen, um zu überleben. Die Dänen essen, um zu leben. Das tun sie mit dem größten Wohlbehagen und in unterschiedlichster Form. In vielen Betriebskantinen bekommt man heute zwar gutes Essen, aber trotzdem nehmen viele Dänen jeden Tag in ihrer Brotbüchse ihr zu Hause geschmiertes „Smørrebrød" mit zur Arbeit. Das ist einfacher und billiger, und man entscheidet selbst, was man essen will.

Das Buch enthält auch Rezepte typisch dänischer Gerichte. Es sind Gerichte, die wir selbst mögen und die erfahrungsgemäß auch unseren Gästen schmecken. Versuchen Sie sie in

Dänemark oder kochen Sie sie selbst zu Hause in Deutschland.

Im Gegensatz zu vielen anderen Kochbüchern bringen wir hier nicht so viele Abbildungen der einzelnen Gerichte. Gestalten Sie sie nach Ihrem eigenen Geschmack. Sie brauchen dazu kein großartiges Farbfoto. Lassen Sie Ihre Phantasie arbeiten, spielen Sie in der Küche und erleben Sie eine echte Freude am Essen. Die Fotografien von *Henrik Skougaard Jacobsen* werden Ihnen gewiß eine neue „Lust auf Dänemark" verschaffen.

Dänemark ist ein glückliches Land. Wir haben Nahrungsmittel im Überfluß, so viele, daß wir sogar vom Verkauf dieser Nahrungsmittel leben können. Aber das Handwerk, das echte Handwerk, das aus den Erzeugnissen, die uns die Natur so großzügig schenkt, gute Dinge zubereiten kann, das gibt es auch noch. Noch ist nicht alles industrialisiert.

Guten Appetit!

Kopenhagen, Frühjahr 1993 *Søren Gericke*

I *Nordschleswig*

Möchte man sich ein kulinarisches Bild von Dänemark machen, dann muß man in Nordschleswig beginnen. Durch diesen Landesteil und über die Ostsee sind verschiedene Gerichte, die heute als dänisch gelten, von Deutschland her eingewandert oder über Deutschland aus anderen Ländern nach Dänemark gekommen. Hier findet man noch ein Essen von ausgeprägt regionalem Charakter, mehrere Gerichte sind im übrigen Land völlig unbekannt.

Die Nordschleswiger halten traditionell an ihren Kochgewohnheiten fest und überliefern sie von Generation zu Generation. Selbst junge Leute sind noch Anhänger der alten Eßgewohnheiten dieses Landesteils, was sonst schon seit ein paar Generationen in Dänemark eine Ausnahme ist.

Die Nordschleswiger Küchentradition steht in enger Verbindung mit Holstein und mit den friesischen Gebieten bis hin nach Holland, was durch die politisch-historischen Verhältnisse mehrerer Jahrhunderte bedingt ist. Zugleich aber ist eine gewisse Selbständigkeit typisch. Für die Schleswiger in dem heute deutschen Südschleswig und im dänischen Nordschleswig – heute Sønderjylland – war das früher nicht davon abhängig, ob man deutsch oder dänisch eingestellt war. In erster Linie und für einige Angehörige der älteren Generation gilt das noch immer, war das dadurch bestimmt, ob man sich als *Schleswiger* fühlte oder nicht. Das deutsch-dänische Problem entstand erst mit den nationalistischen Bewegungen in Europa in der Mitte des 19. Jahrhunderts.

Mehrere Jahrhunderte lang bildete Schleswig von seiner Volkskultur her eine Einheit, und diese Einheitlichkeit spiegelt sich in der Essenszubereitung wider, und zwar nördlich und südlich der deutsch-dänischen Staatsgrenze.

Es gibt in Nordschleswig von Ort zu Ort wohl gewisse Unterschiede, aber die sind nicht sehr zahlreich. Der Westen, und hier vor allem der südliche Teil, ist etwas stärker von Holstein beeinflußt als das übrige Nordschleswig (hier wurden denn bei den Volksbefragungen von 1920 auch viele Stimmen für Deutschland abgegeben), während der östliche Teil, und hier insbesondere die Insel Alsen, eine größere Unabhängigkeit von den südlichen Nachbarn zeigt.

Die Bewohner von Alsen haben sich nie nur als Nordschleswiger gefühlt. Sie betrachen sich eher als selbständige Inselbewohner denn als Jüten. Sie unterscheiden humoristisch zwischen sich und „den Christen auf der anderen Seite", Christen, weil das Land auf der anderen Seite des schmalen Gewässers, des Alsensunds, keine Insel und dadurch fest mit Rom verbunden ist, wo der Papst wohnt, wie die Bewohner von Alsen scherzend sagen, wenn sie von den Leuten „drüben" in Sunderved reden. Sie fühlen sich absolut zu Nordschleswig gehörig, sind aber stolz darauf, Inselbewohner von Alsen zu sein, und immer haben sie starke Beziehungen zu den Inseln südlich von Fünen gehabt.

Die nationale Einstellung spielte für die Eßgewohnheiten keine Rolle. Ob man nun dänisch oder deutsch eingestellt war, man lebte nebeneinander, hatte ein normales nachbarschaftliches Verhältnis zueinander, und die Frauen redeten über Kinder und Küche. Die Zeit zwischen 1864 und 1920 wie auch die Periode von 1940 bis 1945 bedeuteten somit in vielen Fällen eine starke Belastung für diese Nachbarschaft. Nur die wenigsten dänisch eingestellten Nordschleswiger wußten wohl noch, welche Bereicherung die Schleswiger Küche von und durch Deutschland erfahren hatte. Die dänische Haltung kam sehr deutlich zum Ausdruck. Man richtete sich in den eigenen vier Wänden mit rotweißen Farben ein, hatte dänisch-nationale Bilder an der Wand und stellte im Vorgarten vielleicht rote und weiße Blumen zusammen. Im übrigen aber aß man Klump, Mehlbeutel, Birnen-Bohnen-Speck, Sauerkraut und anderes mehr. Nur äußerst selten hört man von Leuten, die irgendein Gericht nicht essen wollten, weil es aus Deutschland kam.

Klump, Klöße – Mehlbeutel, Mehlpudding, Brotpudding – Ofenkuchen

Mehrere Jahrhunderte lang waren für die Eßgewohnheiten der Nordschleswiger vor allem zwei Dinge typisch, nämlich einmal die ausgedehnte Verwendung von Mehl für Klöße, Pudding und Ofenkuchen, zum anderen aber das Räucherfleisch. Hinzu kommt dann die Zusammensetzung dieser beiden Bestandteile, oft im Zusammenhang mit Obst oder Obstsaft.

Die täglichen Grütz- und Mehlgerichte lassen sich bis in die Zeit zurückverfolgen, in der die Kartoffel noch nicht so üblich war. Diese verschiedenen Gerichte hatten, ebenso wie das Brot, ganz einfach die Aufgabe, satt zu machen. Fleisch, Fisch und Obst waren je nach Einkommensverhältnissen mehr oder weniger ein Luxus.

Im großen und ganzen folgte man in Nordschleswig wie in Südschleswig bei der Zubereitung von Grütze und Mehlspeisen den holsteinischen und friesischen Gebräuchen. Man bevorzugte *Klump* als *Gerstenmehlklump, Buchweizenklump* und etwas später *Reismehlklump,* der als Weiterentwicklung der Grütze zu betrachten ist.

Klump besteht im Prinzip aus einer sehr festen Mehlgrütze, unter die gestoßener Zwieback, vielleicht auch Ei und etwas Butter verrührt wird und die mit verschiedenen Gewürzen abgeschmeckt ist, zum Beispiel Kardamom und Muskat, die man im 18. und 19. Jahrhundert viel benutzte. Dieser Teig wurde mit einem großen Löffel zu länglichen oder mit der Hand zu runden Klößen geformt und in leichtgesalzenem Wasser gekocht. Der fertige Klump ist etwas kleiner als ein Tennisball.

Früher aß man Klump als Hauptgericht oder in verschiedenen Suppen, etwa in Schinkensuppe und Schwarzsuppe. Als Hauptgericht aß man Klump hauptsächlich zusammen mit Räucherspeck und Sirup: *„Sirupduelse" und Klump.* Gewürfelter Räucherspeck wird in der Pfanne geröstet, man gibt Sirup dazu, und beim Essen tunkt man einen Bissen Klump hinein.

Das Wort *duels'* oder *duelse,* das häufig in Zusammensetzungen auftaucht und auch in vielen anderen Gegenden benutzt wurde, kommt von dem Verb „due" = „dyppe" (tunken) und bedeutet *Tunke* oder etwas moderner *Soße.*

Klump war noch bis um 1930 üblich, und viele Familien in Nordschleswig essen diese Klöße noch immer. Heute heißen sie so, weil das plattdeutsche Wort „Klomp" allmählich verschwunden ist. In vielen Haushalten ist man jedoch von der Speck-Sirup-Tunke abgekommen und nimmt jetzt statt dessen Obstsoße, einen verdünnten Saft aus Johannisbeeren oder anderen Beeren, der mit Kartoffelmehl angedickt wird, oder aber man serviert frisch gekochte Birnen oder Pflaumen dazu *(Birnen und Klump, Pflaumen und Klump),* und vereinzelt findet man in den Familien auch noch *Birnen, Klump und Speck,* wo zu dem Kloß gekochte Birnen und geräucherte Speckwürfel gegessen werden.

In der Gegend um Højer und bis zur Grenze liegt der nördlichste schmale Streifen des friesischen Gebiets. Die Friesen waren in alter Zeit an der Küste des heutigen Holland zu Hause und breiteten sich allmählich nach Norden aus. Sie hatten ihre eigene Sprache und ihre eigene Kultur, aber die verschiedenen Teile ihres Landes gingen im Laufe der Jahrhunderte in Holland und Deutschland auf, und der nördlichste Zipfel gehört also heute zu Dänemark.

Bis zu Beginn des 20. Jahrhunderts gab es hier noch immer einige Familien, die friesisch sprachen, und bis heute gibt es noch vereinzelte Gerichte, die man als friesisch bezeichnen muß, auch wenn zwischen ihnen und den entsprechenden Schleswiger Gerichten kein großer Unterschied mehr besteht.

Die altmodischen Klumpen sind mittlerweile fast völlig verschwunden, eigentlich gibt es fast nur noch die *Reismehlklöße*, und zwar große wie kleine, die man jetzt in Suppen verwendet. Das Rezept für Reismehlklöße lautet beispielsweise folgendermaßen:

Aus einem halben Liter Vollmilch und eineinhalb Deziliter Reismehl einen festen Brei kochen, und zwar fester als üblich. Abkühlen lassen. Zwei Eier, 75 Gramm gestoßenen Zwieback (oder heute üblicher Semmelmehl), einen Eßlöffel Kartoffelmehl sowie einen Eßlöffel zerlassene Butter und dreiviertel Teelöffel Salz darunterrühren. Das Kartoffelmehl macht die Klöße glatt, viele lassen es jedoch weg. Folgt man den alten Rezepten, gehört auch etwas Kardamom dazu.

Den Teig gut rühren. Er darf nicht stehen, dann wird er zu dünn. Ein Topf mit kochendem, leichtgesalzenem Wasser muß bereitstehen. Die Klöße werden mit einem Löffel oder mit der Hand geformt, entweder etwas kleiner als ein Tennisball oder wie eine Walnuß. Rollt man sie mit der Hand, dann muß man die Handflächen ab und zu mit etwas Suppenfett oder Butter einschmieren, sonst bleibt der Teig hängen. Die Klöße in das kochende Wasser legen; die großen 22 bis 25 Minuten, die anderen acht bis zehn Minuten bei schwacher Hitze kochen lassen.

Ovenkage (Ofenkuchen) wurde ursprünglich am Backtag gebacken. An diesem Tag hatte man sehr viel zu tun, denn da mußte man für mehrere Wochen auf einmal Roggen- und vielleicht auch Graubrot backen. Die vielen Vorbereitungen, die Zubereitung des Teigs, das Anheizen des großen Backofens waren anstrengend und dauerten lange. Deshalb mußte man rationalisieren und viele Brote auf einmal backen. Man nutzte dann die Gelegenheit und sorgte auch noch gleich für die Hauptmahlzeit dieses Tages. Die Hausfrau hatte an diesem Tag nämlich anderes im Kopf als Grünkohl und Speck oder was man sonst so aß.

In älterer Zeit wurde der Ofenkuchen in einem der schwarzen Tongefäße gebacken, in dem man Essen aufbewahrte und Milch Rahm ziehen ließ. Vielleicht hatte man auch eine besondere Backform aus Ton, von denen einige an eine Puddingform erinnern, nur haben sie keinen Deckel. Zuweilen wurde darin auch Napfkuchen gebacken.

Heutzutage benutzt man ein feuerfestes Geschirr. Den Boden bedeckt man mit einigen Scheiben durchwachsenem Speck, gesalzen oder geräuchert, meist letzteres; einige Streifen legt man an die Seiten, worauf man einen Teig in das Geschirr füllt, was so vorsichtig geschehen muß, daß die Speckstreifen einigermaßen liegenbleiben. Zuletzt legt man auch einige Scheiben auf den Teig, so daß beim Backen das Fett in den Kuchen einzieht. Früher war es in einigen Haushalten üblich, daß man zusammen mit den Speckstreifen unten einige eingeweichte getrocknete Birnen oder Äpfel in das Geschirr legte. Man konnte auch geschmolzenes Fett unter den Teig mischen, und in besser gestellten Familien rührte man ein Ei darunter. Auf Rømø und Mandø steckte man Stücke gesalzene Bratwurst oder Dauerwurst in den Teig, bevor man das Geschirr in den Backofen stellte.

Der Teig bestand aus Milch und Gerstenmehl, später ging man zu Weizen- oder Reismehl über und begann das Mehl mit zerstoßenem Zwieback oder eingeweichtem Weißbrot zu verkneten.

Auch den Ofenkuchen aß man mit einer Tunke aus Speckwürfeln, Fett und Sirup, und zwar bis zu Beginn dieses Jahrhunderts, als man in vielen Familien zu Obstsoße überging. Auf Rømø konnte sie aus Moosbeeren bestehen, die auf der Heide gepflückt wurden.

Heute ziehen, wie gesagt, viele einen Ofenkuchen aus

Reismehl mit Brot oder Semmelmehl oder ausschließlich aus Reismehl vor. Nimmt man auch Äpfel oder Birnen, dann nur Frischobst. Trockenobst ist nicht mehr üblich. Ein Beispiel für einen Weißmehlofenkuchen mit Obst bietet das Rezept *Birnen und Teig*:

Nach dem Rezept auf der Packung mit einem halben Liter Milch einen Reisbrei kochen. Mit etwa zwei Dritteln von 125 Gramm durchwachsenem Räucherspeck, sehr dünn geschnitten, ein feuerfestes Geschirr auslegen. 400 Gramm Birnen schälen, in Stücke schneiden und in das Geschirr legen. In den etwas abgekühlten Brei zwei Eier einrühren und den Brei über die Birnen breiten. Die übrigen Speckstreifen darüberlegen. Das Geschirr darf nicht ganz voll sein, da die Masse wie ein Gratin aufgeht. Bei 175° Celsius eine Stunde in der Backröhre lassen. Dazu ißt man gekochte Birnen, oft in einer Saftsoße aus Johannisbeeren oder Himbeeren.

In manchen Ohren mag dieses Rezept sonderbar klingen, aber viele Nordschleswiger schätzen das Gericht, und das nicht ohne Grund. Die Geschmackskombination Birne–Räucherspeck ist nämlich gar nicht so übel.

Das Geräucherte

Räucherfleisch, und hier vor allem geräuchertes Schweinefleisch, hat in den Nordschleswiger Eßgewohnheiten schon immer eine wesentliche Rolle gespielt. Seit 1950 sind geräucherter Pökelschinken und die unterschiedlichsten Räucherwürste als Industrieprodukte überall in Dänemark auf dem Vormarsch, außer in Nordschleswig. Hier zieht man es nämlich noch immer vor, seine Räucherwaren beim Schlachter am Ort zu kaufen. Überall in Nordschleswig, und zwar in den Städten wie auf dem Lande, gibt es noch immer Schlachter, die ihre Schinken und Würste selbst salzen und räuchern. Diese sind normalerweise entschieden besser als die Industrieerzeugnisse. Der guten Qualität liegen die alten lokalen Hausschlachtetraditionen zugrunde.

Ein *spegeskinke* (gepökelter Räucherschinken), der heute oft unter dem offenbar umsatzfördernden Namen „Landschinken" läuft, ist keine Sache von ein paar Tagen, wenn er den richtigen Geschmack, die richtige Struktur und Haltbarkeit haben soll. Eine Chemiespritze für den frischen Schinken reicht nicht aus. Er muß gelagert werden. Die Lagerung ist ganz entscheidend. Zuerst wird der Schinken in der eigenen Lake gesalzen; er liegt nur in Salz, so daß der Fleischsaft, der aus dem Schinken herausgezogen wird, das Salz auflöst und sich damit vermischt.

Wenn er drei bis vier Wochen in dieser Lake aus Salz und Fleischsaft gelagert hat, muß er noch weitere zwei bis drei Wochen ohne Lake reifen, etwa auf dem Holzdeckel der Salzwanne. Danach hängt er dann zwei bis drei Wochen im Rauch. Natürlich kann man den Schinken im Laufe von acht Tagen oder sogar weniger herstellen, wie das in der Industrieproduktion geschieht, aber das Ergebnis ist dann auch entsprechend. Der langsame Räucherprozeß verleiht dem ganzen Fleischstück einen gleichmäßigen Geschmack und macht es weniger hart.

Für die Nordschleswiger Dauerwurst, die *spegepølse*, gibt es ganz unterschiedliche Rezepte. Im Osten des Landesteils benutzt man meist ausschließlich Schweinefleisch, während man im westlichen Teil oft Schweine- und Rindfleisch mischt, wobei das Schweinefleisch jedoch überwiegt. Hier setzte man bis Ende des letzten Jahrhunderts ab und zu auch Sirup hinzu. Außerdem kneteten einige den Teig mit Milch, andere mit Bier. Im westlichen Teil war es auch üblich, gekochte Kartoffeln darunterzumischen, was man auf dem Lande auch heute noch tut.

Das Fleisch kann grob oder fein gehackt sein, und üblich

ist, daß man Rotwein, Brandy oder Rum daruntermischt. Fast immer gibt man auch ein wenig Salpeter hinzu, Farbstoffe nehmen weder die Privathaushalte noch die traditionsbewußten Schlachter. Die rote Farbe der Nordschleswiger Spegepølse kommt von der Lagerung, nicht von Chemikalien.

Das Fleisch wird gleich nach der Schlachtung in den Wurstdarm gefüllt, und danach reifen die Würste drei bis vier Tage an einem nicht zu kalten Ort. In einigen Privathaushalten und bei Schlachtern mit einer kleineren Wurstmacherei hängt man im Winter die Würste am Abend und über Nacht in der Küche auf, damit sie nicht zu kalt werden.

Nach dieser Reifung werden die Würste geräuchert. Die meisten Schlachtermeister benutzen heute die Kalträucherung, und zwar 24 Stunden bei 18 bis 20° Celsius. Danach müssen die Würste erneut ein paar Wochen hängend gelagert werden, bis sie zum Verzehr geeignet sind. Und hinzugefügt werden muß noch, daß man die Würste nie im Kühlschrank aufbewahren sollte. Wenn sich eine Nordschleswiger Spegepølse bei einer Temperatur von 17 bis 18° Celsius an einem trockenen Ort nicht mehrere Monate halten kann, dann wurde sie nicht richtig hergestellt.

Beliebt ist auch die *kålpølse* (Kohlwurst). Sie muß aus reinem Schweinefleisch bestehen, und zwar ohne Wasser oder Brühe oder Mehl oder irgend etwas anderes. Das gehackte Fleisch wird in die Därme gefüllt, und danach brauchen die Würste nur etwa 24 Stunden zu trocknen, bevor man sie ungefähr zehn Stunden in den Rauch hängt.

Kohlwurst ißt man mit Grünkohl, Erbsenpüree, Kartoffelbrei, Kohlrabimus, und nach echter Nordschleswiger Art darf man sie nicht kochen. Man legt sie in einen Topf mit kochendem Wasser und läßt sie höchstens 15 Minuten unter dem Siedepunkt ziehen.

Lungebånd (Lungenband), später auch *lungepølse* (Lungenwurst) genannt, wurde früher auch gebraten zu Kohl gegessen oder in Weißkohlsuppe, Grünkohlsuppe oder Erbsensuppe gekocht. Zu Beginn des 20. Jahrhunderts geriet sie jedoch aus der Mode. Sie bestand aus 40 bis 70 Prozent gehackter Lunge, Innereien, Niere, Herz oder was immer die Hausfrau für gut hielt. Gewürze waren Salz, Pfeffer und Piment. Manche Leute benutzten auch etwas Thymian. Wenn die Würste in der Salzlake gelegen hatten und gekocht worden waren, wurden sie kurz geräuchert.

Die hauptsächlich als Brotaufstrich übliche *Leberwurst* ist dagegen noch immer eine in ganz Nordschleswig geschätzte Wurst. Sie besteht aus Leber und Schweinefleisch, halbehalbe, und aus kleinen Speckwürfeln, Salz, Pfeffer und Nelke sowie ein bißchen Wurstbrühe. Nach dem Kochen wird die Wurst leicht geräuchert.

Die Beziehung zur deutschen Wursttradition ist ganz deutlich. Sie reicht weit zurück und wurde in der Zeit von 1864 bis 1920 noch gestärkt, als Nordschleswig zum Deutschen Reich gehörte. Deutsche Fleischer und Würstemacher ließen sich in den Städtchen der neugewonnenen Provinz nieder, und in vielen Fällen führen ihre Nachkommen noch heute die Schlachtereigeschäfte weiter. Hinzu kommt, daß die meisten Schlachter in Nordschleswig, gleichgültig, ob sie deutsch oder dänisch eingestellt sind, es noch immer mit den Traditionen des alten Wurstmacherhandwerks halten. Vermutlich hat das seinen Grund darin, daß die Kunden verwöhnt sind. Sie wollen sich nicht mit Fabrikprodukten abspeisen lassen.

Seit Jahrhunderten ist geräuchertes Schweinefleisch ein wesentlicher Bestandteil der Ernährung. Man bekommt es entweder als selbständiges Gericht oder zusammen mit anderen Dingen. Erstaunlich ist der Einfallsreichtum in der Verwendung von Räucherfleisch.

Nach guter alter Weise kann man hier mit der Suppe beginnen.

Die üblichste der Räuchersuppen ist die *Schinkensuppe* oder *Süßsauersuppe* (die früher auch *Sauersuppe* hieß), die aus einem Räucherschinkenknochen mit etwas Fleisch gekocht wird, vielleicht auch aus anderen Schinkenresten oder geräuchertem Schweinefleisch. Heute verwendet man mit dem Räucherfleisch manchmal auch Frischfleisch, um den Räuchergeschmack etwas zu dämpfen. Für vier Personen braucht man 300 bis 400 Gramm Fleisch und einen Liter Wasser. Außerdem braucht man Suppengemüse und ein paar Mohrrüben. Wenn die Suppe fast fertig ist, tut man eingeweichte Backpflaumen und geschälte, geschnetzelte Äpfel dazu. Alles wird weichgekocht und zuletzt mit Essig und Zucker (früher mit Sirup) abgeschmeckt. Charakteristisch für diese Suppe ist neben dem Geräucherten also der süßsaure Geschmack. Manche Leute essen von einem flachen Teller gekochten Schinken dazu.

Früher servierte man diese und die meisten anderen Nordschleswiger Suppen mit Reisklößchen, heute dagegen gibt es dazu meist Klößchen aus Mehlschwitze.

Eine weitere Alltagssuppe ist *spajkål* von der Insel Alsen. Sie entspricht in etwa der üblichen dänischen Weißkohlsuppe, allerdings mit dem wichtigen Unterschied, daß man hier meist Räucherfleisch verwendet und im übrigen nur selten Kohl und Fleisch zusammen kocht. Auch dafür gibt es unzählige Varianten. Der Name besagt eigentlich nur, daß es sich um Weißkohl mit Wurstbrühe und Wurstfett handelt, denn *spaj* bedeutet Brühe und Fett.

Gehackter Weißkohl wird mit Mohrrüben und etwas Pfeffer, zuweilen auch mit Porree und Sellerie in Wasser gekocht. Porree und Sellerie sind zwar etwas „neumodisch“, verleihen aber mehr Geschmack. Das Räucherfleisch wird gesondert gekocht, oder noch besser, man legt noch ein Stück Räucherschinken in den Topf, und etwas von der Brühe kippt man über die Weißkohlsuppe. Falls nötig, wird etwas nachgesalzen.

In einigen Familien dickt man die Suppe mit etwas Graupen oder mit Reismehl an, das mit der Kohlsuppe gekocht wird.

Neben dem Suppenteller bekommt man auch einen flachen Teller, auf dem das Fleisch entweder mit Kartoffeln oder mit Schwarzbrot gereicht wird. Recht üblich ist außerdem eine Scheibe Rohschinken. Senf ist eine Selbstverständlichkeit.

Manche Leute kochen den durchwachsenen Räucherspeck oder anderes geräuchertes Schweinefleisch (eventuell zusammen mit ungeräucherten Knochen oder durchwachsenem Speck) und nehmen danach die Brühe für den Kohl.

Es gibt auch eine feinere Variante von Spajkål. Dazu kocht man ein Huhn und durchwachsenen Räucherspeck gesondert. Gehackter Weißkohl wird ebenfalls gesondert gekocht, und zwar mit Suppengemüse, mit Porree und Mohrrüben, und in diese Kohlsuppe gibt man dann die Brühe der beiden ersten Suppen, und zwar vor allem von der Hühnerbrühe.

Früher kochte man vor allem im östlichen Landesteil Suppe aus Räucherfleisch. *Grünkohlsuppe, Weißkohlsuppe und Erbsensuppe (gelbe Erbsen)* wurden mit durchwachsenem Räucherspeck oder mit Räucherfleisch und geräuchertem Rindfleisch gekocht.

Auf der Insel Alsen gibt es auch eine besondere Gemüsesuppe. Sie heißt *snysk* und wird zwar nicht mit Räucherfleisch gekocht, aber zusammen mit durchwachsenem Räucherspeck gegessen.

Das Gemüse besteht aus klein geschnittenen Mohrrüben, Kartoffeln und Bohnen sowie Erbsen, die zu gleichen Teilen in leichtgesalzenem Wasser gekocht werden. Dabei darf das Wasser beim Kochen das Ganze nur gerade eben bedecken. Wenn das Gemüse gar ist, wird Milch dazugegeben und mit etwas Mehl angedickt, so daß man eine Art legierte Suppe erhält. Zum Schluß wird gehackte Petersilie darübergestreut; man kann auch einen Klecks Butter und etwas Salz dazugeben.

Früher wurde das Gemüse in der Milch gekocht, was auch einige Familien heute noch tun.

Das ist die auf Alsen übliche dünne *Snysk-Suppe.* Man ißt sie vom Suppenteller mit dem Löffel und serviert auf einem flachen Teller dazu eine Scheibe Landschinken, oft zusammen mit gebratenem Räucherspeck und vielleicht auch gebratenen Zwiebeln und selbstverständlich mit Senf. Einige Bewohner von Alsen essen Snysk auch zu *gebratenem Aal* und *gebratener Scholle* (ohne Paniermehl, nur kurz in Mehl gewälzt). In anderen Teilen des Landes dagegen ißt man dicken Snysk oder, wie es in den Kochbüchern auch heißt: *ruskomsnusk.* Hier ist es eine Art dicker Eintopf, ebenfalls mit Gemüse, aber mit weitaus weniger Milch, mehr einer normalen Milch- und Mehlschwitze. Gegessen wird das Ganze vom flachen Teller, zusammen mit gebratenem Räucherspeck, gekochtem Räucherschinken, Nordschleswiger Frikadellen oder Bratwurst.

Um Højer kennt man eine völlig andere Milchsuppe. Sie gehört zur friesischen Küche. Die Grundlage bildet hier Buttermilch, die man früher an der ganzen jütischen Westküste viel benutzte.

Scheiben von eingeweichtem Räucherschinken oder auch nur Schinkenreste werden bei kleiner Hitze in Buttermilch gekocht. Wenn das Fleisch einigermaßen gar ist, tut man Backpflaumen, Äpfel- und Birnenstücke in den Topf und kocht sie mit. Die Suppe wird etwas angedickt, dazu ißt man das Fleisch und Kartoffeln. Früher handelte es sich dabei um ein ausgeprägtes Winteressen, weshalb man Trockenbirnen und -äpfel verwendete. Aber in den wenigen Familien, die noch an dieser Suppe festhalten, ißt man sie heute meist im Herbst und mit Frischobst.

Schließlich gibt es noch die *Weinsuppe mit durchwachsenem Speck.* Das ist die Luxusausgabe der alten Obstsuppe aus Wasser, Obstsaft, am besten aus Johannisbeeren, Gerste oder Sago, Zimt, Rosinen, Koriander, Backpflaumen, Zitronenschale oder Zitronenscheiben, wobei man im letzten Moment, wenn man den Topf vom Feuer genommen hat, Wein hinzusetzt (und damit auch etwas vom Obstsaft sparen kann!) oder, wenn es besonders gut sein soll, auch noch einen ordentlichen Schluck Rum dazukippt. Die Suppe darf nicht mehr kochen, wenn man den Wein dazugegeben hat, darf aber gern aufgewärmt werden. Dazu ißt man gekochten Räucherschinken oder gekochtes Kasseler, heute auch den billigeren durchwachsenen Räucherspeck. Auf der Insel Rømø bekommt man dazu auch Wurst oder Hammelkeule. Im übrigen gehören dazu Rahmkartoffeln oder Weißbrot.

Weinsuppe reicht man zu besonderen Anlässen, zu Hochzeiten und Konfirmationen, vor allem aber zu Beerdigungen. Heute ist sie allerdings nicht mehr so üblich. Es heißt, daß diese Suppe bei einem Leichenmahl alle Gäste in Schwung bringen kann.

Das Räucherfleisch gehört im Alltag wie beim Festessen zu den Spitzenreitern unter den eigentlichen Fleischgerichten, und auch hier führt mit weitem Abstand der Landschinken.

Panierten Landschinken bereitet man aus Räucherschinken zu, der leicht gewässert und in einhalb bis dreiviertel Zentimeter dicke Scheiben geschnitten wird. Sie werden geklopft, mit etwas Pfeffer bestreut, in einem geschlagenen Ei und danach in einer Mischung aus Mehl und Semmelmehl gewendet und in der Pfanne gebraten. Das ist ein Lieblingsgericht der Nordschleswiger. Einige essen dazu am liebsten gekochte Kartoffeln und Weißkohl nach alter Art, andere ziehen Kartoffeln und braune Soße oder Petersiliensoße vor.

Für *Schinken mit Zwiebeln* oder auch *weichen Schinken* braucht man ebenfalls gewässerte Schinkenscheiben, die aber für gewöhnlich nicht geklopft werden. Man paniert sie auch nicht, sondern wendet sie nur kurz in mit Salz und Pfeffer vermischtem Mehl. Wenn man sie gebraten hat, werden Zwiebeln, sehr viel Zwiebeln gebraten und auf die Scheiben gelegt. Die Pfanne wird mit etwas Wasser abgekocht, das man darübergießt, oder man bereitet dazu eine weiße Milchsoße, verteilt sie über Schinken und Zwiebeln und läßt das Ganze vier bis fünf Minuten bei kleiner Hitze braten.

Schinken ist heute jedoch ein teures Essen, deshalb nehmen viele Leute inzwischen statt dessen Scheiben von durchwachsenem Räucherspeck. Sie behaupten, das sei fast ebenso gut.

Die Verbindung aus Obst und Räucherfleisch, die bereits erwähnt wurde, findet man auch in dem Sommer- und Herbstgericht *Birnen, Bohnen und Speck.*

Für vier Personen braucht man 700 bis 800 Gramm kleine feste Birnen, am liebsten Graubirnen, 500 Gramm Brechbohnen, 500 Gramm durchwachsenen Räucherspeck. Zuunterst in einen Topf mit etwas Wasser legt man den Räucherspeck. Man läßt ihn köcheln und säubert inzwischen die Bohnen, die in der Mitte gebrochen werden. Man läßt den Stiel an den Birnen, und die meisten Leute schälen sie auch nicht. Hat man nur große Birnen zur Verfügung, werden sie längs durchgeschnitten.

Der Räucherspeck muß eine Stunde kochen, danach legt man die Bohnen dazu und die Birnen obenauf. Man gibt eine Prise Salz dazu und läßt das Ganze 15 bis 20 Minuten weiterkochen. Die Bohnen müssen ziemlich gar sein, damit sie etwas von dem Räuchergeschmack aufnehmen. Zum Schluß wird das Ganze mit einem kleinen Butterklößchen angedickt. Aber aufgepaßt, es darf nicht zu groß sein, weil die Soße nicht zu dick werden darf. Einige Leute streuen gehackte Petersilie darüber, und dazu reicht man Kartoffeln oder Brot und auf jeden Fall Senf.

Der Räucherspeck wird ganz, in Scheiben oder in kleinen Stücken gekocht. Jede Familie entscheidet darüber, ob man eine fette Soße haben möchte.

Auf der Insel Alsen ist *gekochter Fisch mit Speckwürfeln* üblich.

Räucherspeck wird in kleine Würfel geschnitten und in der Pfanne angebraten. Diese Tunke, also das Fett mit den Speckwürfeln, wird zu gekochtem Dorsch gegessen, aber auch beispielsweise zu gekochtem Steinbutt und zu gekochter Scholle. In manchen Familien rührt man am Tisch noch etwas Senf unter die Soße.

Das Saure und das Süß-Saure

Die Küche von Nordschleswig bietet noch einen anderen Geschmack, der fast ebenso stark vorherrscht wie das Geräucherte, nämlich das *Saure* und dazu das *Süß-Saure.*

Essig ist schon seit Jahrhunderten eine wichtige Zutat. Früher war er in erster Linie ein Konservierungsmittel, jetzt ist er eher ein Geschmackszusatz. Die Nordschleswiger haben sich so an die „sauren Gerichte" gewöhnt, daß sie auch heute noch, trotz Kühlschrank und Tiefgefriertruhe, fleißig nach der Essigflasche greifen.

Ganz oben auf diesem Teil des Speisezettels stehen die *sauren Rippchen.*

Dazu braucht man ein Stück frischen durchwachsenen Speck mit einem dicken Stück Fleisch dran. Die Schwarte macht man ab, auch etwas von dem Fett, aber nicht alles. Das Stück wird quer durchgeschnitten, so daß es etwa eine Länge von acht bis zwölf Zentimetern hat. Danach zerlegt man es in zwei oder mehrere Stücke, die in den Topf passen müssen, kocht sie mit Lorbeerblättern, Pfefferkörnern und vielleicht ganzen Nelken. Man kann den Essig bereits beim Kochen hinzugeben oder warten, bis das Fleisch gar ist. Im Topf darf nicht zuviel Flüssigkeit sein, die Fleischstücke müssen gerade eben bedeckt sein. Dann wird mit Salz abgeschmeckt.

1 Leckeres Smørrebrød macht Lust auf Dänemark.

2 Unterwegs in Møgeltønder.
© Danmarks Turistråd

3 Skagen – Dänemarks Nordspitze. Hierher zog es vor allem Maler und Schriftsteller.
© Danmarks Turistråd

4 Ærøskøbing im fünischen Inselmeer.
© Danmarks Turistråd

5 Samsøer Idylle. Bekannt ist Samsø, eine der schönsten Inseln, wegen ihrer guten, schmackhaften Landwirtschaftsprodukte.
© Danmarks Turistråd

6 Seeländische Häuslerkate aus der Zeit um 1830.

7 Die Räucheröfen sind Bornholms Wahrzeichen.
Bücklinge der Ostsee-Inseln sind weithin berühmt.
© Danmarks Turistråd

8 Dänische Gemütlichkeit: Herr Nielsen bei Bier, Aquavit und Smørrebrød.

9 Beliebter Treffpunkt – auch für gastronomische Freuden – ist Nyhavn in Kopenhagen.

10 Smørrebrød bei Gitte Kik in Kopenhagen.

11 Dänische Dorfschmiede.

12 Smørrebrød-Buffet.

13 Hof auf der Insel Læsø.

14 Freizeit-Oase im Häusermeer in Kopenhagens Mitte.

15 Frischfrau-Denkmal in der dänischen Metropole.

16 Fleischer in Valby/Kopenhagen.

Nach eineinviertel bis eineinhalb Stunden ist das Fleisch gar, wird herausgenommen und in Scheiben geschnitten. Man seiht die Suppe und gibt Gelatine sowie Essig hinzu, wenn man das nicht bereits vorher getan hat, und das Ganze wird über die Rippenstückchen gegossen.

Auf einen Liter Wasser kommen fünf Nelken, zwei Lorbeerblätter, zwölf schwarze Pfefferkörner, vier Teelöffel Salz. Essig gehört dazu im Verhältnis vier Deziliter zu einem Liter Wasser oder Brühe. Außerdem braucht man auf einen Liter Essigbrühe 14 Blatt Gelatine. Vielleicht finden manche Leute, daß das sehr viel Essig ist, aber saure Rippchen müssen nun mal sauer sein. Manche Hausfrauen verwenden sogar noch mehr Essig.

Wenn das Gericht gut aussehen soll, wird es in einem Geschirr serviert, von dem das Fett, das beim Abkühlen trotz des Seihens noch an die Oberfläche kommt, abgegossen werden kann. Zuunterst kann man ein Muster aus dünnen Scheiben eingelegter Gurken und Lorbeerblättern legen.

Dazu reicht man Mehlschwitzekartoffeln oder Bratkartoffeln oder einfach Schwarzbrot und üblicherweise Rote Bete. Immer Senf.

Auf die gleiche Weise bereitet man anderes Schweinefleisch zu, zum Beispiel das Kotelettstück, das man ganz kocht, in Scheiben schneidet und ebenso in saures Aspik einlegt. Aber diese *eingelegten Koteletts* oder *sauren Koteletts* werden leicht zu trocken. Gehacktes Schweinefleisch eignet sich besser, oder man macht saures Eisbein oder *saure Schweinshaxe.* Aus guter Bratwurst, also Wurst ohne Mehl, macht man eingelegte Bratwurst oder, wie man heute sagt, *Bratwurst in Sauer.*

Man sieht, die Bezeichnungen „sauer" und „eingelegt" werden unterschiedslos benutzt, man sollte in dem Zusammenhang im übrigen auch daran denken, daß „eingelegt" ursprünglich soviel hieß wie „pökeln", der Essig gehörte erst später zum Einlegen.

Gelatine verwendet man erst seit verhältnismäßig kurzer Zeit. Früher legte man das gekochte Fleisch oder den gekochten Fisch in Krüge und kippte die Essigbrühe darüber. Oft wurde die Brühe entweder ganz oder teilweise steif, je nachdem, wieviel Wasser man im Verhältnis zum Fleisch benutzt hatte und wie hoch der Gelatinegehalt des Fleisches war. In der Regel goß man zuletzt Fett darüber. Das wurde dann fest und bildete einen luftdichten Abschluß, der bewirkte, daß sich das Fleisch im Winter auf einem kalten Kellerboden ein paar Monate lang halten konnte. So entstanden die sauren Rippchen, die man jetzt überall in Nordschleswig und ein Stück hoch in Westjütland findet.

An manchen Orten, wo viele Gänse gehalten wurden, konservierte man früher so einen Teil der geschlachteten Gänse. Sie heißen *syltet gås*, Gans in Aspik. Man schneidet die Gans in nicht zu kleine Stücke und kocht sie in Essigwasser mit Lorbeerblättern, schwarzen Pfefferkörnern, Nelken oder Piment, Salz und einer Prise Zucker. Nach dem Kochen legt man sie in ein Gefäß und gießt die geseihte Brühe darüber, so daß das Fleisch bedeckt ist, und zum Schluß kommt das Fett darauf, das abschließt.

Gans in Aspik wurde in unterschiedlicher Weise gegessen. Die Keulen aß man in der Regel kalt, meist zu einem Stück Butterbrot, während man das übrige Fleisch, und hier vor allem die Brust, in Butter briet und etwas von dem säuerlichen Aspik dazu aß. Man konnte die Stücke auch in der Suppe heiß machen, machte aus der Brühe eine angedickte süß-saure Soße und reichte dazu gebratene Kartoffeln oder Mehlschwitzekartoffeln. Natürlich gehörte auch hier der Senf dazu, oft auch Rote Bete.

Enten behandelte man ebenso, das war dann Ente in Aspik, doch das war eine große Seltenheit. Enten waren früher nicht so weit verbreitet wie Gänse. Als in der ersten Hälfte des 20. Jahrhunderts die Ente die Gans allmählich verdrängte, einmal weil sie weniger fett war, zum anderen weil sie billiger ist als eine Gans, da waren beide zu einer Art Luxusessen geworden, und man servierte sie ganz gebraten.

Zu den traditionellen sauren Rippchen ohne Gelatine und zur Gans in Aspik gehörte auch der *Sauerbraten*, wohlgemerkt der Nordschleswiger Sauerbraten. Die Bezeichnung Sauerbraten umfaßt nämlich ganz unterschiedliche Dinge.

Da ist einmal der Sauerbraten, für den man in vielen dänischen Kochbüchern seit dem Ende des 18. Jahrhunderts und das ganze 19. Jahrhundert hindurch zahlreiche Rezepte findet und der in ganz Europa in verschiedenen Variationen bekannt ist. Hier legt man das Fleisch in eine Marinade aus Essig, vielleicht vermischt mit Wasser, Bier oder Wein, und mit Gewürzen wie Piment, Nelken, Pfeffer und Lorbeerblättern. Nach vier bis sieben Tagen wird er im Topf angebraten und brät dann mit etwas Marinade, die später für die Soße benutzt wird, weiter.

Das ist nicht sonderlich typisch für Nordschleswig. Hier kennt man aber noch eine andere Art der Zubereitung, die zwar auch sonst in Dänemark bekannt ist, aber bei weitem nicht so häufig vorkommt wie in Nordschleswig und auf jeden Fall nicht mit so viel Essig.

Ein Stück Schweinefleisch, zum Beispiel ein Stück Kamm, oder ein Stück Rindfleischbraten wird in so viel Wasser gekocht, daß das Fleisch bedeckt ist, hinzu gibt man Lorbeerblätter, Salz und reichlich Essig. Dann legt man das Fleisch in große Krüge, die Brühe wird dazugegossen. Ist sie nicht fett genug, dann kippt man Fett darüber.

Zum Essen durchbricht man die Fettschicht, trocknet das Fleisch gut ab und brät es in einem Topf. Die Soße macht man aus der säuerlichen Brühe und aus dem Gelee des Bratens. In einigen Familien macht man sie mit Zucker (früher Sirup) und Essig süß-sauer. Dazu ißt man dann Weißkohl oder Mehlschwitzekartoffeln sowie Rote Bete.

Man kann das Fleisch auch erst braten, bevor man es wegstellt, und in dem Fall kocht man dann eine Lake aus Essig und Wasser, Lorbeerblättern, Salz und Pfeffer, gießt sie, nachdem sie kalt geworden ist, über das Fleisch und schließt das Ganze mit Fett.

Auch gekochte Innereien legte man oft in eine Essigbrühe, bis man einen Kühlschrank und eine Tiefkühltruhe hatte. Das nennt man *plukkefink*. An der Ostküste und vor allem auf der Insel Alsen heißt dieses Gericht oft auch *surpot*, Sauertopf.

Die Zusammensetzung kann ganz unterschiedlich sein. Man nimmt Innereien vom Schwein, vom Kalb, vom Rind oder – vor allem im Westen, wo man früher sehr viel Schafe hielt – von Lamm und Schaf. Es eignen sich Leber, Zunge, Niere, Lunge, Pansen und Fleischstückchen von Kopf und Beinen, die alle in kleine Stücke geschnitten und in Wasser und Essig mit Gewürzen, doch nie mit Kräutern, gekocht und darauf in einem Gefäß mit einer Fett- oder Talgschicht aufgehoben werden. Damit das Ganze den richtigen Geschmack bekommt, sollte es am besten drei bis vier Wochen stehen. Ab und zu holte man sich eine Portion, machte sie in der Pfanne heiß, schmeckte vielleicht mit etwas Sirup oder Zukker ab und fügte eventuell getrocknete Apfelschnitze hinzu. Auf der Insel Alsen mischte man häufig auch geröstete Räucherspeckwürfel darunter. Dazu reichte man Brot, später auch Pellkartoffeln, Bratkartoffeln oder Mehlschwitzekartoffeln.

Nordschleswig hat jedoch seine eigenen Plukkefink-Gerichte. Auf dem Lande gehörte als wichtiger Bestandteil dazu gewürfelter Pansen. Vielleicht ging man deshalb dazu über, anderen Gerichten, die ebenfalls hauptsächlich Pansen enthielten, Bezeichnungen zu geben, die das Wort „plukkefink" enthielten, obgleich damit nichts weiter gemeint ist als winzige Stückchen Innereien oder Fleisch. Im Gegensatz zu diesen Gerichten mit großen Pansenstücken nannte man dann das gewöhnliche Plukkefink-Gericht *småplukkefink* oder *lilleplukkefink* (kleiner Plukkefink).

Die einfachste Form von Gerichten mit großen Pansenstücken hat verschiedene Namen, wie *langeplukkefink, storeplukkefink, rulleplukkefink, surrulle* und *vomrulle* (letzteres bedeutet soviel wie Bauchrolle). Der gesäuberte Magen von Schwein, Kalb, Kuh, Lamm oder Schaf wurde in Kalkwasser ordentlich saubergeschrubbt, in Fetzen geschnitten, mit Salz und Pfeffer bestreut, zusammengerollt und verschnürt und in Essig und Wasser gekocht. Er stand einige Zeit in der Sauerlake, die nahezu Aspik war. Zum Essen wurde das Ganze in Scheiben geschnitten und in der Pfanne geröstet, zuweilen wurde es auch in Ei und Semmelmehl gewendet. Aus der Sauerlake und dem Brataspik, dem Essig und aus Zucker machte man eine angedickte Soße. Manchmal wurde das Fleisch auch nur in dünne Scheiben geschnitten und kalt auf Schwarzbrot gegessen.

Eine raffinierte Variante ist die *risrulle* (Reisrolle). Der Name entstand sicher aus den anderen Bezeichnungen, obgleich es sich hier gar nicht um eine Rolle handelt. Man könnte das Gericht eher als gefüllten Pansen bezeichnen. Aus gesäuberten Pansenstücken wird eine Art Säckchen genäht, in das man eine Mischung aus halbgekochtem Reis und gewürztem Hackfleisch einfüllt. Man näht es an der offenen Seite zusammen und kocht es in Essig und Wasser. Danach legt man es wieder in eine Sauerlake, und später wird es in Scheiben geschnitten und ähnlich zubereitet wie die oben genannten Rollen.

Der Essig ist auch die vorherrschende Geschmacksrichtung in Fischgerichten wie *saurer Aal* oder *Saueraal.*

Stücke von gehäutetem, gesäubertem Aal werden in Essigwasser mit Lorbeerblättern, Salz und ganzen Pfefferkörnern gekocht. Die Aalstücke dürfen nur gerade bedeckt sein und müssen kochen, bis sie weich sind, doch nicht zu weich! Die Brühe seiht man ab und gießt das Ganze über die Aalstücke. Für 600 Gramm gereinigten und enthäuteten Aal braucht man etwa fünf Deziliter Wasser, drei Deziliter Essig, zwölf Pfefferkörner, zwei Teelöffel Salz, zwei Lorbeerblätter und 14 Blatt Gelatine auf jeden Liter Fischbrühe. Zum Garnieren nimmt man Scheiben von gekochten Mohrrüben und hartgekochten Eiern, die man zuunterst und an die Seiten des Geschirrs legt, in dem man die Fischstücke serviert. Bevor man das Ganze auf den Tisch bringt, kann man es stürzen.

Das ist die moderne Form des Saueraals. Früher benutzte man keine Gelatine. Anderer Fisch wird ebenso zubereitet, und dann hat man beispielsweise *Sauerlachs* oder *Lachs in Saueraspik*. Dabei schneidet man den gesäuberten Lachs in Scheiben und bereitet ihn genauso zu wie den Sauerаal.

In Apenrade hatte man bis etwa um 1920 sehr gute Muscheln, die man unter anderem in Essig einlegte. Die Grundzubereitung für saure Muscheln oder, wie sie mit einem neuen Ausdruck heißen, Muscheln in Saueraspik, ist die übliche. Zum Kochen nimmt man etwa zwei Deziliter Wasser, ein Lorbeerblatt und zehn schwarze Pfefferkörner pro Kilogramm Muscheln und verfährt im übrigen wie beim Saueraal, wobei man hier allerdings nur mit Lorbeerblättern garniert.

Auch in mehreren Suppen tritt der Essig auf. Vor allem bei der Schinkensuppe, die bereits unter dem Räucherspeck erwähnt wurde, spielt er eine Rolle. Bis zu Beginn unseres Jahrhunderts lief sie oft unter der Bezeichnung *sursuppe* (Sauersuppe), was darauf hindeutet, daß man früher nur Essig benutzte und in keiner Weise süßte. Als Sirup und Farinzukker üblich wurden, begann man vermutlich die sauren Suppen zu süßen, um dem ausgeprägt säuerlichen Geschmack entgegenzuwirken.

Die Schinkensuppe wird jedoch nicht nur mit geräuchertem, sondern auch mit gesalzenem oder mit Frischfleisch gekocht. Man verwendet kleine Fleischstückchen von Kopf oder Bein des Tieres, gibt Essig und Sirup, Zucker, manchmal auch eingeweichte Dörrapfelstückchen hinzu und hat damit also einen „Plukkefink", den man mit dem Löffel ißt. Im westlichen Gebiet läuft diese Suppe denn auch unter diesem Namen.

Zu den verschiedenen süß-sauren Suppen gehört auch die *storsuppe* (große Suppe), eine Suppe aus Enten- oder Gänseklein, Flügelspitzen, Hals, Füßen und Kopffleisch, mit Backpflaumen und Apfelstücken. Bis vor ein paar Generationen war diese Suppe fast überall in Dänemark üblich, das Rezept dafür findet man in den meisten Kochbüchern aus dem 19. Jahrhundert. Es handelt sich dabei also nicht unbedingt um ein spezielles Gericht aus dieser Gegend.

In die Fischsuppen gehörten die gleichen Hauptzutaten. In erster Linie hat man da die *ålesuppe (Aalsuppe)*. Kleinere Aale von 125 bis 400 Gramm werden gehäutet, gesäubert und gut gewaschen, in kleine Stücke von etwa drei Zentimetern geschnitten und mit Mohrrüben, Porree, Sellerie und Petersilie in Wasser gekocht. Die meisten Hausfrauen geben auch einen Suppenknochen vom Rind oder Schwein, einige auch einen geräucherten Schinkenknochen dazu. Eingeweichte Backpflaumen und Apfelstücke werden die letzte Viertelstunde mitgekocht, und zum Schluß wird mit Salz, Zucker und Essig abgeschmeckt. Die Aalstücke dürfen nur wenige Minuten kochen. In der Regel werden sie in der Suppe zusammen mit Reisklößchen serviert.

Auch die *syresuppe* (Sauerampfersuppe) muß man wohl zu den süß-sauren Suppen rechnen, obgleich kein Essig daran gehört. Vielleicht war sie in Dänemark früher bekannter als heute. Rezepte findet man in mehreren Kochbüchern aus dem 19. Jahrhundert, was jedoch nicht unbedingt heißt, daß sie weit verbreitet war. Unter allen Umständen aber war sie in Nordschleswig üblich, und in vielen Gärten wächst heute noch Sauerampfer, eine Pflanze, deren Blätter einen säuerlichen, fast zitronenartigen Geschmack haben.

Die Namen wechseln von Ort zu Ort: Im Osten heißt sie *suramsuppe*, im Westen deutsch klingend *suramfersuppe* oder *surampesuppe*. Früher kochte man sie mit großen Graupen, heute meist mit Sago. Zubereiten kann man sie beispielsweise so: Ein halber Deziliter Sago mit einer Stange Zimt in einem Liter Wasser kochen. Etwa zehn Minuten, bevor der Sago gar ist, werden zehn bis fünfzehn eingeweichte Backpflaumen und ein halber Deziliter Rosinen mitgekocht (oder man kocht sie gesondert in etwas Wasser und gibt sie zusammen mit diesem Wasser an den Sago). In der Zwischenzeit wäscht und hackt man den Sauerampfer. Man braucht einen ganzen Suppenteller voll. Wenn der Sago gar ist, gibt man den Sauerampfer an die Suppe und läßt sie kurz aufkochen. Schmeckt man mit Zucker ab, dann erhält man einen süß-sauren Geschmack.

Sauerampfersuppe aß man in früheren Zeiten mit gekochtem oder rohem Landschinken, und diese Sitte findet man im westlichen Teil des Landes noch immer. Sonst bekommt man heute eher Eierkuchen oder kleine Pfannkuchen mit Marmelade und Zucker serviert. Die Traditionen bleiben erhalten, ab und zu aber variiert man sie in der sonderbarsten Weise. Vor etwa 150 Jahren aß man Eierkuchen und Pfannkuchen mit durchwachsenem Speck, heute ißt man Marmelade und Zukker dazu!

Tradition und Variation

Daß sich die Eßgewohnheiten in Nordschleswig so gut erhalten haben, liegt natürlich an den politischen und historischen Gegebenheiten. Man möchte ein volkstümliches Kulturerbe erhalten, vielleicht als eine Art unbewußte Verteidigung nach Süden gegen Deutschland und nach Norden gegen Dänemark. Aber daß man an diesen alten Eßsitten festhält, liegt sicher auch daran, daß die Auswahl an Gerichten so reichlich ist. Die Nordschleswiger Küche ist äußerst abwechslungsreich. Sie bietet ein Beispiel von Tradition und Variation.

Das Repertoire der Suppen ist allerdings noch sehr viel breiter.

Im östlichen Teil ißt man zuweilen noch immer *Tysker-*

suppe (Deutschensuppe). Den Namen hat sie vielleicht daher, daß ab Mitte des 19. Jahrhunderts in Norddeutschland der Reis immer üblicher wurde; denn man kocht sie mit Reis, und das ist der einzige Unterschied zu den vielen anderen Fleischsuppen in Dänemark. Man kocht sie mit Schweinefleisch, vielleicht auch mit durchwachsenem Speck, mit Weißkohl, Mohrrüben, Kartoffeln und Reis. Das Fleisch kann gesalzen sein, man kann es auch vorher wässern, oder man benutzt Frischfleisch. Pökelfleisch war früher das übliche, da man nur unmittelbar nach dem Schlachttag Frischfleisch hatte.

Ähnliche Suppen kochte man als *Grønkålsuppe* (Grünkohlsuppe) oder Ærtesuppe (Erbsensuppe), hier mit gesalzenem Schweinefleisch, und diese Suppen sind im übrigen ganz typisch für die dänische Küche allgemein.

Als kleines Kuriosum sei hier vielleicht noch erwähnt, daß man in Nordschleswig auch eine Fischsuppe mit Curry findet, was vielleicht überraschen mag, da es sich dabei ja um ein exotisches Gewürz handelt.

Curry wurde aber schon ziemlich früh im östlichen Teil des Landes üblich, vor allem in Apenrade, was nach mündlicher Überlieferung daran lag, daß die Stadt bis zum Ende des 19. Jahrhunderts starke Schiffahrtsverbindungen mit dem Osten hatte.

Ganz allgemein sollte man vielleicht skeptisch sein, wenn behauptet wird, Seeleute hätten irgendein Gewürz eingeführt. Seeleute haben mit der Bevölkerung in den Hafenstädten, die sie besuchen, nie sonderlich viel zu tun gehabt. In diesem Fall aber klingt es gar nicht so unwahrscheinlich, daß sie die Vermittler gewesen sein sollen. Die Kapitäne aus Apenrade nahmen nämlich oft ihre Frauen und kleineren Kinder mit auf große Fahrt. Sogar Schwangere fuhren auf den Schiffen mit. Mehrere Apenrader Bürger aus jener Zeit wurden im Fernen Osten geboren, manche auch auf den Schiffen, wenn man es bis zur Geburt nicht nach Hause schaffte. Deshalb läßt sich die Möglichkeit nicht ausschließen, daß die weitgereisten Kapitänsfrauen das exotische Gewürz mit nach Hause brachten.

Brasse aß man gesalzen, gebraten, als Fischfrikadellen, ganz gewöhnlich gekocht und mit Aspik als *syltet Brasen* (Brasse in Aspik). Aale gingen so häufig ins Netz und ließen sich so wenig verkaufen, daß getrockneter, gesalzener Aal einen wichtigen Bestandteil des Wintervorrats ausmachte, ganz so wie Pökelhering in anderen Gebieten. Man trocknete und pökelte die größten, also die fettesten Aale. Zubereitet wurden sie im großen und ganzen ähnlich wie Salzhering. Man wässerte den Fisch, danach wurde er gekocht, in der Glut geröstet oder in der Pfanne gebraten. Frischen Aal aß man, wie auch an anderen Orten in Nordschleswig, gebraten, in Aspik oder als Aalsuppe. Typisch für die Marsch um Højer war aber auch noch der *Ålepot* (Aaltopf), der Zusammenhänge mit friesischen Eßgewohnheiten an der Nordseeküste erkennen läßt. Etwa 200 Gramm schwere Aale werden ausgenommen, in kleine Stücke geschnitten und mit ganz wenig Wasser gekocht (das gibt keine Suppe, sondern eher ein Ragout), man gibt grobgehackte Petersilie und kleingeschnittene Zwiebeln sowie Gewürze wie Pfeffer, Ingwer und Kardamom und natürlich Salz hinzu.

Die verschiedenen Muschelgerichte in Apenrade waren einst etwas ganz Besonderes. Die Stadt hatte bis um den Ersten Weltkrieg ausgezeichnete Pfahlmuscheln. „Groß und schön ... von einer Farbe wie Eidotter, nicht so klein und grau wie jetzt ... die brauchten ja nicht auf Steinen zu wachsen, sie wuchsen nur an Holzpfählen; ja das war damals eine feine Sache ...“, so konnte man es noch bis in die siebziger Jahre hinein von älteren Apenradern hören, die sich noch an die jährlichen Muschelfeste erinnerten.

Im November oder Dezember hielt man nämlich regelrechte Muschelfeste ab, zu denen Familie und Freunde eingeladen wurden. Dann wurde das Wasser im Fjord allmählich kalt. Die verschiedenen Haushalte hatten ihren festen Muschellieferanten, einen Fischer, dessen Pfähle direkt vor der Stadt standen. Man nannte diese Pfähle „Skællepæle", nach dem alten Wort „skæller" für Muscheln und Austern. In den großen Bürgerhäusern – und Apenrade hatte zur Zeit der Segelschiffe viele wohlhabende Export- und Importkaufleute – lieferte der Fischer einen ganzen Sack frische Muscheln ab. Den trug man in den Waschkeller und machte sich an die Arbeit. Die Muscheln wurden in einer Wanne oder im Grudekessel gründlich gewaschen. Man konnte sie zunächst mit einem steifen Schrubber bürsten, wobei das Wasser mehrmals gewechselt wurde, und danach nahm man jede Muschel einzeln heraus, schrubbte mit einer Bürste, spülte noch einmal, wobei das Wasser immer wieder erneuert wurde, und natürlich kontrollierte man dabei auch, ob sie noch lebten. Das war eine große Arbeit. „Aber damals hatte man ja Leute genug!", wie man in diesen Familien heute sagt.

Die Muscheln wurden mit Lorbeerblättern, ganzen Pfefferkörnern und knapp mit Wasser bedeckt gekocht (sie wurden wirklich gekocht, nicht gedämpft, denn die Muschelsuppe brauchte man für die Soße und für die Salzlake), und danach konnte man sie unterschiedlich zubereiten. Am ersten Abend aß man sie warm, in der Regel mit etwas Essig darüber und zum Butterbrot. Am nächsten Tag standen dann *stuvede Muslinger og Kødboller* (Milchschwitzemuscheln und Fleischklößchen) auf dem Speisezettel. Diese Zusammensetzung mag unmittelbar etwas sonderbar anmuten, aber genaugenommen ist sie wohl nicht komischer als die Zusammensetzung aus Fleisch, Muscheln und Krabben, die sowohl in der spanischen wie in der chinesischen Küche anzutreffen ist, und sie ist wohl auch nicht seltsamer als die sogenannte *forlorne Skildpadde* (falsche Schildkröte), die aus Fleischstücken und Fischklößchen besteht.

Die Glanznummer der alten Apenrader Muschelgerichte war jedoch *torsk o æ fa'* (Dorsch auf der Platte). Für vier Personen braucht man dazu einen frischen Dorsch von etwa eineinhalb Kilogramm (oder 600 Gramm Dorschfilet) mit festem Fleisch sowie ein Kilogramm Muscheln, einen Deziliter Rheinwein oder einen Wein ähnlicher Geschmacksrichtung. Die Muscheln werden gekocht, den Dorsch nimmt man aus und wäscht ihn, er kann auch gehäutet werden, aber das ist nicht notwendig, und danach schneidet man ihn in etwa drei Zentimeter dicke Scheiben. Den Kopf vom Dorsch und die übrigen Stücke, die man normalerweise abschneidet (das Schwanzstück sowie die beiden großen Gräten direkt hinter dem Kopf mit dazugehörigem Fleisch), werden in ein wenig Wasser mit Lorbeerblättern, mit einer kleinen Zwiebel und einem Dutzend schwarzer Pfefferkörner gekocht, worauf man dann eine Soße aus eineinhalb Dezilitern Muschelbrühe, eineinhalb Dezilitern Dorschbrühe, einem Deziliter Wein, drei Eßlöffeln Butter und etwa fünf Eßlöffeln Mehl zubereitet. Vielleicht sollte man etwas mehr Mehl nehmen, da die Soße dick sein muß, denn der Dorsch gibt Flüssigkeit ab. Die Soße wird mit Salz abgeschmeckt.

Danach buttert man ein feuerfestes Gefäß, legt die Dorschstücke zuunterst, streut etwas Salz darüber, legt die Muscheln zwischen die Fischstücke, einige auch darauf. Die Soße verteilt man gleichmäßig über den Dorsch und die Muscheln, und zum Schluß kann man etwas Semmelmehl darüberstreuen. Auf jeden Fall muß man dann auf der Oberfläche einige Butterflöckchen verteilen. Das Geschirr stellt man etwa eine halbe Stunde bei 175° Celsius in einen vorgeheizten Backofen.

Die übrigen Muscheln stellte man dann in der Brühe, die mit Essig aufgekocht wurde, und mit einer luftdicht abschließenden Fettschicht in den Keller.

Während des Ersten Weltkrieges konnten die Fischer ihre Pfähle nicht erneuern, und das Wasser war allmählich verschmutzt. Die kleinen grauen Muscheln aus der Gegend von Højer wollte man nicht akzeptieren, die noch schlechteren, vorgekochten und ebenso grauen Konservenmuscheln allerdings noch weniger. Deshalb sind die alten Muschelgerichte aus der Apenrader Küche mittlerweile verschwunden.

Die Nordschleswiger Schlachtschüssel unterscheidet sich nicht sehr viel von der anderer Gebiete, was seinen guten Grund darin hat, daß Sülze und die verschiedenen Formen der sogenannten dänischen Würste von Deutschland her einwanderten.

Die meisten Würste wurden bereits im Zusammenhang mit dem geräucherten Schweinefleisch erwähnt. Dazu kommt noch das *isterbånd* oder moderner *medisterpølse* (eine Art Bratwurst) aus ziemlich fettem Schweinefleisch, etwa 80 Prozent Fleisch und 20 Prozent Fett, Fleischbrühe (oft aus dem Schweinskopf gekocht, den man dann für Sülze verwendet) sowie Salz, Pfeffer und anderen Gewürzen, für gewöhnlich gestoßenem Piment und Nelken. Die Wurst ißt man gekocht oder gebraten. Bevor Tiefkühltruhen Allgemeingut wurden, konservierte man auch eine gewisse Portion in Lake, eine zweite räucherte man; das wurde dann später gegessen.

Auf der Insel Alsen ißt man eine Wurst, deren Name mit einem Volksfest verbunden ist, die *ringriderpølse* (Ringreiterwurst). Das bekannte Volksfest findet einmal im Sommer statt, und aus diesem Anlaß werden an den Buden diese Würste verkauft. Man kann sie aber auch das ganze Jahr über beim Schlachter kaufen. Es handelt sich um eine weiße, vorgekochte Bratwurst aus feingehacktem Kalbs- und Schweinefleisch und damit wohl um eine verfeinerte Ausgabe der überall in Deutschland, Österreich und in der Schweiz anzutreffenden Bratwurst. Die Ringreiterwurst ist so saftig, daß einem der Saft geradezu in den Mund spritzt, vorausgesetzt, die Wurst wird ziemlich vorsichtig gebraten, so daß der Saft nicht herausläuft. Die blanke, leicht feuchte Schnittfläche beweist, daß der Wurst keine Trockenmilch und kein Mehl hinzugesetzt wurden, daß man es, wie man auf Alsen sagt, mit einer „ehrlichen" Wurst zu tun hat.

Die gleiche Ausgangszusammensetzung wie die traditionelle Medisterpølse hat die *tungepølse* (Zungenwurst). Dafür kocht man Schweinszungen und zieht die Haut ab. Die Haut vom Flomenfett wird ausgebreitet, man legt eine nicht zu dicke Schicht Medisterpølse auf die Haut, die Zungen darüber, das Ganze wird in Wursteig eingewickelt, und die Haut wird wie bei der dänischen Rollwurst zusammengebunden. Danach kocht und salzt man sie. Man ißt sie vor allem als Aufschnitt. Ähnlich produzierte man früher vor allem auf der Insel Alsen die sogenannte *mørbradpølse*, eine Wurst aus Schweinsfilet.

Üblicher ist die *sortpølse* (Schwarzwurst) oder *blodpølse* (Blutwurst), die fast im ganzen Land bekannt ist. Sie soll deshalb hier nicht näher erwähnt werden. Aus irgendeinem nicht offenkundigen Grund gehören dazu dann auch noch die weißen Würste, die man früher in fast ganz Dänemark in den unterschiedlichsten Formen finden konnte.

Die Schwarzwürste macht man aus Blut, Speckwürfeln, Grütze und Mehl und dazu aus Zucker und Rosinen sowie den herkömmlichen Gewürzen Piment und Nelken. Die weißen Würste dagegen bestehen aus irgendeiner Milchgrütze, in die man Rosinen einrührt, dazu aus ein paar Gewürzen, vor allem Zimt. Früher mußte das Wurstende übrigens unbedingt immer eine Rosine haben, das war dann etwas ganz Besonderes, und noch heute gibt es in Dänemark die Redensart von der „Rosine im Wurstende", wenn man sagen will, daß zum Abschluß noch etwas ganz besonders Gutes kommt. Diese Masse füllte man dann in Därme ab. Die Würste kochte man zusammen mit den Schwarzwürsten. Sie wurden auch zusammen gegessen, und zwar briet man sie in der Pfanne, schnitt sie in Scheiben und reichte Sirup dazu. In Nordschleswig gibt es die weiße Wurst in mehreren Ausgaben, der Brei konnte dabei aus Gerstengrütze, Reisgrütze oder Sagogrütze bestehen.

Fleischgerichte im Alltag bestanden wie auch sonst in Dänemark meist aus Hackfleisch. Hier dominieren, mit den Klößchen, die Frikadellen und der Weißkohlpudding.

Bei den Frikadellen bekennt sich dieser Teil des Landes zur üblichen europäischen Sitte, Mehl gehört nicht in das Fleisch. „Frikadellen mit Mehl sind keine Frikadellen", so sagt man ganz kategorisch. Statt Mehl benutzt man zerstoßenen Zwieback oder heute vor allem Semmelmehl. Normalerweise vermeidet man auch die Milch, es sei denn, die Hausfrau ist von der deutschen Küche her beeinflußt. Dann nimmt sie schon mal in Milch eingeweichtes Weißbrot.

Nordschleswiger Frikadellen kann man beispielsweise so zubereiten:

Man verknetet 250 Gramm gehacktes Rindfleisch und 250 Gramm gehacktes Schweinefleisch, dazu eineinhalb Eßlöffel gehackte Zwiebeln, 50 Gramm frisches Semmelmehl, ein Ei, zweieinhalb bis drei Teelöffel Salz, etwas Piment und etwas Pfeffer sowie dreiviertel Liter Wasser, das ganz zuletzt daruntergemischt wird. Man darf auf keinen Fall zuviel Piment benutzen, einige Leute lassen es auch ganz weg, andere dagegen nehmen sowohl Piment als auch gestoßene Nelken, wieder andere nur letztere. Piment ist allerdings das Übliche.

Mit den Händen formt man die Klöße, die flach gedrückt und gebraten werden.

Die Ingredienzen findet man auch in verschiedenen anderen Klößchen. In den kleinen Suppenklößchen (die bis zu Beginn unseres Jahrhunderts auch große Klumpen waren) wie in den großen, die man als *boller i karry* (Fleischklößchen in Curry) oder auch mit Selleriesoße ißt.

Für dieses Gericht, das früher *selleri og klump* (Sellerie und Klump), jetzt aber *boller i selleri* (Fleischklößchen in Sellerie) heißt, kocht man in kleinere Stücke geschnittenen Sellerie, wobei das Wasser das Gemüse nur eben bedecken darf. Danach werden die Fleischbällchen im Selleriewasser gekocht, die Soße macht man mit einer Schwitze oder dickt sie an, schmeckt sie mit Salz, Pfeffer und eventuell geriebenem Muskat ab. Sellerie und Fleischklößchen werden in der Soße erhitzt.

Nach den Frikadellen ist wohl der *hvidkålsbudding* (Weißkohlpudding) oder einfach auch nur *kålbudding* die beliebteste Form der Hackfleischgerichte.

Ein Weißkohlkopf von eineinhalb bis eindreiviertel Kilogramm wird in vier Teile geschnitten, der Strunk entfernt, und danach kocht man den Kohl in leichtgesalzenem Wasser halbgar. Man kann auch Spitzkohl verwenden, der darf allerdings nur gedämpft werden. Gleichzeitig bereitet man ein halbes Kilogramm Hackfleisch zu. In eine eingefettete Puddingform legt man nun abwechselnd eine Schicht Kohl und eine Schicht Hackfleisch, wobei man mit Kohl beginnt und abschließt. Praktischerweise sollte man das Hackfleisch zunächst in drei Teile teilen und den Kohl geviertelt lassen. Kohl und Hackfleisch werden gut zusammengepreßt. Danach legt man den Deckel auf die Form und kocht den Pudding eine Stunde im Wasserbad.

Für die Soße benutzt man Flüssigkeit aus der Form, eventuell mit etwas Milch oder Rahm. Man schmeckt mit geriebener Muskatnuß und Salz ab, und das Ganze rundet ein Klecks Butter ab.

Unter den Braten findet man auch *fyldt svinerib* (gefüllte Schweinerippchen), einen Rollbraten, zu dem man früher die Nachbarn einlud, die beim Schweineschlachten geholfen hatten. Heute ist er ein Sonntags- und Gästegericht.

Für diesen Braten eignet sich das gleiche Stück wie für einen Rippenbraten. Die Schwarte, der größte Teil des Fetts und die Knochen werden abgeschnitten. Ein Stück von eineinhalb Kilogramm ergibt deshalb ungefähr ein Kilogramm. Man schneidet mit einem scharfen und spitzen Messer eine Tasche in das Fleisch. Sie muß in das ganze Stück hineinreichen, so daß an den drei Seiten nur dünne Kanten übrig sind, die nicht durchgeschnitten wurden und deshalb das Stück zusammenhalten.

Die Tasche wird innen mit Salz und Pfeffer ausgerieben und mit 150 Gramm in dünne Scheiben geschnittenen Äpfeln sowie 14 bis 15 entsteinten Backpflaumen gefüllt, zusammengenäht, mit Salz und Pfeffer bestreut, zusammengerollt und wie eine Rollwurst verschnürt. Man brät das Stück im Topf oder im Backofen. Dazu ißt man braune Bratensoße, weiße oder in Zucker gebräunte Kartoffeln, Rotkohl oder Weißkohl nach alter Art.

Bei einem richtigen Fest kann man sich nicht mit einem Braten begnügen. Es gehören zwei verschiedene Sorten dazu. Auf der Insel Alsen reicht man bei festlichen Anlässen wie einer Hochzeit, wenn man die Tradition einhält, Rinderbraten und Schweinebraten mit brauner Soße, mit Rotkohl, weißen Kartoffeln und oft auch mit Mehlschwitzeerbsen und Mohrrüben.

Im westlichen Teil von Nordschleswig bietet man nach guter alter Festmanier zwei verschiedene Braten und Frikadellen an. Wieder handelt es sich um Rinder- und Schweinebraten und darüber hinaus um Frikadellen, alles auf der gleichen Platte angerichtet, vielleicht auch umgeben von halben gekochten Äpfeln, in deren Vertiefungen man Backpflaumen legt. Nach Möglichkeit sollte man mit der Bratenplatte auch eine Schüssel mit Backpflaumen herumreichen. Es handelt sich dabei allerdings nicht um gewöhnliche Backpflaumen. Es müssen eingeweichte Backpflaumen sein, die knapp bedeckt in gleichen Teilen Rotwein und Wasser mit Zucker und etwas Zimt gekocht wurden. Man dickt sie leicht an. Will man es besonders gut und vornehm machen, dann ersetzt man den Kern durch eine geschälte Mandel. Dazu serviert man braune Soße, gekochte Kartoffeln sowie Rotkohl und Weißkohl nach alter Art.

Gammeldags hvidkål (Weißkohl nach alter Art) mögen die

Nordschleswiger als Fleischbeilage wohl am allerliebsten. Er ist ihr ganzer Stolz, und das zu Recht.

Ein Kohlkopf von etwa zwei Kilogramm wird geviertelt, der Strunk herausgeschnitten, und danach wird der Kohl in leichtgesalzenem Wasser gekocht. Man darf nicht zuviel Wasser nehmen, der Kohl darf nur halb bedeckt sein, denn die Stücke werden beim Kochen gewendet. Wenn der Kohl fast gar ist, nimmt man ihn heraus und preßt ihn entweder in einem Durchschlag oder in einem Küchenhandtuch ganz trocken. Danach hackt man ihn, heutzutage dreht man ihn normalerweise durch den Fleischwolf.

Man läßt in einem Topf 50 Gramm Butter zergehen, gibt zweieinhalb Deziliter Rahm dazu, danach den gehackten Kohl, geriebene Muskatnuß und etwas weißen Pfeffer. Dann läßt man das Ganze köcheln, bis der Kohl völlig gar ist. Er darf nach Möglichkeit nicht anbrennen! Mit Salz abschmecken. Im Topf darf nicht zuviel Flüssigkeit sein, der Kohl muß aussehen wie ein Brei.

Man ißt ihn zu gebratenem oder gekochtem Schweinefleisch, zu paniertem Schweinefleisch, zu Frikadellen, Rinderbraten, Kalbsbraten, zu Enten- und Gänsebraten, meist mit einer braunen Soße und gekochten Kartoffeln.

Den Weißkohl bereitet man auch als *surkål* (Sauerkohl) zu. In früheren Zeiten ließ man ihn lagern und gären. Feingeschnittener Kohl kam in ein Faß mit einer starken Salzlake, wurde gut zusammengepreßt, und dann ließ man das Ganze einige Zeit gären. Das ist natürlich das deutsche Sauerkraut, aber leider bekommen die Nordschleswiger es heute nur noch aus der Dose oder versuchen sich in Eigenproduktion mit Essig. Dazu kocht man den geschnittenen Weißkohl gar, fügt Essig, Salz, Kümmel, etwas Zucker, ganz wenig Wasser und eventuell Schweinefett oder Margarine hinzu.

Man ißt ihn nicht nur wie in Deutschland zu Eisbein zusammen mit Erbspüree, über das man gebratene Zwiebeln gibt – das sind die *tykke ærter* (dicke Erbsen) –, sondern auch zu gebratenem Schweinefleisch, gebratener Medisterpølse, zu durchwachsenem Kochfleisch und zu Kohlwurst. Einige Leute meinen, er passe auch zu einem Rippenbraten.

Der Rotkohl auf Nordschleswiger Art ist anders als in Dänemark sonst. Ein Rotkohlkopf von etwa zwei Kilogramm wird geschnitten, mit acht Eßlöffeln Johannisbeersaft oder -gelee, vier bis fünf Eßlöffeln Wasser, zwei Eßlöffeln Essig, zwei geschälten und geschnetzelten säuerlichen Äpfeln, vier Eßlöffeln Fett oder Butter, vier Teelöffeln Zucker, drei Teelöffeln Kümmel und fünf Teelöffeln Salz gekocht. Man reicht ihn zum Braten aus Schweinefleisch und Rindfleisch, zu Gans und Ente sowie zu Frikadellen.

Auch den *grønlangkål* (Grünkohl) bereitet man nicht ganz so zu wie andernorts in Dänemark. Er hat hier typischerweise einen leichten Räuchergeschmack, wird oft mit Kartoffeln vermischt und im übrigen in Butter und Rahm gedämpft.

Der gut gewaschene und gerupfte Kohl wird nicht allzu gar gekocht. Das Wasser gießt man ab, läßt den Kohl abkühlen, nimmt jeweils eine Handvoll heraus und preßt ihn mit den Händen zu großen, völlig trocken gedrückten Klößen.

Gleichzeitig kocht man Pellkartoffeln und in einem weiteren Topf entweder durchwachsenen Räucherspeck, Kohlwürste, geräuchertes Kasseler oder, wenn man es besonders gut machen möchte, Räucherschinken, heutzutage oft zusammen mit einem Stück leichtgesalzenem, durchwachsenem Speck oder einer anderen Art leicht gepökeltem Schweinefleisch, vielleicht auch mit Medisterpølse, damit der Räuchergeschmack nicht zu stark vorherrscht.

Kohl und Kartoffeln werden zusammen gehackt oder gestampft und in einen Topf gegeben, in dem zuvor Butter ausgelassen und Rahm erhitzt wurde. Diese Masse muß anfangs sehr fest sein, doch wenn sie durchgewärmt ist, rührt man sie mit einem Teil der Räucherbrühe und etwas Suppenfett sämiger. Dann schmeckt man mit Salz und Pfeffer ab.

Das hier angegebene Rezept ist neueren Datums. In früheren Zeiten (und in unserem Jahrhundert in armen Familien) verwendete man weder Butter noch Rahm, sondern nur das Brühfett und etwas Brühe.

Das Mengenverhältnis zwischen Kohl und Kartoffeln läßt sich nicht genau angeben. Einige Leute bevorzugen drei Viertel Kohl und ein Viertel Kartoffeln, andere nehmen weniger Kartoffeln. Im östlichen Nordschleswig werden die Kartoffeln oft nicht gehackt, sondern in Scheiben oder kleine Würfel geschnitten, die teilweise verkochen, wenn man sie mit dem Kohl erhitzt. Auf der Insel Alsen und in Sundeved findet man Familien, die ihren Grünkohl überhaupt nicht mit Kartoffeln mischen, sondern mit gehacktem und gekochtem Weißkohl, zum Beispiel im Verhältnis ein Drittel zu ein Viertel.

Vermutlich führte der starke Eigengeschmack des Grünkohls dazu, daß man Kartoffeln oder Weißkohl beimischte, was man auch in Holland tut. Grünkohl und Räucherspeck zusammen stellen selbst gut trainierte Verdauungsorgane auf eine harte Probe. Im übrigen sollte man daran denken, daß Räucherwaren früher weitaus stärker geräuchert waren als heute.

Grünkohl ißt man zu gekochtem Fleisch, auch hier wieder oft zu dem doppelten Angebot von Kohlwurst und durchwachsenem Speck oder Kasseler. Dazu reicht man weiße Kartoffeln oder zu besonderen Anlässen in Zucker angebratene Kartoffeln.

Weit verbreitet als Beilage waren früher auch *tykke ærter*, ein Brei aus gelben Erbsen oder Erbsenpüree. Geräuchertes oder leichtgesalzenes Schweinefleisch, und zwar von Schinken bis zu durchwachsenem Speck, wird gekocht, worauf man in einem Teil der Brühe eingeweichte gelbe Erbsen zum Kochen bringt. Die Flüssigkeit darf die Erbsen nur gerade bedekken. Sie müssen zu einer breiigen Masse zerkochen, die man dann ißt, indem man in der Mitte eine kleine Vertiefung macht und ein wenig von dem ausgelassenen Fett hineingibt, vielleicht auch mit gebratenen Zwiebeln und Speckwürfeln.

Am nächsten Tag kocht man Sellerie, Porree, Mohrrüben und Kartoffeln sowie vielleicht auch Wurzelpetersilie und Thymian in der restlichen Brühe und gibt den übriggebliebenen Erbsbrei dazu. Damit hat man dann die *tynde ærter* (dünne Erbsen) oder *ærtesuppe* (Erbsensuppe), die man heute zumeist *gule ærter* (gelbe Erbsen) nennt.

Auch Kohlrabimus oder Kohlrabibrei ißt man noch immer zum Fleisch. Es gibt unterschiedliche Zubereitungsarten, das Wichtigste ist jedoch, daß die Brühe und das Fett, in der Regel von geräuchertem Fleisch, in dem Brei mitgekocht werden. Üblich ist, daß man den geschälten und in kleinere Stücke geschnittenen Kohlrabi mit dem Schweinefleisch zusammen kocht. Dazu kann man durchaus auch Kasseler oder durchwachsenen Speck nehmen. Man kocht Pellkartoffeln und stampft Kohlrabi und Kartoffeln zusammen oder preßt sie durch ein Sieb, dreht sie durch den Fleischwolf oder benutzt eine Küchenmaschine. Danach tut man den Brei in einen Topf, macht ihn mit der Brühe und ihrem Fett etwas flüssiger und schmeckt das Ganze mit Salz und Pfeffer ab. Einige Leute geben auch etwas Rahm oder Milch zu. Das Verhältnis kann zwei Drittel Kohlrabi und ein Drittel Kartoffeln sein. Manche Hausfrauen benutzen auch keine Kartoffeln, andere kochen mit dem Kohlrabi und den Kartoffeln auch noch Mohrrüben.

Auch diesen Brei serviert man mit ausgelassenem Fett oder Butter in einer Vertiefung in der Mitte. Viele legen auch noch gebratene Zwiebeln darauf. Dazu ißt man dann das gekochte Fleisch, vielleicht auch noch Kohlwurst. In einigen Familien serviert man Kohlrabibrei auch mit gebratenem Schinken, gebratenem Speck oder Frikadellen. Die Zusammensetzung mit Gebratenem ist jedoch relativ neu, sie stammt aus der Zeit um den Ersten Weltkrieg, als der Kohlrabi aufgrund der Versorgungsknappheit eine Renaissance erlebte.

Schließlich ist da noch der *kartoffelgrød* (Kartoffelbrei), ebenfalls ein etwas neueres Essen, da die Kartoffel erst im Laufe des 19. Jahrhunderts allgemeine Verbreitung fand. Anfangs bereitete man den Kartoffelbrei ebenso zu wie die dicken Erbsen und den Kohlrabibrei. Das heißt, man kochte die Kartoffeln in einer Brühe aus geräuchertem oder gesalzenem Schweinefleisch und garnierte mit Zwiebeln und Speckwürfeln. Allmählich wurde dann daraus der Kartoffelbrei, wie man ihn heute in ganz Dänemark ißt: in Wasser gekochte Kartoffeln, denen man beim Zerquetschen Milch zusetzt. Eine Mischung aus der alten Kartoffelgrütze und dem heutigen Kartoffelbrei hat man in dem Sparessen mit dem poetischen Namen *brændende kærlighed* (brennende Liebe).

Eine Sonderstellung nehmen die *solæg* (Soleier) ein. Sie gehören eigentlich nicht zum Alltagsessen im Familienrahmen, sondern sind ein Leckerbissen mit kräftigem Geschmack, den man in den Kneipen außerhalb der eigentlichen Mahlzeiten zu sich nimmt, um ein Glas Bier noch mehr zu einem Genuß zu machen. Das Wort ist eine teilweise Übersetzung des deutschen „Solei", das heißt Salzlakenei.

Die Eier werden 16 bis 18 Minuten mit der braunen Schale von Zwiebeln gekocht (um die Eier bräunlich zu machen), leicht auf eine Tischplatte geklopft, damit die Schale an einigen Stellen Knicke bekommt, und danach legt man die Eier in eine ziemlich starke Lake aus Wasser und Salz, oft in ein Marmeladenglas. Hier müssen sie mindestens ein paar Tage liegen, sie können auch sehr viel länger liegen, aber dann muß man die Lake zuweilen erneuern.

Zum Essen pellt man die Eier und schneidet sie entweder längs oder quer durch. Die halben Eidotter werden vorsichtig herausgenommen. Danach legt man die eine Eihälfte, der man gerade seine Aufmerksamkeit widmet, auf einen Eßlöffel. Den Hohlraum füllt man mit verschiedenen Ingredienzen. Obligatorisch sind Öl, Essig, Senf, Salz und Pfeffer, und dann kann man im übrigen je nach Geschmack auch noch Tomatenketchup, Worcester Sauce, Curry, Paprika, Selleriesalz dazugeben. Nur die Phantasie setzt den Variationsmöglichkeiten Grenzen.

Wenn man soweit ist, legt man vorsichtig den Eidotter zurück und schiebt sich den ganzen Leckerbissen auf einmal in den Mund. Der Eßlöffel ist bei diesem Prozeß ein äußerst nützliches Werkzeug. Man wiederholt das Ganze mit der zweiten Eihälfte, die jedoch nicht unbedingt genauso gewürzt werden muß wie die erste. Dazu schmeckt ein Aquavit gar nicht übel, und Bier ist ein absolutes Muß.

II Ostjütland

Ostjütland hat nicht sonderlich viel Eigenständiges auf den Tisch zu bringen, ausgenommen Rundklößchen im südlichen Teil des Landes, die Zusammensetzung aus Buttermilchbrei und gebratenem Speck um Aarhus und Randers und im Djursland sowie, auf ein kleines Gebiet begrenzt, die Kochkunst der Reformierten in Fredericia.

Die *rundboller* (Rundklößchen), die je nach Ort auch *trilleboller* (Kullerklößchen) heißen, machte man früher aus geriebenem Gerstenbrot, heute aus geriebenem Weißbrot mit etwas Butter und Eiern.

Früher waren sie in Stadt und Land üblich, und Rindfleisch- oder Hühnersuppe mit Rundklößchen gehört noch heute zu jedem Festessen auf dem Lande, und zwar ab südlich von Kolding bis hoch nach Vejle und Fredericia. Natürlich gehören in diese Suppe Mohrrübenscheiben, Porreeringe, Mehlklößchen und Fleischklößchen, aber die Rundklößchen sind das Wichtigste in dieser Suppe, die immer auf den Tisch kommt, egal ob es Kindstaufe oder Beerdigungen sind, die man begeht. Ein Fest- oder Traueressen ohne Suppe mit drei verschiedenen Arten Klößchen steht in diesem Teil des Landes beim Volksmund nicht sehr hoch im Kurs. Übernimmt ein neues Wirtspaar einen *kro*, ein Landgasthaus, dann muß es die Kunst der Rundklößchenzubereitung sofort lernen. Sonst haben die Neuankömmlinge kaum eine Chance, den Auftrag für ein Konfirmationsessen zu erhalten!

Das interessanteste Essen in Ostjütland findet man bei den Angehörigen der reformierten Gemeinde in Fredericia.

Die meisten dieser Hugenotten stammen aus Frankreich und Belgien und flüchteten in der zweiten Hälfte des 17. Jahrhunderts. Nach einem halben Jahrhundert in Deutschland lud Frederik IV. sie ein, nach Dänemark zu ziehen, in erster Linie, weil sie viel vom Tabakanbau verstanden. Sie entschieden sich für die junge Stadt Fredericia mit ihrem Sonderstatus (sie hatte damals schon die Religionsfreiheit) und kamen dort ab etwa 1720 an. Der König gestand ihnen noch mehr Privilegien zu und stellte ihnen Grund und Boden zur Verfügung. Sie ließen sich in den beiden Parallelstraßen Kongensgade (Königsstraße) und Danmarksgade (Dänemarkstraße) nieder, und in diesem abgegrenzten kleinen Gebiet lebten sie ihr isoliertes Dasein, sprachen während des ersten Jahrhunderts zu Hause, in ihrer eigenen Kirche und in ihrer eigenen Schule französisch, danach deutsch, bis nach 1864 das Dänische allmählich die Oberhand gewann, so daß sich dänische mit deutschen Predigten abwechselten. Die dänische Konfirmation wurde erst in den zwanziger Jahren unseres Jahrhunderts eingeführt.

Zu den Spezialitäten der reformierten Kochkunst gehören die *netfrikadeller* (Netzfrikadellen) oder *leverfrikadeller* (Leberfrikadellen), die mit dem, was man sonst in Dänemark unter Frikadellen versteht, nur den Namen gemeinsam haben. Sie wirken nicht so trocken, wie Leber sonst sein kann, und auch der starke Lebergeschmack dringt nicht so durch.

Die Netzfrikadellen findet man in verschiedenen Variationen, mit und ohne Schweinefleisch, auch mit Speck, mit und ohne Eier. Ein gutes Rezept ist beispielsweise folgendes: 300 Gramm Schweinsleber und 300 Gramm gehacktes Schweinefleisch, beides grob gehackt, mischt man mit zwei knappen Eßlöffeln Ingwer, zwei knappen Eßlöffeln Piment, einer Prise Pfeffer, zweieinhalb bis drei Teelöffeln Salz und einem Eßlöffel geriebenen Zwiebeln. Diese weiche Masse formt man zu runden Frikadellen und wickelt sie einzeln in ein Stück Netz (es handelt sich dabei um Schweinenetz, eine dünne, doch starke durchsichtige Haut mit netzartigen Fettansammlungen, die um die Schweinsgedärme liegt).

Man kann die Klößchen richtig fertigformen, wenn sie in das Netz eingepackt sind. Sie dürfen durchaus etwas flach sein, da sie beim Braten ein wenig aufgehen und sich runden. Die Zubereitung erfolgt bei schwacher Hitze.

Netzfrikadellen zu machen ist nicht so schwierig, das Problem besteht eher darin, daß man heute kaum noch so ein „Netz" bekommt. Im Süden, beispielsweise in Italien, ist das einfacher. Dort wickelt man Leber am Spieß darin ein, und auch in Frankreich benutzt man es, nicht zuletzt für Pasteten. Vermutlich stammen die Netzfrikadellen der Reformierten denn auch aus Frankreich.

Ein weiteres besonderes Gericht der Reformierten ist *andutel*, wobei es sich um ein Winteressen handelt, das bis Ende der zwanziger Jahre hauptsächlich um die Weihnachtszeit herum gegessen wurde. Der wichtigste Bestandteil dieses Gerichts sind Speckschwarten.

600 Gramm Speckschwarte mit etwas Fett wird eine halbe Stunde gekocht, danach zusammen mit 300 Gramm Schweinefleisch grob durch den Fleischwolf gedreht, mit vier Teelöffeln Salz, dreiviertel Teelöffel Ingwer, einem halben Teelöffel Piment, reichlich schwarzem Pfeffer und einem Deziliter Schweinebrühe vermischt. Ursprünglich nahm man dazu die Brühe von der Schweinssülze, man kann aber auch das Wasser verwenden, in dem die Speckschwarte gekocht wurde, und einen Brühwürfel dazugeben. Gut verrührt wird das Ganze mit einem Eßlöffel in Därme abgefüllt.

Am besten eignen sich dazu große Därme, wie man sie für Blutwurst verwendet. Sie werden fast ganz gefüllt, doch nicht so sehr, daß sie zu stark spannen. Die Füllung dehnt sich beim Kochen nämlich etwas aus. Man sollte die Würste an ein paar Stellen mit einer Stecknadel anpieksen, damit sie beim Kochen nicht zerplatzen. Für Andutel in großen Därmen muß man ein paar Stunden bei schwacher Hitze berechnen.

Die ältere Form der Andutel wurde nicht in Därmen zubereitet. Man füllte das Ganze in eine Wursthaut ab, die man selbst aus einem Stück Schweineschwarte herstellte, die man beispielsweise vom Schinken geschnitten hatte. Diese Haut konnte etwa 30 Zentimeter lang und 20 Zentimeter breit sein. Daraus nähte man eine Art Säckchen, das ungefähr 20 Zentimeter lang wurde, innen eine dünne Fettschicht hatte und an einem Ende offen war. Man stopfte die Füllung hinein, nähte das Säckchen oben zusammen, stach es an einigen Stellen mit einer Stecknadel an und kochte es etwa zweieinhalb Stunden.

Nach dem Kochen sollte man die Wurst leicht salzen, damit sie den richtigen Geschmack erhält, man kann aber auch das Schweinefleisch schon salzen, bevor man es hackt.

Andutel ist ein Hauptgericht, das man mit Grünkohl oder Sauerkraut und gebratenen oder gedämpften Kartoffeln ißt. In dünne Scheiben geschnitten, gibt diese Wurst aber auch einen guten Brotbelag ab. Senf gilt als absolut notwendiges Zubehör.

Nach örtlicher Überlieferung stammt diese Andutel aus Frankreich. Dafür spricht auch der Name. Es muß sich dabei um eine Verballhornung von „andouille“ oder in Verkleinerungsform „andouilette“ handeln, die Bezeichnung für eine bekannte französische Wurst. Beim näheren Hinschauen kommen einem jedoch Zweifel. Die Fredericia-Wurst hat nämlich absolut nichts mit der französischen zu tun. In Frankreich kennt man überhaupt keine Speckschwartenwurst. Dagegen findet man in Norditalien, nämlich in der Lombardei, die beliebte „cotechino“, die in ihrer Zusammensetzung, den Gewürzen, der Zubereitungsweise und der Speckschwarten statt Darmhaut genau der älteren Form der Andutel entspricht. Durchforscht man die Ahnentafeln der reformierten Gemeinde, um nach einem Italiener zu suchen, der diese „cotechino“ möglicherweise eingeführt haben könnte, stößt man allerdings nur auf einen einzigen italienischen Namen, nämlich Joseph Alliverti. Er heiratete 1807 eine Marie Feut, die aus einer der führenden reformierten Familien stammte.

Dieser Joseph (vermutlich ursprünglich Giuseppe) Alliverti kam in der unruhigen Zeit der Napoleonischen Kriege nach Dänemark. Im Heeresarchiv kann man nachlesen, daß er 1797 einen Zehnjahresvertrag mit dem Fünischen Infanterieregiment unterschrieb, das zu der Zeit seine Garnison in Fredericia hatte. Er war zunächst Tambour, stieg dann später zum Regimentstambour auf. Sein Geburtsdatum steht weder in den Militärarchiven noch im Heiratsbuch der reformierten Gemeinde oder in den ausführlich geführten Stammtafeln der Gemeinde, und auch über seinen Geburtsort gibt das Heeresarchiv keine Auskunft. Dort erfährt man nur, daß er 1797 in Como drei Brüder, drei Schwestern und seinen Vater hatte, während das Heiratsbuch, das im Landesarchiv von Viborg liegt, als Geburtsort Como anführt und die Ahnentafel der Familie Alliverti Spyrano zwischen Mailand und Como erwähnt.

Also kam dieser eingewanderte Italiener aus der Lombardei, und es ist deshalb durchaus möglich, daß er die lombardische Cotechino mitgebracht hat. Als man die älteste Nachfahrin von Joseph Alliverti in gerader Linie, die 1884 geborene Mary Caroline Honoré Jensen fragte, was sie von der französischen Herkunft der Andutel hielt, antwortete sie, ihr Vater habe oft gesagt, die Leute irrten sich, es sei ursprünglich eine italienische Wurst. Diese Äußerung ist durchaus ernst zu nehmen.

Es dürfte also kaum ein Zweifel daran bestehen, daß die Andutel aus der Lombardei eingeführt wurde. Vermutlich brachte Alliverti seinen Schwiegereltern bei, wie man sie macht. Von hier aus fand sie dann schnell ihren Weg in andere Haushalte der eng verbundenen Gemeinde, wo man auch untereinander heiratete. Da ihnen der italienische Name ziemlich fremd war, benutzten sie dann einen französischen, an den sich einige der Älteren vielleicht noch erinnerten, ohne daß man das jedoch mit der französischen Wurst verband, die völlig anders gemacht wird.

Ein weiteres erwähnenswertes Gericht der Reformierten ist die *kartoffelgrød* (Kartoffelgrütze). Natürlich war sie in den meisten Gegenden von Dänemark bekannt. Aber die Tunke zur Kartoffelgrütze der Reformierten ist anders als in anderen Gegenden von Dänemark. Außerdem spricht alles dafür, daß es die Reformierten waren, die den Kartoffelanbau in Dänemark einführten. Die Fredericianer waren anfangs sehr erstaunt über die Kartoffelesserei der Fremden und betrachteten sie als Zeichen von Armut und Geiz, allmählich aber übernahmen sie diesen Brauch.

Die – am besten – mehligen Kartoffeln werden gekocht und zerquetscht, wobei man Salz, Pfeffer und Milch dazugibt, so daß eine breiige Masse entsteht. Man ißt sie heiß aus einem Suppenteller und mit dem Löffel. Dazu hat man auf einem kleinen Teller daneben gebratenes Schweinefleisch, und zwar entweder gewässertes Pökelfleisch oder Räucherfleisch. Man brät es in der Pfanne, nimmt es heraus und hält es heiß, während man aus dem Fett mit Mehl und Kartoffelwasser eine Soße zubereitet. Dieser Soße setzt man zum Schluß Sirup und etwas Essig, in jüngster Zeit auch oft Essig von Roten Beten hinzu.

Das ist die Sirupsoße, die älteste Form der Kartoffelbreisoße in der Küche der Reformierten. Man schöpft sie in eine Vertiefung in der Mitte des Breis. Obstsoße ist jünger und wird auf gleiche Weise zubereitet, statt Sirup und Essig nimmt man eben nur Obstsaft, am besten von Johannisbeeren.

Kartoffelgrütze mit Sirupsoße oder Obstsoße und dazu gebratener Speck, das war ein ganz normales Alltagsgericht für die reformierte Gemeinde, das sich allmählich auch auf den lutherischen Teil der Bevölkerung ausbreitete, so daß man heute durchaus von einem Fredericia-Gericht sprechen kann.

Auch die in Nordschleswig um die Jahrhundertwende übliche *Safransuppe* (Rindfleisch- oder Hühnersuppe mit Safran) und *blodsuppe* (Blutsuppe) findet man hier wieder. Ein ebenso beliebtes Alltagsgericht bei den Reformierten ist die sogenannte *fedtsuppe* (Fettsuppe) oder Graupensuppe, die es in ähnlicher Form auch noch auf Bornholm gibt. Aus leichtgesalzenem Schweinefleisch, Mohrrüben, Porree, Wurzelpetersilie, Sellerie, Pasternake, Kartoffeln und – ganz charakteristisch – Graupen wird eine Mischung aus Suppe und Brei gekocht. In neuerer Zeit wurden die Graupen bis zu einem gewissen Grad durch Reis verdrängt.

Zu den Alltagsgerichten gehört auch das Sauerkraut, das die Reformierten selbstverständlich durch ihren langjährigen Aufenthalt in Deutschland aufgenommen und mit nach Fredericia gebracht hatten. Dort bereitete man es zunächst nach alter deutscher Art und Weise zu, das heißt, daß man den geschnittenen Weißkohl in Holzfässer legte, mit Salzschichten dazwischen, das Ganze gut preßte und lagern ließ, so daß der Kohl gärte und säuerlich wurde.

Die Reformierten essen noch immer ihr Sauerkraut, begnügen sich heute aber damit, ihren frischen Weißkohl mit etwas Essig, Kümmel, Salz und Zucker zu kochen. Das Wasser wird selbstverständlich abgegossen. Dazu ißt man gekochtes Fleisch, gekochte Bratwurst oder Andutel, nicht zu vergessen die Rote Bete.

Die französische und belgische Abstammung fand lange ihren Ausdruck in der Vorliebe für Suppen und Gemüse. Die Fredericianer nannten die Straßen der Reformierten Petersiliengegend, und bis zu Beginn des 20. Jahrhunderts gehörten Gemüsesuppe, Erbsensuppe und Nudelsuppe fest zum Wochenspeiseplan der Familie.

Verläßt man die Küche der Reformierten, so hat Ostjütland wie gesagt weiter nichts Besonderes zu bieten. Typisch ist noch der *vreden hvidkål* (gewrungener Weißkohl), wie das Gericht zwischen Kolding und Vejle heißt. In der Gegend um

Horsens und Aarhus heißt es dagegen *kjørmeskål,* soviel wie Kirmes- oder Lichtmeßkohl.

Er entspricht ungefähr dem Nordschleswiger Weißkohl alter Art. Ein Weißkohlkopf wird geviertelt, den Strunk schneidet man heraus und kocht dann den Kohl in Fleischbrühe oder leichtgesalzenem Wasser, worauf man ihn zum Abkühlen in einen Durchschlag legt. Danach wird er zu großen Klumpen gepreßt und gut ausgewrungen, damit soviel Flüssigkeit wie möglich herausgepreßt wird. Man dreht ihn durch den Fleischwolf (früher wurde er mit dem Messer gehackt). Manche Leute pressen ihn danach noch einmal durch ein Tuch, um auch den letzten Rest Flüssigkeit loszuwerden. Doch das ist nicht unbedingt notwendig.

Den gehackten Kohl tut man mit Butter und Rahm in einen Topf, schmeckt ihn mit Salz und weißem Pfeffer ab, vielleicht auch mit geriebenem Muskat. Im nördlichen Teil des Landes streut man oft Zimt und häufig auch Zucker darüber.

Das Ganze ißt man zu kaltem durchwachsenem Kochspeck, kalter gekochter Bratwurst, zu Sülze oder zu leichtgesalzenen Rippchen. In erster Linie gehört dieser Kohl zu den Weihnachtsgerichten, aber man kann in selbstverständlich auch mit Frikadellen, Bratwurst oder Koteletts als Alltagsessen servieren. Doch diese ostjütische Art des Weißkohls gehört im Gegensatz zum Nordschleswiger Weißkohl nach alter Art nur zu Schweinefleisch. Im übrigen ißt man dazu Rote Bete, Senf und Schwarzbrot.

Randers war früher berühmt wegen der Lachse, die man im Fjord und im Gudenå fischte. Vor allem als *ræset laks* (getrockneter Lachs) gewann er hier eine gewisse Berühmtheit.

Den aufgeschnittenen und ausgenommenen Lachs ohne Kopf, Schwanz und Rückengräte rieb man leicht mit Salz ein, preßte ihn drei bis vier Tage, spülte ihn in klarem Wasser und hing ihn danach einige Tage zum Trocknen auf. Man hat es also nicht mehr mit einem Frischfisch zu tun, aber auch nicht mit einem gesalzenen Fisch. Dann wurden dünne Scheiben geschnitten und auf einer Zinnplatte aufs Feuer gestellt, wo man sie in Weißwein mit Butter aufkochen ließ.

Kommt man in die Gegend um Aarhus-Randers-Mariager und nach Djursland, dann findet man die Zusammensetzung *kærnevælling med flæsk* (Buttermilchsuppe mit durchwachsenem Speck) oder die ältere Form *kærnevælling med flæskebrød* (Buttermilchsuppe mit Speckbrot).

Es handelt sich dabei um eine alte Buttermilchsuppe, die man aus reichlich Graupen kocht und wozu man gebratenen durchwachsenen Speck und Schwarzbrot ißt, wobei man den Speck in die Hand nimmt und abbeißt. Heute zieht man in vielen Haushalten Reis vor, und den Speck ißt man mit Messer und Gabel. Aber beliebt ist die dicke Buttermilchsuppe mit gebratenem durchwachsenem Speck bei vielen Familien noch immer.

Zuweilen findet man im Djursland auch noch eine andere nicht ganz gewöhnliche Zusammensetzung, nämlich *øllebrød med ost* (Brotsuppe mit Bier und Käse). Den Käse ißt man dazu.

Im Djursland sind auch *pandekager med æbler* (Eierkuchen mit Äpfeln) zu Hause. Früher waren das Hefeeierkuchen, die richtig hoch wurden, heute sind sie meist dünn. Beim Backen legt man dünne Apfelscheiben in die Pfanne, so daß sie beim Wenden in den Eierkuchen eingebacken werden. Bevor man sie ißt, streut man etwas Zucker darüber.

Im übrigen nimmt man im Djursland für die Eierkuchen statt Vollmilch oft Buttermilch und mischt etwas Natron unter den Teig. Viele Leute mögen diesen *kærnemælkspandekage* (Buttermilcheierkuchen) lieber als die normalen Eierkuchen.

III Westjütland

Westjütland war bis zu Beginn dieses Jahrhunderts ein armer Landesteil. In den allermeisten Gebieten hatte es die Landwirtschaft sehr schwer: sandige Böden, Flugsand an der Küste, weitgestreckte Heidelandschaften im Inneren des Landes. Das Essen mußte bescheiden sein. Erst als man die Heide urbar machte und an die Stelle der offenen Küstenboote der Fischer um 1890 bis 1900 hochseetüchtige Kutter traten, man Fischereihäfen baute, die Fischauktionen eingeführt wurden und die Kühltechnik Fortschritt machte, begannen sich die wirtschaftlichen Verhältnisse zu verbessern, und damit änderten sich auch die Eßgewohnheiten. Sie vereinheitlichten sich und paßten sich an die Sitten des übrigen Landes an.

Frischfleisch im Frühjahr und Sommer, gesalzener und getrockneter Fisch im Herbst und im Winter, damit mußte man an der Küste vorliebnehmen, und auch im Inneren des Landes sah die Speisenfolge nicht sehr viel anders aus, wenngleich man hier etwas mit Schweinefleisch und Hammelfleisch abwechseln konnte. Viel Fleisch hatten die Landbewohner mit ihren unfruchtbaren Böden und dem harten Westwind jedoch nicht. Die Tiere fanden hier einfach nicht genug zu fressen.

Einige Westjüten versuchten, sich ihren Lebensunterhalt auf andere Weise als durch Landwirtschaft und Fischerei zu verdienen. Die Töpfer der Gegend um Varde waren bereits im 18. Jahrhundert bekannt. Die schwarzen, gebrannten Töpfe, Schalen und Schüsseln aus Ton wurden in ganz Dänemark vertrieben und bis weit nach Deutschland hinein exportiert. Auf den Märkten hatten die Töpfer großen Zulauf. Auch die Wollhändler verkauften ihre Waren auf den Märkten und zogen ansonsten mit den in Heimarbeit angefertigten Kleidungsstücken von Hof zu Hof und von Haus zu Haus. Andere Einkäufer fuhren getrockneten Fisch nach Ostjütland und kehrten mit einer Wagenladung Äpfel zurück, die sie dann weiterverkauften, und die Fischer von Harboøre fuhren im Herbst mit gesalzenem und getrocknetem Fisch in den Limfjord und tauschten ihn gegen landwirtschaftliche Erzeugnisse ein. Bereits vor vielen Jahren sagte man den Westjüten nach, sie seien tüchtige Kaufleute, aber es waren sicher die schlechten wirtschaftlichen Verhältnisse in ihrem Landesteil, die sie von Anfang an zum Handel trieben.

Außerdem exportierte Westjütland Arbeitskräfte. Mägde und Knechte verdingten sich in Ostjütland, in Schleswig und auf der Insel Fünen. Man orientierte sich vor allem nach Süden. Schleswig und selbstverständlich auch das noch fernere Holstein waren für die Westjüten früher so etwas wie das „gelobte" Land, fruchtbar, mit Arbeit und Geld. Für viele war Hamburg fast die Hauptstadt von Westjütland. Der Einfluß der Schleswiger Küche ist denn auch ganz deutlich. In verschiedener Hinsicht kocht man in Westjütland ganz ähnlich wie in Nordschleswig. Selbst bei Gerichten, die man auch sonst in Dänemark kennt, ist zu vermuten, daß sie, in einem Landesteil, der zum östlichen Dänemark keine stärkere Beziehung hatte, durch den direkten Kontakt mit Schleswig übernommen wurden. Wie in Westschleswig, so gehört auch in Westjütland die *surgrød* (Sauergrütze) aus Graupen und Milch zu den üblichsten Breiarten, daneben die *boghvedegrød* (Buchweizengrütze), die in Westjütland später eingeführt wurde als in Schleswig. Das Geräucherte und das Saure hat ebenfalls eine große Rolle gespielt, und man könnte andere Beispiele anführen, wie den *hvidkålsbudding* (Weißkrautpudding), den man auch heute noch ißt. Abgesehen jedoch von Ofenkuchen und Mehlbeuteln oder Mehlpudding sind

Schleswiger Gerichte hier nicht sonderlich erwähnenswert. Sie wären nur eine einfache Aufzählung oder Wiederholung.

Der Mehlpudding ist hier ähnlich wie auf der Insel Fanø, allerdings ohne so viel Beilagen, man ißt ihn nur mit durchwachsenem Speck, Sirup und zuweilen mit Kartoffeln, wobei man in neuester Zeit statt Sirup oft Saft oder Saftsoße dazu reicht. Ab und zu hört man auch von gekochtem fettem Schweinefleisch.

Ein ausgesprochenes Arme-Leute-Gericht war in Westjütland der *kas*, der nun bei wachsendem Wohlstand verschwunden ist. Leute, die Ende des vergangenen Jahrhunderts geboren wurden, erinnern sich noch dunkel daran, daß sie ihn als Kinder gegessen haben oder ältere Verwandte davon haben reden hören. Es scheint sich dabei um eine Gerstensuppe oder einen Gerstenbrei gehandelt zu haben, in dem man vielleicht etwas gesalzenes Schweinefleisch mitkochte, auf jeden Fall aber etwas Grünes, wobei es sich wohl kaum um Grünkohl gehandelt haben kann, jedenfalls wenn man nach den Redensarten geht, die das Gericht überlebt haben. Anscheinend handelte es sich um Zwiebelspitzen, Porree oder Brennesselblätter oder sogar um die ersten Stachelbeerblätter. Blätter von Frühjahrs- oder frühen Sommerpflanzen, gleich ob Unkraut oder nicht, wurden recht häufig verwendet. Es heißt jedoch, daß man nicht zuviel Stachelbeerblätter in die Suppe tun durfte, denn die haben einen ziemlich kräftigen Geschmack.

Stachelbeeren gehörten zu dem wenigen Obst, das man bis in unser Jahrhundert hinein anbaute. Stachelbeersträucher gehören zu den genügsamen Gewächsen. Aus den Beeren machte man Kompott und Gelee, und während man in den fruchtbareren Landesteilen Apfel- und Birnenspeck aß, begnügte man sich in der Gegend um Holstebro mit *stikkelsbærflæsk* (Stachelbeerspeck). Durchwachsener, leichtgesalzener Speck wird gebraten, dazu kommt eine Handvoll oder zwei nicht zu reifer Stachelbeeren, und das Ganze bestreut man eventuell mit Zucker.

Schafe waren in West- und Mitteljütland für den Haushalt und für die tägliche Essenszubereitung sehr wichtig. Wie an anderen Orten, so verarbeitete man auch hier die Wolle zu Wollsachen für die Familie, aber auch für den Verkauf. Schafe sind anspruchslose Fresser, deshalb waren sie als Nutztiere auf diesem mageren Boden und in dem harten Klima gut geeignet. Für die neugeborenen Lämmer war es oft zu kalt, aber dann nahmen die Leute die Schafe und ihre Nachkommen am Abend zu sich ins Haus, um die Lämmer vor der Nachtkälte zu schützen.

Schaf- und Lammfleisch war ein wichtiger Teil der Kost, und zwar gepökelt, geräuchert und getrocknet. Viele aßen lieber getrocknetes als geräuchertes Lammfleisch, was nicht so sehr an Schleswig, sondern eher an Schottland und Norwegen denken läßt. Getrocknete Schafskeule galt als große Delikatesse. Man trocknete das Fleisch am Schornstein. Ansonsten aber verarbeitete man Schafe und Lämmer in der üblichen Weise: zu *finker* (gehackte Innereien) und *Fårerullepølse* (Schafsrollwurst), die man mit Pfeffer und Ingwer würzte. Das frische Fleisch wurde aber auch in der Glut gegrillt. Grünkohlsuppe und Gelbe Erbsen aß man mit gesalzenem Schafsfleisch. Bekannt war auch Kohl und Hammelfleisch, das heißt gesalzenes Hammelfleisch, das mit Weißkohl gekocht wurde. Lammfleischsuppe war fast ein Feiertagsgericht und wurde zu festlichen Gelegenheiten serviert. Aus frischem Hackfleisch von Schaf und Lamm machte man Frikadellen. In vielen Haushalten konservierte man sie in Krügen oder Töpfen, indem man geschmolzenen Schafstalg darübergoß.

Für die Lammfrikadellen wird das gehackte Fleisch mit etwas Milch, Mehl, Salz, Zwiebeln, Pfeffer, Nelken und vielleicht einem Ei angerührt. Mehl oder Milch darf man nicht zuviel daruntergeben. Die Frikadellen werden mit der Hand gerollt, etwas größer als die üblichen Frikadellen, dann drückt man sie flach und brät sie ins Schaftstalg oder Lammfett.

Die jütische Westküste hat einen Fisch zu bieten, der sonst im

Land nicht weiter bekannt ist, nämlich das Blaufelchen, das zur Lachsfamilie gehört. Es handelt sich dabei um einen Brackwasserfisch, den man im Fjord von Ringkøbing und in kleineren Fjorden antrifft. Man fischt ihn fast das ganze Jahr über, am besten aber im Sommer, wenn er fett ist und keinen Rogen hat. Die Fischer essen ihn seit mehreren Jahrhunderten gekocht und gesalzen, auch gebraten, wenn sie denn Fett zum Braten hatten. Am besten aber, sagt man, sei er geräuchert, vor allem wenn er richtig fett ist. Heutzutage tiefgefriert man den fetten Sommerfisch entweder ganz frisch, zum späteren Räuchern, oder bereits geräuchert. Die erste Methode ist die beste. Geräucherter Fisch verliert nämlich an Geschmack, wenn er tiefgefroren wird, und überhaupt gilt ja, daß man fette Fische nicht längere Zeit einfrieren sollte.

In den Gebieten, in denen man das Blaufelchen antrifft, schätzen die Leute es sehr, in Ringkøbing führen fast alle Restaurants *røget helt* (geräuchertes Blaufelchen). In den bescheidenen Restaurants bekommt man es, ähnlich wie einen Bückling, längs aufgeschnitten in einem Stück und mit allen Gräten vorgesetzt, dazu ein paar Scheiben Schwarzbrot. In den vornehmeren Speiserestaurants dagegen gehört es oft zum kalten Buffet. Dazu schneidet man den Fisch in Stücke und setzt ihn dann in einer „Sanddüne“ aus Salz wieder zusammen. Ein paar Zahnstocher halten Kopf und Schwanz hoch!

Ein Ort an der Westküste kann sich auch seines geräucherten Lachses rühmen. In Esbjerg und Varde und an anderen Orten dieser Gegend sieht man in Restaurants, daß Vardelachs und anderenorts auch Hjertinglachs angeboten wird. Die Wahl mag dem Fremden schwerfallen. Früher war die gute Qualität des Lachses von Varde berühmt. Heute gehört der Lachs von Hjerting, jedenfalls der geräucherte, zum Besten, was die dortige Küche zu bieten hat. Ortskundigen fällt die Wahl jedoch nicht schwer, denn sie wissen, daß Vardelachs und Hjertinglachs das gleiche ist, und sie kennen die Geschichte dieser beiden Bezeichnungen.

An der Mündung des Vardeflüßchens wurden früher viele Lachse gefangen. Im Frühjahr und Sommer wanderten sie aus dem Meer in die Bucht von Ho, vorbei an dem kleinen Fischerdorf Hjerting, und in den Vardefluß hinein, und dann konnte die Fischerei beginnen. Ab etwa 1920 wurde der geräucherte Lachs von Varde bei den Touristen bekannt, die im Sommer auf die Insel Fanø und auf das vorgelagerte Festland kamen. Kaufmann Peter Kjærgaard in Hjerting machte mit geräuchertem Lachs aus Varde einen Riesenumsatz. Deshalb war sein Nachfolger, der Sohn Leo Kjærgaard, nicht sonderlich begeistert, als ihm sein Lachslieferant, der Räuchermeister Nissen, der zu dem Zeitpunkt etwa 80 Jahre alt war, an einem Tag in den dreißiger Jahren mitteilte, er wolle jetzt aufhören, Varde verlassen und in die Welt hinausreisen, um sie kennenzulernen.

Das ist ganz und gar unmöglich, sagte sich Leo Kjærgaard. Er konnte den geräucherten Lachs in seinem Geschäft nicht entbehren. Deshalb einigte er sich mit Nissen darauf, daß dieser ihm das Räuchern beibringen sollte. Eine Woche lang ging Kjærgaard bei Nissen in Varde in die Lehre, danach kam Nissen nach Hjerting und leitete den Aufbau des Räucherofens im Hof hinter dem Kaufmannsladen. Und dann reiste Nissen in die Welt hinaus. Als Bezahlung wollte er von Kjærgaard nur eine Kiste Zigarren, denn er selbst hatte der alten Räucherfrau, die ihn seinerzeit gelehrt hatte, den Vardelachs zu räuchern, nur einen symbolischen Betrag bezahlt.

Leo Kjærgaard führte die Vardetradition weiter und machte nun den Lachs von Hjerting auch im Ausland, vorzugsweise in Belgien und Frankreich, zu einem Begriff. Dort ist Räucherlachs mit einem so milden Geschmack nämlich nicht so bekannt. Das aber ist das Geheimnis, das von Varde nach Hjerting gebracht wurde: eine Salz- und Räuchermethode, die dem Fisch einen milden, nicht zu salzigen Geschmack verleiht und ihn gleichzeitig haltbar macht.

Mit dem lokalen Lachsfang ist jetzt Schluß. Dem hat die Umweltverschmutzung bereits seit vielen Jahren ein Ende bereitet. Heute verarbeitet man in Hjerting Lachs aus Grönland, von den Färöer Inseln, aus Norwegen oder Schottland, je nach Jahreszeit und Qualität. Hier räuchert man auch Kliesche und Blaufelchen; zu Beginn der siebziger Jahre führte man ein neues Produkt ein, nämlich geräucherte Regenbogenforellen, und zwar die riesigen von den Färöer Inseln.

Die Produktion der Lachsräucherei von Hjerting stieg, und damit entstand in Hjerting ein neues Gericht, das ziemlich luxuriös klingt, aber trotzdem ein Alltagsessen ist, nämlich *lakseører* (Lachsohren).

Wenn die geräucherten Lachse, bevor man sie verpackt, in der Räucherei zu Scheiben geschnitten werden, bleiben immer Reste übrig, und die mit dem meisten Fleisch nennen die Leute normalerweise Lachsohren. Das ist ungefähr das gleiche wie die Lachsreste, die man überall im Land in größeren Fischgeschäften kaufen kann. Kjærgaard verkauft sie schon seit vielen Jahren in seinem Geschäft ganz billig, weshalb die Hausfrauen von Hjerting sich einiges haben einfallen lassen, um die Zubereitung nicht zu eintönig zu machen. Einige kochen sie und essen sie kalt zu Butterbrot, andere braten sie in Butter und essen sie warm mit Mehlschwitzekartoffeln.

Man wäscht die Lachsstücke, entfernt die Haut so weit wie möglich, die größten Gräten werden herausgezogen, und danach brät man die Stücke leicht in Butter an. Vielleicht gibt man etwas weißen Pfeffer hinzu, keinesfalls aber Salz.

In Westjütland kennt man einen marinierten Hering, der etwas stärker gewässert und stärker gewürzt ist als üblich. Für diesen *syltet sild* (eingelegten Hering) braucht man sechs Heringe, die bis zu 24 Stunden gewässert werden. Man nimmt sie aus, schneidet die Filets in Stücke von sieben bis acht Zentimeter und legt sie danach in die Marinade. Die besteht aus zwei Deziliter Essig, einem halben Deziliter Wasser, zwei Deziliter Zucker, reichlich frisch gemahlenem Pfeffer, sechs bis acht Nelken und entsprechend viel Piment. Das Ganze wird heiß gemacht, so daß der Zucker schmilzt, danach läßt man es wieder abkühlen, bis die Marinade lauwarm ist. Man schichtet die Filetstücke abwechselnd mit dünnen Zwiebelscheiben und etwas zerkleinerten Lorbeerblättern. Insgesamt braucht man etwa 100 Gramm Zwiebeln und zehn bis zwölf Lorbeerblätter, und danach gießt man die Marinade darüber.

Zum gekochten Fisch aß man früher süß-saure Soße, für die man das Fischwasser verwendete, heute aber wollen die meisten lieber Schnittlauchsoße, die man im übrigen auch zum gebratenen Speck ißt. Zuweilen nimmt man statt Schnittlauch auch frische grüne Zwiebelspitzen oder Porree. Man tut das Grüne erst am Schluß in die Soße, und es darf nie mehr als eine halbe Minute mitkochen.

Leichtgesalzener gekochter Dorsch war bis Ende des letzten Jahrhunderts ein Feiertagsessen, das bei den Fischern beispielsweise zu Weihnachten auf den Tisch kam. Dazu aß man in der Regel Senfsoße. Unter den gekochten Fischgerichten stand vor allem bei den Fischern früher *krap-i-hue* (Füllung im Kopf) hoch im Kurs. Bis etwa 1910 oder 1920 war das Gericht an der ganzen Nordseeküste und ein Stück entlang der Kattegatküste unter verschiedenen Namen weit verbreitet. Es bestand aus Fischköpfen, in die man einen Teig füllte, dem Leber, oft auch Rogen beigemischt war und den man dann kochte. An Fisch eignete sich dazu Merlan, Schellfisch oder auch kleiner Dorsch. Am liebsten nahm man Merlan, weil er eine weiße Leber hat, während Dorschleber rötlich ist und einen kräftigeren und bittereren Geschmack hat. Am besten eignet sich Fisch der Gewichtsklasse ein halb bis dreiviertel Kilogramm.

Die Köpfe wurden gut gesäubert, wobei man die Kiemen normalerweise entfernte. Den Teig machte man aus Roggen- oder Gerstenmehl, verrührte ihn mit der zerdrückten Leber sowie mit Milch, Eiern, Salz und Gewürzen. Dabei konnte es sich um Pfeffer, Piment, Senfpulver, Kümmel, fein gehackten Thymian oder gehackte Zwiebeln handeln – aber nicht alle im gleichen Teig. Früher knetete man oft auch den Rogen ein. Der

Teig mußte so fest sein, daß man ihn mit der Hand zu einer Kugel rollen konnte. Diesen Kloß, der auf der Insel Fanø und von Ribe an nordwärts *kunk* und danach um Thorsminde herum *krapping* hieß, steckte man in den Fischkopf, den man vielleicht mit ein paar Stichen zunähte oder zusammenband. Manchmal rechnete man auch nur damit, daß der Kloß stekkenblieb.

Die gefüllten Köpfe kochte man mit dem übrigen Fisch und den restlichen Klößen sowie dem Rogen (wenn man den nicht bereits in die Teigmasse geknetet hatte), und zu dem Ganzen aß man dann Brot, in neuerer Zeit auch Kartoffeln. Tunke war entweder geschmolzene Butter oder Senfsoße. Das Ganze galt als feines Essen, weil man dazu Eier und Milch brauchte, wovon die Bewohner der Westküste in früherer Zeit nicht sehr viel hatten.

Der Name *krapping* hat etwas mit dem längst verschwundenen Wort „kropping" zu tun, was soviel wie Füllung bedeutet. In Thy und Vendsyssel nennt man dieses westjütische Gericht *kroppehoved*, das heißt eigentlich gefüllter Kopf. Dieses Wort haben dann die südlichen Bewohner an der Westküste offenbar in den falschen Hals bekommen, um Harboøre benutzte man die Bezeichnung *krappinghue*, weiter südlich wurde das dann zu *krap-i-hue* (Körper im Kopf), vielleicht weil man meinte, daß man den Fischkopf mit einer Art Körper ausstopfte. Dieser Irrtum ist im übrigen auch an gewissen Orten in Vendsyssel verbreitet.

In Harboøre gab es neben krap-i-hue auch noch ein anderes Lieblingsgericht, nämlich den *saltål* (Salzaal). Die Leute von Harboøre kannten nichts Besseres als ein Stück rohen oder gekochten Salzaal, und Aal hatten sie jedenfalls genug! Neben der Hochseefischerei betrieben sie nämlich auch ein wenig Küstenfischfang, und dort an der Küste gab es viele Aale. Außerdem fischten sie viel in dem aalreichen Limfjord und verstanden sich deshalb wie die Fjordleute auf die unterschiedlichsten Zubereitungsarten.

IV Samsø

Die Insel Samsø liegt gut geschützt zwischen Jütland, Fünen und Seeland. Das Klima ist mild, der Boden gut. Das Meer bietet alle Möglichkeiten. Mit diesem Fleckchen Erde hat es der liebe Gott besonders gut gemeint, und die Bewohner von Samsø haben es verstanden, diese Gottesgabe gut zu nutzen. Sie sind unternehmungslustig und fleißig. Schon früh war hier die Landwirtschaft hochentwickelt, und zur Zeit der Segelschiffahrt befuhren die Samsøer die gesamte Ostseeküste und die Küste von Norwegen.

Heute ist Samsø in erster Linie wegen seiner Frühkartoffeln bekannt, besonders wegen der Sorte „Königin des Südens“, aber auch die Spargel von Samsø und den Samsøer Käse kennt man. Daß letzterer längst nicht mehr auf der Insel hergestellt und im übrigen von der Schweiz inspiriert wurde, das ist eine ganz andere Sache. Doch davon später.

Auch intensiven Gartenbau betreibt man seit mehr als einem Jahrhundert. Neben dem in Dänemark sonst üblichen Obst findet man in den Gärten zuweilen auch noch Pfirsiche, Aprikosen, Feigen, Maulbeerbäume, Weintrauben, Walnuß- und Mandelbäume. Diese südlichen Obstsorten sind zwar mittlerweile selten geworden, doch in manchen Familien kann man heute noch selbstgeerntete eingelegte Feigen essen und Mandeln pflücken, die man im Stolz der Samsøer, ihrem Apfelkuchen, verarbeitet, der mit dem ansonsten in Dänemark bekannten Apfelkuchen nicht sehr viel zu tun hat.

Die Tatsache, daß die Insel zwischen diesen anderen drei

Landesteilen liegt und die Bewohner Beziehungen zur Ostseeküste hatten, scheint für die tägliche Küche eine große Rolle gespielt zu haben. Man verwendet Äpfel und Birnen mit Fleisch und Fisch. Hier findet man das Gegenstück zur Nordschleswiger Schneidertunke und zur fünischen Schuhmachertunke. Sauerbraten, Sauertopf sowie Sauersuppe aus durchwachsenem Speck und aus Gans oder Ente sind ebenfalls üblich, andere Gerichte erinnern an die Insel Falster oder an Fünen. In vieler Beziehung halten die Samsøer an ihren Traditionen fest, führen aber kein abgesondertes Inseldasein, denn sie sind auch nach außen hin offen.

Äpfel gehören zum gebratenen Aal und zum gebratenen Hering. Früher briet man die Apfelstückchen zusammen mit dem Fisch in der Pfanne, genauso wie bei dem allgemein bekannten Apfelspeck. Heute nimmt man in vielen Familien jedoch Apfelmus. Manche machen es im Fischfett heiß, die meisten aber essen es ohne Fett kalt zum Fisch. Ursprünglich bekam man dazu nur Brot. Heute werden zum gebratenen Aal zuweilen auch Mehlschwitzekartoffeln gereicht, zum Apfelhering gehören gekochte Kartoffeln. Die meisten Samsøer jedoch behaupten, das sei eine komische und ganz falsche Zusammensetzung. Kartoffeln und Äpfel hätten nichts miteinander zu tun.

Interessanterweise haben sich die Bewohner von Samsø nie besonders für die Fischerei interessiert. Früher fischten sie ein bißchen zum Hausgebrauch, heute gibt es auch ein paar gewerbliche Fischer, im großen und ganzen aber waren die Samsøer immer ausgesprochene Bauern, was man auch ihren Eßgewohnheiten anmerkt.

Im nördlichen Teil der Insel findet man *pæreflæsk* (Birnenspeck), der auch *pære-i-pan'* (Birne in der Pfanne) heißt, was zeigt, daß bei diesem Gericht eigentlich die Birnen dominieren sollten. Es handelt sich dabei um ein ganz einfaches Essen. Zubereitet wird es wie Apfelspeck, nur nimmt man eben hier

Birnenstückchen. Der durchwachsene Speck muß leicht gesalzen sein.

Zu anderen Gerichten benutzt man auf Samsø am liebsten getrocknete Birnen, wenn man sie hat. Allmählich werden die nämlich selten, obgleich noch immer einige Hausfrauen Birnen für den Winter trocknen. Das tut man im Backofen. Die Birnen, und es dürfen keine allzu saftigen Sorten sein, werden in leicht gezuckertem Wasser kurz aufgekocht. Man läßt sie in einem Durchschlag abtropfen, schneidet sie in Stücke und legt sie in den Ofen. Man kann immer nur eine Schicht auf einmal trocknen, und der gesamte Prozeß dauert ungefähr 24 bis 36 Stunden. Die Hitze darf nur ganz schwach sein, die Ofenklappe läßt man etwas offenstehen, damit die Feuchtigkeit entweichen kann.

Die getrockneten Birnen gehörten früher in die Obstsuppe, man aß sie auch zusammen mit Äpfeln und vielleicht Backpflaumen als Füllung in gebratener Ente und gebratener Gans und in dem sogenannten Schneiderbraten. Heute nimmt man dafür vorzugsweise frische Birnen.

Der *skræddersteg* (Schneiderbraten) ist mit dem alten „groffenbrad" auf der Insel Falster und mit dem Birnenfleisch auf der Insel Møn verwandt. Auf Samsø besteht er hauptsächlich aus den Innereien von Geflügel sowie aus den Hälsen und Flügelspitzen, wobei man ursprünglich nur Enten und Gänse verwendete, heute aber auch Huhn. Alles wird in kleinere Stücke geschnitten, in Fett angebraten, mit Salz und Pfeffer bestreut, dazu kommt ganz wenig Zucker und ein paar Tropfen Essig sowie kochendes Wasser, so daß das Ganze gerade bedeckt ist, und dann läßt man es gar, sehr gar kochen. Die letzten 15 Minuten tut man Apfel- und Birnenstücke dazu. Man dickt mit Mehl an und gibt etwas von der in Dänemark verbreiteten Soßenfarbe hinzu, denn Soße muß schließlich braun sein.

Manche Leute tun auch noch etwas Thymian in das Gericht, andere etwas Rahm, wieder andere Backpflaumen und einige noch mehr Essig und Zucker, damit die Soße süß-sauer wird, das ist die altmodischste, heute nicht sonderlich beliebte Art.

Der Ursprung des Namens dürfte außer Zweifel stehen. Er entwickelte sich ähnlich wie die Nordschleswiger Schneidertunke. Gänsebraten und gekochte gesalzene Gans, die sogenannte *spegegås*, das war ein vornehmes Essen, die Zusammensetzung aus Innereien, Hals und so weiter war dagegen natürlich etwas ärmlicher, und wieder mußte hier der Schneider herhalten.

Zu den beliebten Alltagsgerichten gehört *stor kål* (Großkohl), ein Eintopf der Art, wie man ihn früher in Stadt und Land in ganz Europa gegessen hat. Leichtgesalzener durchwachsener Speck, Schweinshachsen oder anderes leichtgesalzenes Schweinefleisch wird mit etwas Wasser und großen Stücken Weißkohl gekocht, dazu kommen einige Kartoffeln, ein bis zwei Mohrrüben, Pfefferkörner, vielleicht noch etwas Suppengrün. Manche Leute fügen auch noch etwas Kümmel hinzu. Das Wasser gießt man ab, das Gemüse wird zum Fleisch gegessen, und zwar mit Buttersoße oder süß-saurer Soße und mit Senf und Schwarzbrot. Auf der Insel Ærø heißt dieses Gericht *hel kål* (ganzer Kohl). Dort kocht man allerdings keine Mohrrüben mit.

Früher kochte man zur Fastnachtszeit Großkohl mit einem Schweinskopf, dessen beide Hälften man auf den Tisch brachte und dort zerlegte, während Familie und Gäste zusahen.

Wenn man sparen wollte, aß man Kartoffeln mit einer Soße, die genauso zubereitet wurde wie die Nordschleswiger Schneidertunke. Sie scheint hier allerdings keinen festen Namen zu haben, die meisten sagen nur Speckwürfel. In einigen Familien heißt sie allerdings auch graue Soße.

Etwas Besonderes ist die Samsøer *trillesylte* (Rollsülze). Sie ist im Gegensatz zu der in Dänemark üblichen Rollwurst ziemlich mager und ungesalzen.

Ein Stück Schweinebauch ohne Schwarte wird etwas „geschält“, so daß es sich rollen läßt. Danach belegt man es mit Speckstreifen und magerem Hackfleisch, bestreut das Ganze mit Salz, Pfeffer, gestoßenem Ingwer und Piment, rollt es zusammen, beschmiert es mit Fett und kocht es in leichtgesalzenem Wasser. Für ein Kilogramm Bauchfleisch nimmt man normalerweise 200 Gramm Speck und Hackfleisch, und das Ganze muß ungefähr zwei Stunden kochen.

Man pflegt die Rollsülze mit etwas zusätzlichem Salz, Essig und Zwiebelscheiben einige Tage in der Brühe liegen zu lassen. Man ißt sie zu Butterbrot oder auch als selbständiges Gericht mit gebratenen oder gedämpften Kartoffeln, zuweilen auch mit der säuerlichen Brühe, in der man Kartoffelscheiben kocht. Auch Rote Bete und Senf gehören dazu.

Manche Familien bestreuen das Bauchfleisch, bevor man es zusammenrollt, noch mit etwas Thymian. Überhaupt kennt man Thymian als Gewürz auf Samsø schon seit mehreren Generationen.

Die *sortpølse* (Schwarzwurst) oder *blodpølse* (Blutwurst), wie sie später hieß, gleicht der Blutwurst von Fünen und Seeland, abgesehen davon, daß man hier oft noch Roggenmehl beimischt, sogar mit Gerstenkörnern. Darüber hinaus bestand die Wurst wie gewöhnlich aus frischem Blut und aus kleinen ungesalzenen Speckwürfeln, getrockneten Birnenstückchen oder Rosinen, Thymian, Salz, Zimt, vielleicht auch Piment und Nelke. Die gekochte Schwarzwurst schneidet man in Scheiben, erhitzt sie in Fett in der Pfanne und ißt sie mit Sirup oder Zucker.

In der Regel ißt man die Schwarzwurst zusammen mit Weißwurst, wie das auch an anderen Orten im Lande üblich ist. Die Samsøer Weißwurst besteht aus einem steifen Brei aus Gerstenmehl und Milch, dazu Speckwürfeln, etwas Zukker, Zimt und anderen Gewürzen, normalerweise auch Thymian und in neuerer Zeit Rosinen. Die Grütze füllt man in Därme oder (um die Därme zu sparen) in längliche Leinensäckchen und kocht sie in leichtgesalzenem Wasser. Von dieser Weißwurst ist es nicht weit bis zur *pølsegrød* (Wurstgrütze), die vor Ende des letzten Jahrhunderts außer Mode geriet. Der Name kam selbstverständlich daher, daß die Grütze so aussah wie die Masse, die man für Weißwürste abfüllte. Es handelte sich dabei um einen Milchgrießbrei mit verschiedenen Gewürzen wie Thymian und Krauseminze, vielleicht auch einigen Speckwürfeln, und bevor man den Brei auf den Tisch brachte, goß man Sirup darüber. In den alten Beschreibungen der Wurstgrütze fehlen die Rosinen, vermutlich weil Rosinen früher nicht so üblich waren.

Der Zusammenhang zwischen Weißwurst und Wurstgrütze ist jedenfalls deutlich, und dazu gehört auch noch der *prossekage* (wörtlich: Talglichtchenkuchen).

Dieser Prossekage war hier ebenso üblich wie auf Fünen, auf Samsø aber machte man ihn ausschließlich aus Gerste. Der Teig entspricht genau dem Weißwurstteig, nur wurde er nicht im voraus gekocht. Deshalb heißt er im nördlichen Teil von Samsø auch *pølsekage* (Wurstkuchen), und überall auf der Insel verband man ihn in neuerer Zeit mit dem Schlachttag. Bei dem Samsøer Prossekage handelt es sich also um Weißwurst ohne Darm, die im Backofen zubereitet wurde.

Die Samsøer haben, ebenso wie die Seeländer, ihre *syltede* („eingedickte“) Milch, nur heißt sie hier nicht so. Man macht sie aus Vollmilch und Buttermilch, man stellt die Mischung bei kleiner Flamme auf den Herd oder an einen anderen warmen Ort, bis sie verkäst. Die Molke wird abgegossen. Die übrige Masse ißt man auf Brot oder gießt Bier darüber, unter das man ein wenig in warmem Wasser aufgelösten Zucker mischt. *Øllerwost* (øl og ost, das heißt Bier und Käse) wird dieses Gericht genannt, das früher auf der Insel sehr beliebt war.

Der Samsøer Käse wird, wie gesagt, nicht mehr auf Samsø, sondern an anderen Orten in Dänemark hergestellt.

Die Molkerei Madebjerggaard in Besser wurde seinerzeit im ganzen Land durch einen neuen Käse bekannt, den man unter dem Namen *dansk schweizerost* (dänischer Schweizerkäse) einführte, einen trockenen und leicht süßlichen Käse, wohl eine Art Nachahmung des Emmentalers. Zu Beginn der fünfziger Jahre wurden neue Regeln für die Käsebezeichnungen eingeführt, und in dem Zusammenhang ging man zu dem Namen *Samsøost* (Samsøkäse) über. Inzwischen hat man in Besser diesen Käse mit dem heimischen Namen aus der Produktion herausgenommen und konzentriert sich auf einen Danbo. In der zweiten noch bestehenden Molkerei von Samsø, in Brundby, stellt man nur Thyboost (Thybokäse) her, der im übrigen nichts mit dem scharfen Thybokäse zu tun hat, der vor ein paar Jahrhunderten als einer der besten Käse von Dänemark galt.

Viele dänische Molkereien wurden im Laufe der fünfziger und sechziger Jahre zusammengelegt oder geschlossen. Die Produktion der einzelnen Käsesorten wurde zentralisiert, die verschiedenen Sorten wurden stark vereinheitlicht. Die Leute kaufen ihren Käse heute oft nicht mehr im Spezialgeschäft, sondern im Supermarkt oder beim Kaufmann und verlangen meist einen Käse mit gleichmäßig mildem Geschmack und ohne besonderen Eigencharakter.

Der Apfelkuchen hält absolut die Spitze unter den Samsøer Desserts. Es gibt ihn in vielen verschiedenen Varianten. Die älteste Form ist vermutlich die Mehlschwitze. Man macht eine Mehlschwitze (normalerweise aus Reismehl) mit Milch, mischt Apfelstückchen und andere Zutaten dazu und läßt diese Mischung im Ofen aufbacken. Heute ziehen die meisten Familien doch eine leichtere Zubereitungsart vor. Hier zwei noch immer ziemlich alte Rezepte, das erste etwas luxuriöser wegen der Mandeln, das zweite etwas gewöhnlicher.

Variante eins: Man nehme sechs Eier, 250 Gramm Zucker, eineinhalb Deziliter zerstoßenen Zwieback, dreiviertel Deziliter Rahm, 40 Gramm geschmolzene Butter, 60 Gramm feingehackte Mandeln, ein halbes Kilogramm geschälte Apfelstückchen (= ein Kilogramm Äpfel).

17 Die alten Fanggeräte – heute selten geworden – werden immer noch benutzt.

18 Der Fisch wird gründlich ausgenommen.

19 Bio-Gemüse vom Smidstrupgård.

20 Eingang zum „Dyrehaven“ bei Kopenhagen.

21 Genuß und „Muß" im Norden: Strandwanderung. Dänemarks Küstenstrecke beträgt übrigens 7000 km!

22 Gemüse für alle Sinne.

23 Räucherlachs.

24 Bücklinge.

25 Verkauf am Wegesrand.

26 Angebot biodynamischer Produkte auf Smidstrupgård.

27 Seehase.

28 Dorsch.

29 Krabbenscheren.

30 Frische Fjordgarnelen von der Insel Fanø.

31 Der Fischereihafen von Gilleleje/Seeland.

32 Fischrestaurant.

Eier mit dem Zucker schlagen, den zerstoßenen Zwieback, Rahm, die geschmolzene Butter, Mandeln (oder einen Kaffeelöffel Essenz) und zum Schluß die geschälten Apfelstückchen daruntermischen.

In eine vorgefettete Form gießen und bei 175° Celsius eine Stunde lang backen lassen, die erste halbe Stunde mit Ober- und Unterhitze, danach nur mit Unterhitze. Mit Schlagrahm und Marmelade garnieren oder beides getrennt dazu reichen.

Variante zwei: Man nehme eineinviertel Kilogramm nicht zu saftiges Apfelmus, 160 Gramm Reismehl, acht Eier, eineinviertel Deziliter Rahm, 125 Gramm Butter, 250 Gramm Zucker oder etwas weniger, falls das Apfelmus gesüßt ist.

Zucker und Eidotter verrühren, danach Butter, Reismehl, Rahm und Apfelmus dazugeben und zuletzt das geschlagene Eiweiß darunterziehen. Die Kuchenform einfetten und mit Semmelmehl ausstreuen. Bei 175° Celsius eineinviertel Stunden backen lassen. Auch dazu gehören Schlagrahm und Marmelade!

Andere Varianten: Statt zerstoßenem Zwieback nimmt man Semmelmehl oder in Milch eingeweichtes Weißbrot, aus dem man hinterher die Flüssigkeit herausdrückt. Auch zerstoßene Makronen oder alles zu gleichen Teilen kann man nehmen. An Zusätzen sind Kardamom, ein wenig Zitronensaft oder ein bißchen Südwein (doch nicht zusammen mit dem Zitronensaft) möglich.

Die Samsøer haben auch einen *pærekage* (Birnenkuchen) zu bieten, der jedoch nicht bei allen gleich hohes Ansehen genießt. Dann hört man die Leute sagen: „Das ist ja nur ein Weißbrotteig." Viele mögen ihn aber auch. Man braucht dazu saftige Birnen, und zwar viele.

Man nehme ein halbes Kilogramm Mehl, eineinhalb Deziliter Milch, 60 Gramm Margarine, 60 Gramm Zucker, zwei Eier, ein Backpulver, eineinviertel Kilogramm Birnen oder etwas mehr. Eier und Zucker werden miteinander verrührt, dann kommt die Margarine dazu. Als nächstes werden Mehl,

Backpulver und Milch in den Teig gemischt. Die Hälfte des Teiges wird zwei Millimeter dick ausgerollt, dann legt man die geschälten Birnenstückchen wie Dachziegel darauf. Mag man es besonders süß, bestreut man die Birnen mit etwas Zucker. Die zweite Teighälfte wird ausgerollt und über die Obststückchen ausgebreitet. Das Ganze bepinselt man mit einem mit vier Teelöffeln Zucker angerührten Ei. Die Backzeit beträgt eine halbe Stunde bei 200° Celsius, wobei man aufpassen muß, daß der Kuchen oben nicht zu braun wird.

Wenn der Kuchen kalt ist, schneidet man ihn in Vierecke. Aus der hier angeführten Portion bekommt man etwa zehn Stücke von etwa sieben mal sieben Zentimeter. Bevor man sich über den Kuchen hermacht, beschmiert man sein Stück noch mit Butter.

Darüber mag man sich wundern, man sollte meinen, daß ein solcher Kuchen voller saftiger Birnenstücke nicht auch noch Butter braucht. Aber das tun die Samsøer nun einmal. Vielleicht weil sie ja immer noch an Weißbrotteig denken.

Ein anderer alter Kuchen ist der *sandkage* (Sandkuchen), allgemein *Nordbysandkage* genannt, weil er vom nördlichen Teil der Insel kommt. Die meisten Leute aus Sønderherred, dem Südteil der Insel, geben denn auch zu, daß sie nicht imstande sind, ihn so knusprig und appetitlich zu backen wie die Leute aus dem Norden.

Dieser Sandkuchen hat nun allerdings nicht sehr viel mit dem gemeinhin bekannten Sandkuchen zu tun. Wir würden ihn heute wohl eher als Keks bezeichnen, obgleich er natürlich nicht so klein ist. In früheren Zeiten servierte man ihn zu festlichen Gelegenheiten als Abschluß der Mahlzeit, etwa mit Johannisbeergelee oder mit Marmelade aus schwarzen Johannisbeeren. So brachte man ihn auch zu Weihnachten oder bei Geburtstagen auf den Tisch, wenn am Nachmittag Verwandte und Freunde zu Besuch kamen. Dann trank man dazu ein Glas Süßwein.

Das Rezept für den Sandkuchen lautet so: Ein halbes Kilogramm Butter mit dreiviertel Kilogramm Mehl verkneten, ein halbes Kilogramm Zucker und ein Ei hinzugeben und das Ganze zusammenkneten. Dünn ausrollen und in etwa acht Zentimeter große Vierecke schneiden. Bei guter Hitze backen.

Heute gilt der Sandkuchen als ganz gewöhnlicher Keks, den man zum Kaffee oder Tee ißt. Ähnlich erging es dem *Nordbyæggekage* (Nordbyeierkuchen), der früher ebenfalls zu Festen und Weihnachtsbesuchen gehörte. Man aß ihn beispielsweise als Zwischengericht bei festlichen Anlässen. Man brach sich ein Stück von dem großen Kuchen ab und reichte ihn dann an den Tischnachbarn weiter.

Der Eierkuchen in Nordby gleicht dem üblichen dänischen Eierkuchen ebensowenig wie der Sandkuchen. Man macht ihn so: 15 bis 20 Gramm Hefe in 150 Gramm Zucker lösen. Zwei Eßlöffel Rahm, drei Eier, 150 Gramm Margarine und 450 Gramm Mehl darunterrühren. Den nicht zu festen Teig läßt man eine Stunde ruhen, rollt ihn dünn aus, sticht mit einer Gabel Löcher hinein, bepinselt ihn mit einem geschlagenen Ei und bestreut das Ganze mit einem Deziliter Koriander. Aus dieser Portion kann man drei Platten machen. Bei 150° Celsius im Ofen backen. Das dauert etwa zehn Minuten. Danach in Trapeze mit einer Seitenlänge von zehn bis elf Zentimetern schneiden.

So waren die Eierkuchen früher. Heute, wo man sie zu Kaffee oder Tee ißt, macht man sie etwas kleiner, etwa sechs mal sechs Zentimeter, und man nimmt auch keinen Koriander mehr. Statt dessen beschmiert man sie mit Butter. Alle betrachten sie heute wirklich als eine Art Keks.

V Gratiniertes Inselleben

Es war einmal ein armer Prinz, der hatte ein klitzekleines Königreich ... Das hätte durchaus Samsø sein können, eine fruchtbare und hügelige Insel im Kattegat, mitten in Dänemark. Begünstigt ist sie, weil sie vom Meer umkränzt ist und sich eines milden, niederschlagsarmen Klimas rühmen kann. Sie ist ein wahres Paradies für Tier- und Pflanzenleben, Obst- und Gemüseanbau. Eigentlich hätte der Prinz dann ja auch zum Ritter der goldenen Kochkunst geschlagen werden sollen, aber er wurde, wie im Märchen von Hans Christian Andersen, als kaiserlicher Schweinehirt angestellt. Wie in so vielen anderen Reichen, so gab es auch hier viel auszumisten.

Heute hätte der Prinz möglicherweise einen Posten bei Nørreskifte im Süden von Samsø gefunden, wo eine der größten Schweinefarmen von Nordeuropa liegt. Hier grunzen Tausende von Schweinen im Dunkeln und warten darauf, zu Gehacktem und Frikadellen verarbeitet zu werden. Die Lebensmittelproduzenten scheinen in den Besitz eines unerhörten, magischen, digitalen und teflonbeschichteten Mikrowellengeschirrs gelangt zu sein, das einen Deckel aus Statistiken und solider Vermarktung hat. Dieses Geschirr nun ermöglicht es ihnen, die heißesten Geschmackswünsche der Verbraucher zu erraten und auf wunderbare Weise genau vorherzusagen, was auf ihren Mittagstisch kommen wird.

Wie verheißungsvoll dieses merkantile Geschirr auch erscheinen mag, mit dem zauberischen alten Kochgefäß des

Prinzen, das rundherum mit Schellen besetzt war, kann es den Kampf nicht aufnehmen. Wenn man den Finger in diesen Topf steckte, so konnte man nämlich riechen, was unter jedem Schornstein zubereitet wurde, und damit die kulinarischen Traditionen der Insel an den Tag bringen. Da gab es „Großkohl", ein Eintopfgericht mit leichtgesalzenem Schweinefleisch, das mit großen Weißkohlköpfen, Pfefferkörnern, einem Bund Suppengrün und vielleicht etwas Kümmel in wenig Wasser gekocht wurde. Zur Fastnacht kochte man das Gericht aus ganzen Schweinsköpfen, die mit auf den Tisch kamen, und zu Ostern war es keineswegs ungewöhnlich, bis zu neun verschiedene Kohlgerichte auf die Festtafel zu bringen. Erbsentopf und Wurstbrei waren andere handfeste Bestandteile des Speisezettels. Ersterer bestand aus zerkochten Trockenerbsen, in deren Mitte man einen Fettklumpen gab, letzterer aus in Milch gekochter Gerstengrütze mit Speckwürfeln und verschiedenen Gewürzkräutern wie Thymian und Krauseminze. Thymian wurde auf der Insel im übrigen schon immer viel benutzt. Auch Äpfel und Birnen, und zwar frische wie getrocknete, sind aus der Küche nicht wegzudenken. Sie gehören beispielsweise zum „Schneiderbraten", der aus den Innereien, Hälsen und Flügeln von Enten oder Gänsen zubereitet wurde. Das Obst wurde zum Schluß mit einem Schuß Essig hinzugegeben und mit einer süß-sauren Soße dazu serviert. Auch der Duft von gebratenem Hering oder Aal konnte aus den Schornsteinen emporsteigen. Zubereitet wurde der Fisch mit Äpfeln aus dem Garten. Noch heute ißt man zum Bratfisch gern Apfelmus.

Doch „Ach, du lieber Augustin, alles ist hin ...". Heute wissen nur noch wenige Bewohner von Samsø etwas von den alten Gerichten. Nun sollte man ihnen wohl auch weiter keine Tränen nachweinen, wenn man eine ernährungsbewußte Nase in die Schornsteine steckt, aber leider wurden sie zum großen Teil verdrängt durch vorgefertigte, exotisch betitelte Gefriergerichte, die in Plastik, Styropor und Pappe verpackt mühsam mit dem Fährschiff nach Samsø verfrachtet werden. Selbst den traditionsreichen trockenen und leicht süßlichen Samsøkäse führt man jetzt von außen ein.

Gerechterweise muß man wohl sagen, daß man auf Samsø noch immer eine solide warme Mahlzeit bekommen kann, und viele Hausbesitzer bauen in ihren Gärten Obst und Gemüse an, das sie das ganze Jahr über von kleinen Ständen am Wegrand aus verkaufen. Es gibt auch noch ein paar gemütliche Wirtshäuser, in denen die Tapete den urdänischen Geruch nach Hacksteak mit gebratenen Zwiebelringen ausdunstet, der sich dann mit dem Mief der dicksten Zigarren des Kartenklubs und den Kaffeeflecken mischt, die der Vortragsverein auf dem Teppich hinterläßt. Auch die hochgeschätzten Apfel- und Birnenkuchen finden in gewissen privaten Kreisen noch ihren Weg zum Gaumen, die mondäneren Etablissements der Insel dagegen sind auf eher französisch klingende Obsttorten und Sorbets umgestiegen.

Am bekanntesten ist das kleine Inselreich wegen seiner Kartoffeln. Auf jeden Fall tragen die günstigen Witterungsverhältnisse dazu bei, daß die Insel immer als erste die neuen Kartoffeln des Jahres anbieten kann.

Steckt man den Finger tief in den Topf des Schweinehirten, dann flüstert die Geschichte, daß die ersten „Erdäpfel" Mitte des 18. Jahrhunderts auf die Insel gelangten. Erst weit später wurden sie so intensiv angebaut wie heute, wo man große Teile der Insel in lange Plastikbahnen eingehüllt findet, die in der Frühjahrssonne wie Wasser glitzern. Zuweilen benutzt man sogar „Kartoffelbänke" und Wärmekanonen.

Vor dieser Entwicklung liegen, so sagt man jedenfalls, die hartnäckigen Bemühungen um eine Veredelung der Kartoffel, die Zollverwalter Fryd, Apotheker Schults und Arzt Engberg Ende des letzten Jahrhunderts entfalteten. Sie verschafften sich seltene Knollenexemplare von schwarzfleischigen südamerikanischen Pflanzen, rotfleischige aus England und fremdartige kleine und widerstandsfähige aus Italien, bis plötzlich durch Zufall auf dem Komposthaufen des Apothekers die bisher bekannteste Sorte, die „Königin des Südens", emporwuchs. Viele Jahre lang erhielt sie sich ihre Stellung als Dänemarks früheste und gelungenste Kartoffel, ist aber jetzt bis auf wenige Ausnahmen hin, hin, hin . . ., ersetzt durch „Hammersmith", „Erstling", „Goldperle", „Webers", „Primula", „Minea" und „Rivolino".

Ganz im Süden der kleinen Insel liegt das Schloß des Prinzen, Brattingsborg. Umgeben ist es von weiten Feldern und großen Wäldern, in denen viele Tiere zu Hause sind: Hasen, Fasane, Rehe, Füchse, Mäuse, Stahlwürmer, Spinnen, Schwäne, Fischreiher, Frösche, Mäusebussards, Ameisen und viele andere, aber auch eine moderne Hexe hat sich in einem verlassenen Futtermeisterhaus niedergelassen. Den Besenstiel hat sie gegen einen geländegängigen Jeep eingetauscht, und die Warze auf der Nase hat die moderne Plastikchirurgie durch einen geschickten Eingriff beseitigt, aber in ihrer Haltung zur Natur und ihrem ungeschwächten Wunsch danach, Einsicht in die Magie und die ökologischen Zusammenhänge der Natur zu erlangen, unterscheidet sie sich nicht von ihren Kolleginnen vergangener Jahrhunderte.

Die Hexe lebt hier, weil sie alte und längst vergessene Formeln für Zusammenhänge und Lebensqualitäten wiederfinden möchte, die mit der Erde verbunden sind. Ihre Stimmungen schwanken und gleichen bald einer Dornenhecke, bald dem gleitenden Flug eines Königsadlers. Die Waldpfade sind verschnörkelt und uneben, aber die beruhigende gerade Linie des Meereshorizonts läßt die Hexe ihre Jagd nach dem rätselhaften Gleichgewicht der Natur weiterführen. Ihre Veränderlichkeit spielt ihr oft einen Streich, und manchmal fühlt sie sich von ihren eigenen materiellen Bedürfnissen und Wünschen an der Nase herumgeführt, aber sie will den Wind schmecken, der mit Tanggeruch vom Meer hereinweht, will das würzige Moos riechen, den spröden Möwenschreien nachschnuppern, in Laub beißen, das in allen goldenen Farbtönen raschelt, und die Eindrücke aus dem ständig sich erneuernden Leben des Bodens in sich aufsaugen, und dieser Drang ist so stark, daß sie hartnäckig an ihrem Pioniervorhaben festhält.

Von der Hexenküche schaut man auf ein altes Hünengrab. Die Küche selbst sieht aus wie ein utopisches Kräuterlaboratorium. Hier hängen Schafgarbe und Brennesseln zum Trocknen neben Wermut und aufgezogenen Apfelringen. In den Regalen stehen Gläser mit getrockneten Kastanien, blauem Mais, Pilzen, Löwenzahnknospen und Ringelblumenblüten. Tang wie Spinngewebe, verschiedene Samen und Körner von geröstetem Roggen, von Gerste und Hafer liegen neben Einweckgläsern voller Roggenbrotwürfel, die in Perlengerstenessig, Apfelsinenschale und Kiefernnadeln eingelegt sind. Auch Gläser mit grünen Holunderkapern oder in Essig eingelegten Wildkräutern wie Zwiebelkresse sieht man neben Krügen mit brodelnden milchsäuregegärten Gemüsen und Buchenblattwein.

Die Hexe sucht sich ihre Pflanzen mit Vorliebe unter den einheimischen Gewächsen und versucht die verschiedenen und mannigfaltigen Eigenschaften der Pflanzen ihrer näheren Umgebung zu ergründen. Die kulinarischen Entfaltungsmöglichkeiten sind unerschöpflich: Wegerich, Klettenwurzeln, Strandkohl, Löwenzahn, Brennesseln, Geißfuß, Veilchen, Lupinen, Malve, Holunder, wilde Brombeeren, Himbeeren und Pilze. Vielleicht muß man es erst lernen, seine Geschmacksnerven auf das Aroma der wilden Gewächse umzustellen. Kann man aber erst einmal Nuancen spüren, dann fühlt man sich wirklich vertraut mit den Elementen Feuer, Wasser, Luft und Erde. Am besten schmeckt das Essen im Freien, wo man es mit der frischen Luft und dem Geruch von Humus kaut. Nichts kann sich mit einem Kümmelroggenbrötchen mit Nußpaste, frischen Weizenkeimen und Apfelschnitzen messen, das man selbst in einem Ampferblatt zum Strand getragen hat ...

Ein kluger Kopf hat einmal gesagt, den Geschmack wilder

Himbeeren kenne man erst, wenn man sie selbst gepflückt habe. Wahr ist jedenfalls, daß man der Intensität und Einsicht in die Lebensprozesse kaum irgendwo näherkommt als in der Natur, wo Organismen vergehen und sich ständig verwandeln, so wie auch das Essen für den Menschen zu physischer Energie und zum geistigen Erlebnis wird.

Im Märchen vom Schweinehirten ergeht es der Kaiserstochter am Ende ziemlich übel, weil sie die wahren Werte des Daseins nicht zu schätzen wußte, die Rose und die Nachtigall, mit denen der Prinz um sie geworben hatte. In unserer Zeit neigen wir auch dazu, auf Kosten der Natur künstlich Geschaffenes zu wählen. Damit ist nicht gesagt, daß Entwicklung immer negativ sein muß, und es hilft auch nichts, wenn man sich an eine konservative, jammernde und wenig differenzierte Naturnostalgie klammert. Aber es sollte doch möglich sein, eine neue Haltung zum Konsum und zu unseren Nahrungsmitteln zu wecken, die das Gleichgewicht und den Rhythmus der Natur respektiert, und ein ressourcenfreundliches pflanzliches Denken zu fördern, das nicht notwendigerweise in farblose und blutleere Langeweile ausarten muß.

Kohlköpfe sind schön, Karotten süß, Erbsen lustig, Veilchen blau, und die Zukunft schmeckt gut bei einem Schloßbankett mit einem Menü aus dem Küchenbuch der Hexe:

- Eichelsuppe mit Rosmarin und Liebstöckel
- Buchweizenpfannkuchen mit einer Füllung aus Schlüsselblumenblättern und Spinat und einer Marinade aus Knoblauch, Ingwer und Apfelsinenschale
- Gebackene Kohlrabischeiben mit Öl und gehackten Gundermannblättern
- Brennesselpastete mit Tofu und Muskat, in kleinen Maisteigpäckchen gebacken
- Salzmeldesalat mit Tang und weißen Radieschen, mariniert mit gesalzenen Pflaumen und Ringelblumenblättern
- Nordischer Getreidesalat mit gerösteten und gekochten Gersten-, Weizen-, Roggen- und Haferkörnern und dazu

reichlich feingehackte Petersilie, Minzeblätter und Bleichsellerie, die alle in einer Lake aus Gerstenessig, Distelöl und Senf gelegen haben

- Wegerichrollen mit geriebenen Kartoffeln, Meerrettich und Sesampaste
- Walnußdressing aus Sojamilch, Zitrussaft und Kräutersenf
- Frittierte Lupinen- und Holunderblüten
- Als Nachtisch: Maulbeertorte auf Hirseboden mit Kokos und Feigen (in mehreren Gärten auf Samsø wachsen Maulbeer- und Feigenbäume), dazu eine Creme aus süßem Reis, die mit Weizenkeimen fermentiert und mit Johannisbrotpulver abgeschmeckt wird.

Eins, zwei, drei, das Märchen ist vorbei ...

Samsø, Frühjahr 1993 *R. L. Justensen*

VI Die Küsten und Inseln am Limfjord

Am Limfjord sind wir wieder in einem einigermaßen fruchtbaren Gebiet. Der Boden ist recht gut und das Klima etwas milder als in West- und Nordjütland, weshalb die Landwirtschaft hier bessere Bedingungen hatte. Außerdem war der Limfjord bis Ende des letzten Jahrhunderts außerordentlich fischreich. In einer Beschreibung von 1810 heißt es: „Der Limfjord ernährt mehr Menschen und ist für das Land nützlicher, als wenn hier Ackerland wäre."

Fisch gehört seit Jahrhunderten als wesentlicher Bestandteil zur Nahrung der dortigen Bevölkerung.

Im westlichen Teil der Limfjordgegend dominiert der Aal als Volksessen. Die Bauern stachen selbst Aal, und viele hatten das Aalwehrrecht, was hieß, daß sie einen Teil der Aale bekamen, die die Fischer in den Aalwehren vor den Ländereien des betreffenden Bauern fingen. Gewisse westjütische Fischer, in der Regel von Agger, pflegten im Sommer hereinzukommen, um von der Insel Mors aus zu fischen, der größten und wohlhabendsten Insel des Limfjords, und zu Beginn der Saison fuhren sie ins Binnenland, um auf den Gütern, Bauern- und Pfarrhöfen im voraus eine Absprache über einen festen Preis für den Aalfang einer bestimmten Nacht zu treffen. Das nannte man einen „fænte". Der Preis war niedrig, und eine solche Absprache konnte dem betreffenden Haushalt tausend oder mehr Aale verschiedener Größe einbringen. Die großen wogen etwa ein Kilogramm.

Die Aale des Limfjords kamen beim Fischer, Tagelöhner, Bauern, Gutsherrn und Pfarrer auf den Tisch. Der Seeländer A. Thaning, der von 1834 bis 1836 Pfarrer in Dragstrup auf Mors war, schrieb als Pensionär seine Erinnerungen und berichtet unter anderem: „In der Aalfangzeit gab es zu Hause und überall, wohin man kam, Aal. In meinem ersten Sommer dort drüben servierte mir Frau Danæus morgens um 8 Uhr gebratenen Aal. Ich mußte nämlich eine Rundreise zu allen Pfarrern der Insel machen und bekam an diesem Tag noch viermal Aal, allerdings unterschiedlich zubereitet, zum Frühstück, zum Mittagessen, zum Nachmittagsvesperbrot und zum Abendessen. Die Damen der Insel hatten ihre Stärke in der vielgestaltigen wohlschmeckenden Zubereitung."

Auch heute noch fängt man Aal im Limfjord, jedoch bei weitem nicht mehr so viele wie früher. Die modernen Fanggeräte machen die Brut kaputt. Es gibt weniger Aal, dafür ist er teurer. Die Fischer essen ihn selten, denn sie können ihren gesamten Fang zu einem guten Preis loswerden, und das Aalwehrrecht der Bauern ist abgeschafft. Aber aus dem Essen der Leute an den Limfjordküsten ist die alte Tradition noch nicht ganz verschwunden.

Rulleål (Rollaal) gehört zu den alten Gerichten, die auch heute noch gegessen werden, allerdings nur zu besonderen Anlässen. Man nimmt dazu Aal von etwa dreiviertel bis ein Kilogramm. Man enthäutet ihn, wäscht ihn und entfernt die Gräte. Letzteres ist etwas mühsam, denn der Fisch darf möglichst nicht kaputtgehen. Deshalb sollte man mit dem Entfernen der Gräte am besten zwei bis drei Stunden warten, dann hat sich der Aal ausgezappelt und liegt ruhiger.

Der Aal wird aufgeklappt, die Innenseite nach oben. Das Ende vom Schwanz wird abgeschnitten und mit dem Messer kleingehackt. Die gesamte Fläche belegt man mit einer Mischung aus gehacktem Schwanzfleisch, gehackter Petersilie, gehackten Zwiebeln, etwas Sago, Salz und Pfeffer. Danach rollt man den Aal vom Schwanz her zusammen, jedoch nicht zu fest, denn beim Kochen dehnt er sich aus, und das Ganze verschnürt man wie eine Rollwurst. Man läßt ihn etwa 15 Minuten zugedeckt in so viel Wasser kochen, daß er fast bedeckt ist, vielleicht mit einem Lorbeerblatt, einer Zwiebel und ein paar Teelöffeln Essig.

Den Rollaal läßt man im Wasser abkühlen und darin liegen, bis man ihn braucht. Dann schneidet man ihn in Scheiben und serviert ihn kalt oder beispielsweise als Hors-d'œuvre mit grünem Salat, der ebenfalls auf alte Weise zubereitet wird; in einer Marinade aus saurem Rahm (oder aus Rahm mit etwas Essig) und Zucker. Sonst ißt man ihn auch warm mit Mehlschwitzekartoffeln.

Heute machen die Hausfrauen meist *rulleål i gelé* (Rollaal in Aspik). Gelatine im abgekühlten Wasser hält den Aal zusammen. Offenbar haben sie die alte Methode vergessen, bei der man etwas Sago benutzte, um den Rollaal zusammenzuhalten. Jedenfalls nimmt heute niemand mehr Sago.

Ålekage (Aalkuchen), auch ålebrød (Aalbrot) wurde früher sehr geschätzt, vielleicht weil man das Gericht so selten bekam. Es wurde nämlich nur zubereitet, wenn man im großen Backofen Schwarz- und Graubrot backen mußte, und das war an diesem Tag dann das Hauptgericht. Als später der elektrische Ofen eingeführt wurde, war man nicht mehr vom Backtag abhängig, weshalb es eine Zeitlang Mode wurde, Aalkuchen zu backen. Allmählich aber wurde Aal teurer, und damit verschwand auch der Aalkuchen aus der Küche der lokalen Einwohner, obgleich man ihn heute noch vereinzelt als seltene Delikatesse ißt.

Der Aalkuchen war auf allen Inseln des Limfjords, auf Mors, Fur, Venø, Jegindø usw. zu Hause. Er besteht aus im Ofen gebackenem Aal und Graubrotteig. Früher bevorzugte man dafür dicke Aale von 700 bis 800 Gramm. Es mußte Frischaal sein, der ein paar Stunden lang gesalzen wurde. Im Winter nahm man auch gewässerten Salzaal. Es gibt unterschiedliche Zubereitungsformen. Entweder legte man den Aal auf den Teig, oder er wurde eingebacken.

Ein ausgenommener, zunächst ein paar Stunden leichtgesalzener Aal wird in einer nicht zu engen Spirale, nachdem man das Salz abgerieben hat, auf einen aufgegangenen Hefegraubrotteig gelegt, den man als flachen Kuchenboden geformt hat, und zwar drei Zentimeter hoch. Der Aal wird etwas in den Teig eingepreßt. Einige Leute legen Butter- oder Margarineflöckchen auf den Aal, andere gießen auch etwas Rahm darüber, was jedoch nicht notwendig ist, da der Aal beim Backen Fett abgibt. Bevor man den Teig etwa eine dreiviertel Stunde lang bei 200° Celsius in den Ofen setzt, wird der Teig mit Milch bepinselt. Das Ganze wird heiß gegessen.

Zu den vielen wohlschmeckenden Zubereitungsarten, an die sich Pastor Thaning erinnerte, gehörte vielleicht auch der *ålææggekage* (Aaleierkuchen). Die Grundlage bildet hier gebratener Aal, wobei zu bemerken ist, daß die meisten Limfjordbewohner möglichst kein Semmelmehl benutzen, sondern die Aalstücke nur in Mehl rollen und sie im übrigen langsam mit sehr viel Fett braten.

Für den Aaleierkuchen eignen sich verhältnismäßig kleine Aale. Sie werden in Stücke von sechs bis sieben Zentimeter geschnitten, in Mehl gewälzt, gebraten und beiseite gelegt. Ein Teil des Fetts wird abgegossen. Mit Milch, Mehl und Salz geschlagenes Ei wird auf die Pfanne gegossen, und den Eierkuchen läßt man bei ganz schwacher Hitze braten. Wenn er fertig ist, werden die Aalstücke darauf verteilt. Zum Schluß streut man feingehackte grüne Zwiebelspitzen oder Schnittlauch darüber. Einige Leute legen die Aalstücke etwas früher zurück und wenden dann den Eierkuchen. Für acht Eier braucht man acht Eßlöffel Milch, vier Eßlöffel Mehl, zwei Teelöffel Salz und etwas Pfeffer.

Ebenso macht man *ålææggekage af røget ål* (Aaleierkuchen aus Räucheraal), bloß werden die Aalfiletstückchen in diesem Fall nur leicht angebraten, und die Eierkuchenmasse wird sofort darübergegossen. Räucheraal war früher sehr weit verbreitet. Man räucherte den Aal ganz primitiv zu Hause, wie man das mit Aal und anderem Fisch auch andernorts im Land tat. Unter anderem aß man *røget ål i øl* (Räucheraal in Bier), der anscheinend vor allem an der Küste von Salling zu Hause war. Räucheraal wird in passende Stücke geschnitten und ein paar Stunden lang in Bier mariniert, danach werden die Stücke in Butter leicht angebraten, und wenn die Haut knusprig ist, gibt man etwas von dem Bier dazu. Früher benutzte man dazu Eigenbräu, heute verwendet man alle möglichen anderen Sorten, das Lagerbier kommt jedoch dem ursprünglichen Geschmack wohl am nächsten.

Im Sommer aß man vorzugsweise Frisch- und Räucheraal, im September salzte man dann den Blankaal. Die großen fetten Aale galten als die besten für den *saltål* (Salzaal) oder *spegeål* (Pökelaal), wie er hier auch hieß, aber man legte auch andere Größen ein.

Zuerst mußte der Schleim abgeschabt werden, die Haut ließ man sitzen, den Kopf schnitt man ab, dann wurde der Aal aufgeschnitten, ausgenommen und gründlich gewaschen. Es durfte kein Blut mehr an dem Fisch kleben. Die Aale wurden in so viel Salz eingelegt, daß jeder Aal davon umgeben war. Am besten war es, wenn sie fast ein ganzes Jahr liegen konnten. Andererseits durften sie auch nicht so lange liegen, daß sie gelblich wurden, denn dann bekamen sie einen tranigen Geschmack. Vorzüglich waren sie nach drei bis vier Monaten.

Salzaal aß man oft roh, ohne ihn zuvor zu wässern. Vor allem die kleineren Fische schnitt man in dünne Scheiben, und zwar so dünne, daß man die Gräten nicht spürte. Man aß sie zu Schmalzbrot mit rohen Zwiebelscheiben. Die großen wurden üblicherweise 14 bis 18 Stunden gewässert, gekocht und mit Brot oder Mehlschwitzekartoffeln gegessen, vielleicht auch mit einer weißen Zwiebelsoße. *Kogt saltål* (gekochter Salzaal) oder *kogt spegeål* (gekochter Pökelaal), wie man früher sagte, galt als vornehmes Essen.

Suppe på saltål (Salzaalsuppe) kochte man noch bis zur Mitte des 19. Jahrhunderts. Die Aale wurden gewässert, in kleinere

Stücke geschnitten und mit Graupen und dem Gemüse der Jahreszeit gekocht. Später ersetzte man die Graupen durch Mehlklößchen, die man mit gehackten Zwiebeln zubereitete, und außerdem tat man Porree, Mohrrüben und Kartoffeln in die Suppe. Den Fisch servierte man nicht in der Suppe, sondern auf einem flachen Teller daneben.

Salzaal ißt man heute kaum noch, aber an gekochtem grünem Salzaal mit Mehlschwitzekartoffeln oder mit Kartoffeln und weißer Zwiebelsoße hält man heute noch fest. Aal von 600 bis 800 Gramm wird geschabt und ausgenommen, aber nicht enthäutet, mit Salz eingerieben und ein bis zwei Tage kühl gelagert. Danach wäscht man ihn, häutet ihn, schneidet ihn in Stücke bis zu zehn Zentimeter und kocht ihn mit Lorbeerblättern und ganzen Pfefferkörnern.

Alle die bisher angeführten Aalgerichte sind typisch für die Limfjordgegend und in allen Gesellschaftsschichten verbreitet. Dazu kommen dann noch weitere Zubereitungsformen, die eher beim wohlhabenden Teil der Bevölkerung bekannt sind. In gewissen Bürgerhäusern von Nykøbing/Mors und vielleicht auf den größeren Höfen kochte man *ål i kasserolle* (Kasserollenaal). Aal von etwa 250 Gramm wurde in kleineren Stücken etwa 20 Minuten bei schwacher Hitze gekocht, und zwar zusammen mit feingeschnittenen Schalottenzwiebeln, etwas Knoblauch, gehacktem Schnittlauch, Petersilie, Thymian und dazu Butter und Rotwein oder zusammen mit feingeschnittenen Schalottenzwiebeln, Kerbel, Spinat und Butter, worauf man dann über die grüne Mischung und die Aalstücke eine Milchsoße goß.

Eine Variante des Kasserollenaals hat man in dem alten *potteål* (Topfaal). Zu einem Kilogramm Aal von jeweils etwa 250 Gramm nimmt man 50 Gramm Butter oder Margarine, 400 Gramm Äpfel und 250 Gramm Zwiebeln, beides in Scheiben geschnitten, mit Pfeffer und Salz gewürzt. Die Aalstücke und die Apfel- und Zwiebelscheiben schichtet man. Das Ganze läßt man zugedeckt 25 bis 30 Minuten köcheln.

Im Limfjord gibt es noch viele als „Aalmutter" bezeichnete Aale. Man nennt sie hier auch Aalfrauen, weil man früher glaubte, es handele sich um weibliche Aale. Man ißt sie als *ålekvabbesuppe*(Aalmuttersuppe), die mit Mohrrüben, Kartoffeln, Zwiebeln und Petersilie gekocht wird. Die in kleinere Stücke geschnittenen Aale werden zuletzt in die Brühe getan. Viele Leute kochten früher mit der Brühe ein Stück leichtgesalzenen Speck, da es sich bei der Aalmutter um einen trockenen Fisch handelt. Die Fischstücke ißt man mit Kartoffeln und ausgelassener Butter oder mit Petersiliensoße zusammen mit der Suppe.

Zu gekochtem und gebratenem Fisch, vorzugsweise zu Scholle, aber auch zu gebratenem Aal, bekommt man eine Sauerrahmsoße, die unter verschiedenen Bezeichnungen läuft, wie *snedkerdyppelse* (Schreinertunke) oder – neueren Datums – *snedkersovs* (Schreinersoße), *galochesovs* (Galoschensoße). Butter oder Margarine wird in der Pfanne ausgelassen (oder man nimmt das beste Bratfett vom Fisch), danach gießt man Sauerrahm an und verrührt das Ganze bei schwacher Hitze. Man kann auch gehackte Petersilie dazugeben.

Im übrigen findet man hier zum Teil die gleichen Fischgerichte wie an der Westküste. Einige Limfjordbewohner fischten etwas in der Nordsee, und viele Bauern tauschten in Thyborøn und Agger Fisch gegen landwirtschaftliche Erzeugnisse, vor allem Gerste, ein. Hauptsächlich handelte es sich dabei um Dorsch, Kliesche und Heilbutt, die gepökelt wurden, aber auch um Glattrochen, den man trocknete.

Das westjütische *krappinghue* findet man auf der Insel Jegindø hinter Nissum Bredning und Thyholm, und zwar nur dort. Es mag überraschen, daß man ein so ausgeprägtes Nordsee-Essen weit drin im Limfjord kennt. Man findet die Erklärung jedoch, wenn man die Inselbevölkerung fragt. Im 19. Jahrhundert, etwa 1862 und 1873, war Harboøre wiederholt

Sturmfluten ausgesetzt. Das Wasser wälzte sich über die Dünen, die Gegend stand unter Wasser, viele kleine Fischerhäuschen wurden zerstört. Die Bewohner mußten sich auf den Dachboden flüchten, um ihr Leben zu retten. In den sechziger und siebziger Jahren des 19. Jahrhunderts verließen viele Leute von Harboøre die Gegend und zogen nach Jegindø, das sie bereits kannten, weil sie dort jeden Sommer in selbstgebauten Hütten gewohnt hatten, um Aal zu fangen. Nun ließen sie sich fest auf Jegindø nieder und brachten ihr Lieblingsgericht Krappinghue mit. Fragt man heute die älteren Inselbewohner, die sich noch an das Gericht erinnern, nach ihren Eltern oder Großeltern, so erfährt man in der Regel, daß sie aus Harboøre stammten.

Im östlichen Teil des Limfjords prägte früher in erster Linie der Hering Fischerei und Eßgewohnheiten, obgleich man auch dort viel Aal fing.

Die Stadt Nibe verdankt ihre Entstehung dem Heringsfang und dem Salzen von Heringen. Hierher brachten die Fischer und die Käufer ihren Fang. Bereits um 1500 war der Ort der Mittelpunkt für das Salzen von Heringen. Später kam dann Løgstør als Heringsstadt dazu. Die Kaufleute von Aalborg strichen jedoch einen guten Teil des Verdienstes ein. Auch in Aalborg gab es Heringssalzereien, und die Kaufleute der Stadt exportierten die Waren der Aalborger Salzereien und alles, was man ihnen aus Løgstør und Nibe schickte. Seine Blütezeit als Heringsexportstadt erlebte Aalborg im 17. und 18. Jahrhundert. Um 1800 verkaufte Aalborg große Mengen von Salzheringen nach Kopenhagen, an das übrige Seeland und nach Lolland, nach Hamburg und nach Westindien. Auf der Insel Lolland benutzte man damals die Bezeichnung Aalborger Hering ebensooft wie Salzhering.

Die Limfjordbevölkerung aß ihren Hering frisch, geräuchert, gepökelt und windgetrocknet. Letztere Form gibt es sonst nirgendwo in Dänemark, im östlichen Teil des Limfjords dagegen war diese Zubereitungsart ganz üblich. In der bereits erwähnten Beschreibung von 1810 heißt es: „Die

Leute kaufen frischen Hering und bringen ihn auf Wagen nach Aalborg; andere werden im Wind getrocknet und auf aus Haferstroh gedrehten Leinen ausgespannt, drei Wochen getrocknet und danach unter dem Namen *tørrede Jyder* (getrocknete Jüten) ausgeführt. In allen Bauerndörfern am Limfjord, sogar noch mehr als eine Meile vom Strand entfernt, hängen bei jedem Hof Heringe zum Trocknen."

Der dänische Geograph Pontoppidan benutzte in seinem Atlas aus der Mitte des 18. Jahrhunderts im Zusammenhang mit dem Limfjord und mit Nibe ebenfalls die Bezeichnung „getrocknete Jüten" für Trockenhering. Wie man diese getrockneten Heringe aß, weiß man heute nicht mehr. Vereinzelt entsinnen sich um die Jahrhundertwende geborene Bewohner von Nibe – wo heute nur noch das Stadtwappen mit den drei Heringen an die große Heringszeit erinnert – daran, daß sie als Kinder getrockneten Hering roh und gebraten mit einem Kanten Brot aßen. Man darf wohl vermuten, daß getrockneter Hering auch gekocht wurde, nachdem man ihn erst gewässert hatte, wie man das ja auch mit anderem Trockenfisch tut.

Nach den verschiedenen Fischgerichten verdient wohl die *flæskegrød* (Speckgrütze) als typisches Gericht der Limfjordgegend Erwähnung, und zwar gibt es sie in erster Linie auf der Insel Mors. Sie erinnert etwas an die Fettgrütze auf der Insel Falster. Gewässertes Pökelfleisch wird mit Gerstengraupen zu einer Wassergrütze gekocht, die man vom tiefen Teller ißt, und zwar gleichzeitig mit dem gekochten fetten Fleisch, mit Senf und Schwarzbrot. Dazu trinkt man ein Glas Milch.

So war das früher, und viele Bewohner von Mors essen Speckgrütze auch heute noch so. In vielen Haushalten hat man sie heute jedoch abgewandelt, aus Angst vor den Kalorien und weil man heute nicht mehr so viele Sattmacher braucht. Man kocht heute kleinere Portionen Gerstengrütze, so daß sie als Kartoffelersatz oder andere Beilage dienen kann. Der Geschmack von Gerste und gesalzenem Schweinefleisch bleibt jedoch erhalten.

Man nehme etwa 700 Gramm leichtgesalzenes, durchwachsenes Schweinefleisch, das gewaschen, in eineinhalb Liter Wasser mit 12 bis 14 Pfefferkörnern und Thymian gekocht und, wenn es gar ist, in Scheiben geschnitten wird. In einem Liter Fleischbrühe kocht man 100 Gramm feine oder mittelfeine Gerstengraupen, etwa eine halbe bis dreiviertel Stunde, wobei man nach Bedarf mehr Brühe hinzugeben kann. Man hat dann einen verhältnismäßig weichen Brei. Eventuell salzt man nach. Das Fleisch serviert man kalt zur Grütze, oder man wärmt die Scheiben in der restlichen Brühe auf.

Das Gericht *grøning* besteht aus Resten von Gerstenbrei, normalerweise Gerstenwassergrütze, die in ziemlich dicke Scheiben geschnitten und mit Fettgrieben oder kleinen, leichtgesalzenen Speckwürfeln in der Pfanne gebraten werden. Man ißt sie mit Sirup oder Zucker und Zimt, heute auch häufig mit gebratenen Zwiebeln.

Ein anderer Brei trägt den Namen *kjeldvælling,* wobei „kjeld" vermutlich „Quelle" oder „Brunnen" bedeutet, was sich nicht gerade vielversprechend anhört. Fragt man jedoch andere Leute, dann klingt ihre Beschreibung schon etwas besser. Man kocht den Brei zwar mit Wasser, dazu aber gehören Gerstengraupen, Backpflaumen, Rosinen, Zimtstangen, Sirup und Essig, womit man also eine Verwandte der Süßsuppe hat, nur benutzt man hier statt Obstsaft Essig. In den Brei gehört doppelt soviel Sirup wie Essig. Er erinnert auch etwas an den braunen Brei der Insel Fünen.

Slent oder *slint* dürfte dagegen kaum ein besonders beliebtes Gericht gewesen sein. Es enthielt kaum etwas anderes als Graupen und Wasser. Vielleicht war es eine Art Salzfleischsuppe, die man kochte, wenn man den Grünkohl aufgebraucht hatte und dann statt dessen viel Gerstengraupen nehmen mußte.

Vereinzelt findet man bekannte Gerichte aus anderen Landesteilen hier unter anderem Namen wieder. *Grynpølse* (Grützwurst) entspricht der Lungenwurst und hat hier ihren Namen von den Graupen in der Wurstmasse. *Wilbor* ist Blutsuppe. Der Name ist eine Verballhornung des alten Wortes „vildbrad", also Wildbret, was in früheren Zeiten hier aber auch Blutsuppe mit Essig bedeuten konnte. Auf der Insel Mors hat sich die Blutsuppe fast bis in unsere Zeit hinein gehalten und wird in manchen Familien noch heute gegessen.

Die fertige Blutwurst wird auf der Insel Mors noch besonders als *stuvet blodpølse* (Blutwurst mit Milchschwitze) zubereitet. Man schneidet sie in Scheiben, danach in kleinere Stücke, brät sie in Fett und gießt ein wenig Milch darüber. Danach läßt man das Ganze etwas köcheln, bis die Wurststückchen teilweise zerkocht sind und die Milch geronnen ist. Früher goß man statt Milch zuweilen Bier daran. Zu diesem Gericht ißt man Sirup oder Zucker.

Schafe hatte man am Limfjord ziemlich viele, weshalb zum Küchenfahrplan gesalzenes, getrocknetes und geräuchertes Hammelfleisch gehörte. Letzteres allerdings weniger, denn in der Limfjordgegend aß man nicht sehr viel Räucherfleisch.

Das sieht man daran, wie man mit Gänsefleisch umging. Im Land am Limfjord gab es sehr große Gänseherden. Bis ins 19. Jahrhundert hinein wurden jedes Jahr von der Insel Mors und den übrigen Inseln große Gänseherden nach Hamburg getrieben. Das war eine lange Wanderung für die Gänse und ihre Begleiter. Jeden Abend suchte man Schutz für die Nacht auf einem vierflügeligen Bauernhof mit Tor, durch das die Gänse in den Hof getrieben wurden.

Ansonsten zerlegte man die Gänse, Brust und Keulen wurden gesalzen und getrocknet, während man mit dem Gerippe, Hals, Flügeln und Füßen Gelbe Erbsen oder Grünkohlsuppe kochte oder daraus leichtgesalzene *gåsegrød* (Gänsegrütze) machte, die ähnlich zubereitet wurde wie Speckgrütze. Wenn man es richtig gut machen wollte, opferte man für die Grütze auch ein paar gepökelte Keulen. Das gepökelte Gänsefleisch aß man üblicherweise roh und ungewässert, in sehr dünne Scheiben geschnitten, mit Brot, Kartoffelmehlschwitze oder Kartoffeln und Milchsoße.

Fyldt gåsehals (gefüllter Gänsehals) und selbstverständlich auch *fyldt andehals* (gefüllter Entenhals) gehört zu den ganz alten Gerichten. Dafür braucht man Gänse (und Enten), bei denen die Haut am Hals nicht längs aufgeschnitten wurde. Die Halshaut wird ziemlich weit unten am Körper abgeschnitten und abgezogen, an einem Ende zusammengenäht und mit Bratwurstteig nach alter Art gefüllt. Für einen Entenhals braucht man ein halbes Kilogramm Schweinefleisch – Nakken- oder Bauchfleisch aus etwa 80 Prozent Fleisch und 20 Prozent Fett –, einen Deziliter Brühe, zwei Teelöffel Salz, etwas geriebene Zwiebel, einen halben Teelöffel gestoßenen Ingwer oder Nelken, etwas Piment und Pfeffer. Man darf die Haut nicht zu sehr stopfen, denn beim Kochen und Braten weitet sich das Ganze aus. Zuweilen mischt man auch grobgehackte Gänse- oder Entenleber darunter, und früher rührte man in die Masse auch noch eingeweichte Gerstenkörner ein.

Früher, als man nach dem Gänseschlachten im Winter viele Hälse übrig hatte, kochte man die gefüllten Hälse, salzte sie und schnitt sie als Aufschnitt in Scheiben oder briet sie in der Pfanne an und aß sie als Hauptgericht. Heute braten die meisten den gefüllten Hals lieber zusammen mit der Gans oder der Ente im Ofen. So ein gefüllter Hals muß dreiviertel bis eine Stunde braten.

Die Art und Weise, wie die Limfjordbevölkerung ihren Weißkohl zubereitet, erinnert an den traditionellen Weißkohl der Nordschleswiger, allerdings mit einem Unterschied.

Man nennt ihn hier *krøstkål* (Preßkohl), weil man den gekochten Kohl ausdrückt. Ein Weißkohlkopf von eineinviertel Kilogramm wird in vier bis sechs Stücke geschnitten, der Strunk herausgeschält und der Kohl in leichtgesalzenem Wasser gekocht. Nach dem Abkühlen preßt man alle Flüssigkeit aus, hackt den Kohl mit einem Messer und erhitzt ihn gut in 50 Gramm ausgelassener Butter, wobei man zwei Deziliter Rahm dazugibt. Bevor man ihn auf den Tisch bringt, bestreut man den Kohl mit Zucker und Zimt, doch nicht mit zuviel Zucker. Man ißt ihn zu gekochtem durchwachsenem Schweinefleisch, gekochtem gepökeltem Lammschulterstück oder zu Lammbrust, zu Schweinebraten und gebratener Medister.

Eierkuchen kennt man überall im Land, hier oben aber heißt er *plorris,* und diese Variante ist im Süden nicht bekannt. Der Name mag etwas mit „plorre" zu tun haben, was soviel heißt wie „Modder" oder Schlamm. Auf jeden Fall legt man zum Schluß etwas ziemlich „Modderiges" auf den Eierkuchen.

Leichtgesalzene Speckwürfel werden in der Pfanne geschwitzt, und eine Masse aus Ei, Milch und Mehl wird geschlagen und über die Speckwürfel gegossen. Wenn der Eierkuchen fertig ist, breitet man ein paar steifgeschlagene Eiweiß mit etwas Zucker darüber und bestreut das Ganze mit Zimt. Das Eiweiß liegt wie eine leichte Schaumschicht über dem Eierkuchen und wird nicht durchgebacken.

Man mancht Plorris auch mit in Butter gebratenen Weißbrotwürfeln statt Speckwürfeln.

VII Das Land nördlich des Limfjords

Das westliche Gebiet nördlich des Limfjords ist Thy. Die dortige Eßkultur wurde im großen und ganzen bereits beschrieben, denn Mors und Thy haben sehr viele Gemeinsamkeiten in Landwirtschaft, gesellschaftlicher Entwicklung und der damit verbundenen Volkskultur. Hanherred, östlich von Thy, war im 19. Jahrhundert ein armes, dünn besiedeltes Gebiet, und bot nur wenig Beschäftigungsmöglichkeiten. Mindestens ebenso schlecht war die Lage in Vendsyssel, das gegen Westen an Hanherred angrenzt durch eine Linie, die westlich von Gøl und bis nach Rødhus, südlich von Blokhus, verläuft. Danach ist es von Nordsee, Skagerrak, Kattegat und von Hals bis Gøl vom Limfjord umgeben.

Vendsyssel ist der nördlichste Landesteil von Dänemark und fast ganz von Meer und Fjord umgeben. Diese Lage führte dazu, daß die im 18. Jahrhundert durch die landwirtschaftlichen Reformen erzielten sozialen Fortschritte in dieser Gegend erst spät wirksam wurden. Schwierige Bodenverhältnisse, weitgestreckte Heidelandschaften, Sandflucht und der heftige Weststurm, vor dem keine dichten Bäume und Sträucher schützten, verhinderten eine ergiebige Landwirtschaft. Oft waren Menschen und Haustiere der Hungergrenze nahe. In schlechten Zeiten mußten die Leute im Winter Stroh vom Dach holen, damit die Tiere etwas zu fressen hatten, und auch Heide benutzte man als Futter. Die Milchleistung der Kühe war unter diesen Verhältnissen natürlich äußerst gering.

Ohne den Fisch aus den umliegenden Meeren hätte die

Bevölkerung unter diesen naturbestimmten Verhältnissen wohl kaum überleben können. Doch auch die Fischerei lieferte erst gegen Ende des 19. Jahrhunderts nennenswerte Erträge. Die Absatzmöglichkeiten waren durch schlechte Kommunikationsverhältnisse stark begrenzt. Am stärksten abgeschnitten war die Gegend um Skagen. Der Weg von Ålbæk nach Skagen war durch den Schlamm oft nicht passierbar, so daß Wagen und Wanderer von Bunken bis nach Skagen den Weg über den Strand nehmen mußten.

Die Abgeschnittenheit vom übrigen Dänemark zwang die Bevölkerung zum großen Teil dazu, Absatzmöglichkeiten für ihre Produkte im Norden zu suchen und sich auch von daher die nötigen Waren zu beschaffen. Auf jeden Fall verlief der Handel seit dem 17. Jahrhundert zwischen der südöstlichen norwegischen und nordjütischen Küste über das Skagerrak. Das Ganze begann als Tauschhandel, der sich die gesamte Küste entlang von Harboøre bis nach Skagen und weiter hinunter nach Hals erstreckte. Allmählich aber wurde der Küstenhandel besser organisiert, und im Laufe der beiden folgenden Jahrhunderte wurden viele Waren in kleinen Booten über das Meer verfrachtet. Vor allem Fladstrand (heute Frederikshavn), Løkken, Blokhus und Klitmøller waren Zentren dieses Schonerhandels. Die Aufkäufer oder die Bauern selbst fuhren an die Küste und verkauften Korn, Speck, Fleisch, Eier und Butter an die Schonerhändler, die die Waren zum norwegischen Sørland brachten, woher die Boote mit Holz, Kalk, Stein, Eisen, Salz zurückkehrten. Entsprechende Verladeplätze und Handelsleute mit eigenen Booten gab es selbstverständlich im südwestlichen Nowegen. Die meisten der alten, an der Küste von Vendsyssel anzutreffenden gußeisernen und viereckigen Zimmeröfen, die man vom Nachbarzimmer aus beheizte, wurden beispielsweise aus Norwegen importiert.

Diese Handelsbeziehungen führten oft auch zu persönlichen Verbindungen. Die Leute in Blokhus und Løkken konnten von Freunden und Bekannten in Arendal und Kristiansand sprechen, als seien sie ihre Nachbarn. Einige Nordjüten holten sich ihre Frauen im Sørland, andere ließen sich dort oben nieder. Mehrere Familien hatten Verwandte auf beiden Seiten des Skagerraks, weshalb manche Gerichte nördlich vom Limfjord und an der norwegischen Küste zu finden sind.

Gegen Ende des 19. Jahrhunderts nahm der Schonerhandel ab. Die verbesserten Kommunikationsmöglichkeiten bewirkten, daß die beiden Handelspartner einander nicht mehr brauchten. In Vendsyssel wurde das Straßennetz verbessert, 1871 kam die Eisenbahn von Nørresundby nach Frederikshavn, 1890 wurde sie nach Skagen weitergeführt, und allmählich hatten auch Løkken und Hirtshals eine Eisenbahn, die dann mitten durch diesen Landesteil führte. 1907 erhielt Skagen seinen Hafen, und noch bis in unsere Tage werden neue Fischereihäfen gebaut und die bestehenden erweitert. Für Landwirtschaft und Fischerei richtete man gemeinsame Absatz- und Vertriebszentralen ein. Die Isolation war gebrochen, um 1910 hatten sich die sozialen Verhältnisse stark geändert, die Einnahmemöglichkeiten der Bevölkerung hatten sich erhöht. In den meisten anderen dänischen Landesteilen führten der verstärkte Kontakt mit anderen Gebieten und der wachsende Wohlstand dazu, daß die Eßgewohnheiten ihren regionalen Charakter verloren. Das kann man vom Land nördlich des Limfjords, vor allem von Vendsyssel, nicht behaupten. Ein Großteil des früher typischen Essens ist zwar etwas in den Hintergrund getreten, aber einige der besonderen Gerichte blieben erhalten.

Das Binnenland

Viele der Gerichte von Mors findet man auch in Thy und Hanherred, vor allem im östlichen Teil. Beispielsweise Speckgrütze, die in Hanherred wie auf Lolland *fedgrød* (Fettgrütze) heißt, ferner *grøninger, slent, plorris, krøstkål, wilbor,*

Blutwurst. Auch gefüllten Gänsehals gibt es hier, wobei man zuweilen Kümmel unter die Wassergrütze mischt oder Gerstengraupen und kleine Würfel von gepökeltem Speck nimmt. Das nennt man dann *gåsehalsgrød* (Gänsehalsgrütze). Auch die Sitte, gehackte Leber und Lunge mit geriebenem Schwarzbrot oder kleinen Schwarzbrotstücken anzudicken, führt von Mors bis ins nördlichste Vendsyssel hinein. Man hielt hier oben auch viele Schafe und Gänse. Hammel- und Gänsefleisch wurde selten geräuchert, man bevorzugte es gepökelt oder getrocknet. Eine 1893 geborene Bauersfrau aus Thy sagte zu Beginn der siebziger Jahre: „Heute meinen die Leute ja, es sei schade, wenn man eine Gans pökelt. Ich finde, daß es eine Sünde ist, wenn man eine Gans brät, das habe ich nie getan."

Hier und nördlich des Limfjords macht man auch ein Resteessen, das andernorts nicht bekannt ist, nämlich *stuvede kartofler og flæskepænger* (Mehlschwitzekartoffeln und Speckstücke). Speckwürfel, kleine vom Knochen abgelöste Fleischstückchen, kleine Stücke Bratwurst und ähnliches werden in Fett gebraten und über die Mehlschwitzekartoffeln gegossen oder daruntergemischt. „Pæng" bedeutet im Vendelbodialekt ein kleines Stück.

Ein Bauerngericht von Vendsyssel, den *fullingsteg* (Füllbraten), findet man nur in einer ganz begrenzten Gegend, nämlich in Hvetboherred, zur Nordsee hinaus. Das Gebiet erstreckt sich westlich von Rødhus nach Nybæk bei Løkken und ist im übrigen durch Sandfluchtgebiete und durch Store Vildmose abgegrenzt. Man hat hier eine abgesonderte Landschaft, die nur nach Südosten, nach Hanherred, und zum Meer hin offen ist. Die Naturverhältnisse sind wohl daran schuld, daß sich dieses Hvetbo-Gericht nicht weiter verbreitet hat.

Der Fullingsteg besteht einmal aus gebratenem Fleisch, zum anderen aus *fulling* (Füllung) und dazu Fett und Sirup. Man ißt ihn ausschließlich zu Weihnachten. Üblicherweise kam er zum Frühstück am Weihnachtsmorgen, gegen acht oder neun Uhr auf den Tisch, während ihn viele heute als Hauptmahlzeit um zwölf oder abends um sechs servieren. In den meisten Fällen ißt man ihn nur an diesem einen Tag, in anderen allerdings auch an Neujahr.

Das Wort „fulling“ bedeutet zwar „Füllung“, hat aber einen ganz anderen Sinn als das bereits erwähnte „kropping“. Hier bezeichnet es nämlich die Füllung, die man in Menschen hineinstopft. „Fulling“ sagt man in Vendsyssel von Lebensmitteln, die satt machen sollen, bevor man etwas Teures ißt oder etwas, von dem man nur sehr wenig hat – was normalerweise ja auf das gleiche hinausläuft. Die Grütze, die man bis etwa 1930 vor Fleisch oder Fisch auf den Tisch brachte, nannte man oft „fulling“, und die Alltagssprache bietet verschiedene andere Beispiele dafür, daß das Wort „Sattmacher“ bedeutet.

Man findet Fullingsteg zwar nur in einem kleinen Gebiet, aber trotzdem gibt es die unterschiedlichsten Zubereitungsmethoden, zum Beispiel als dicken Eierkuchen, gekochten Kloß oder als Napfkuchen. Spricht man mit den vielen Einwohnern, die als Kinder oder junge Leute Fullingsteg gegessen haben oder ihn immer noch selbst zubereiten, und vergleicht man diese Berichte, so scheinen sich ein bestimmter chronologischer Ablauf und gewisse Ursachen für die Unterschiede abzuzeichnen.

Fulling als Kloß scheint die älteste Form zu sein, vielleicht parallel zur Wurst. Beide findet man auch heute noch, allerdings nicht so häufig wie zwei andere, vermutlich neuere Arten.

Ganz früher machte man die Klöße aus mit Milch und Eiern verknetetem Gerstenmehl – wenn man denn Milch und Eier hatte –, etwas Salz und Gewürzen, wie Piment, und kochte das Ganze in Salzwasser. Einen ähnlichen Teig konnte man auch in kleinen handgemachten und wurstförmigen Leinwandsäckchen kochen. Im Prinzip wurden wohl die festeren Teigtypen zu Klößen in der Größe ordentlicher Hühnereier gekocht, während man den weicheren Teig in Säckchen kochte, die nicht zu voll sein durften.

Irgendwann hielt die Kartoffel ihren Einzug in den Haushalt, was in Vendsyssel ziemlich spät geschah, nämlich erst in der zweiten Hälfte des 19. Jahrhunderts. Seit der Zeit nimmt man für den Teig mit dem Gerstenmehl auch zerdrückte Kartoffeln. Etwas später verdrängt das Weizenmehl das Gerstenmehl. Man macht einen Teig beispielsweise aus 200 Gramm in vier Deziliter Milch eingeweichtem Weißbrot, das mit 75 Gramm Weizenmehl, 30 Gramm Butter, zwei Eiern, einem halben Teelöffel Kardamom oder ein Viertel geriebener Muskatnuß, einem Teelöffel Zucker, einem halben Teelöffel Salz, einem halben Teelöffel Natron verrührt wird. Das kocht man dann im Säckchen. Oder mit Kartoffeln: Kartoffelmus von 300 Gramm Kartoffeln wird mit 300 Gramm Weizenmehl, einem Ei, einem Teelöffel Salz, einem Teelöffel Zukker verknetet. Den Teig formt man zu Klößen, die etwa 12 bis 13 Minuten in leicht salzigem Wasser gekocht werden.

Eine ganz andere Art Fulling sind dicke Pfannkuchen, wobei man in Vendsyssel allerdings keine Hefe, sondern Natron benutzt und statt der Vollmilch Buttermilch oder beides verwendet. Man nehme beispielsweise 250 Gramm Weizenmehl, ein Ei, zweieinhalb Deziliter Buttermilch, einen halben Teelöffel Saz, einen halben Teelöffel Zucker, einen Teelöffel Natron, eventuell einen halben Teelöffel Kardamom.

Schließlich ist dann da noch der Napfkuchen, die neueste Art Fulling. Dieses Backwerk galt in älterer Zeit als sehr fein und selten, als es aber gegen Ende des 19. Jahrhunderts üblich wurde, zum Kaffee (oder in den weniger wohlhabenden Häusern Kaffee-Ersatz) Törtchen und Kuchen zu essen, erfuhr er stärkere Verbreitung. Napfkuchen, ein Hefeteigkuchen aus Weizenmehl, Butter, Milch, Zucker, meist mit Rosinen und Sukkade – ist heute die häufigste Art des Fulling in den Familien, wo man den Brauch, zu Weihnachten Fullingsteg auf den Tisch zu bringen, noch nicht aufgegeben hat. Man bäckt ihn dort oben im übrigen nicht in der Kuchenform, sondern auf dem Blech, und dann ist er „so groß, daß er den ganzen Backofen ausfüllt“, wie eine ältere Dame sagte.

Es ist leicht erklärlich, daß die Leute zum Napfkuchen als Fulling übergingen. Eine 1891 geborene Hausfrau erzählte vor vielen Jahren, daß sie auch in der Mitte der siebziger Jahre am Weihnachtsmorgen noch immer Fullingsteg esse und daß ihre Mutter dicke Eierkuchen gebacken habe, und „das tat ich auch“ – wie sie sagte – „aber jetzt bin ich allein und mache mir einen guten Napfkuchen mit Rosinen, Sukkade, Kardamom und viel Butter.“ Aus praktischen Gründen gingen die Leute zu dem dicken Eierkuchen über, der leichter und schneller zu machen war, und auch für die Wahl des Napfkuchens waren praktische Gründe verantwortlich. Während man in früherer Zeit Weihnachtsgäste mit Waffeln oder Krapfen und einem kleinen Glas Süßwein empfing, wurde es allmählich üblich, daß man ihnen statt dessen eine Tasse Kaffee anbot, und mit einem Riesennapfkuchen hatte man dann zu Weihnachten immer etwas im Haus.

Zum Fulling aß man als Fleisch normalerweise Rippenbraten, früher oft Lamm, heute Schwein. Vor der Erfindung der Kühltechnik wurde das Fleisch stark gesalzen und dann vor der Zubereitung gewässert. Heute salzt man es nur noch leicht. Das Rippenstück wird gekocht, quer durchgesägt und zwischen den Rippen geschnitten, so daß an beiden Seiten Fleisch sitzt. Manche Leute nehmen auch leichtgesalzene Bratwurst, andere sind zu leichtgesalzenem Schweinekamm übergegangen.

Fulling und Fleisch werden ein oder zwei Tage im voraus zubereitet. Beim Fullingsteg geht das schnell. Die Rippchen und Fullingstücke werden in der Pfanne mit Fett gebraten, wobei zuletzt Sirup hinzugegeben wird. Kloß- oder Wurstfulling wird in Scheiben geschnitten. Dicke Eierkuchen schneidet man in Dreiecke oder einfach kreuz und quer, und auch der Napfkuchen wird in kleinere Stücke geschnitten.

Die Herkunft des Fullingstegs dürfte außer Zweifel stehen. Es muß sich um das Schleswiger und Holsteiner Klump mit Speck und Sirup handeln, das eine Veränderung durchgemacht hat, weil es sich um eine Festmahlzeit handelte. Statt mit dem üblichen Speck kombinierte man den Klump mit dem feineren Rippenstück. Später wurde Fulling dann immer weiter abgewandelt, bis sich heute das ursprüngliche Gericht nicht mehr erkennen läßt.

Hammel- und Lammfleisch war in früheren Zeiten ein wesentlicher Bestandteil des Essens in Vendsyssel, wie auch an anderen Orten, wo der Boden nicht sehr ergiebig war. Aber man mußte sparen, vor allem beim Schweinefleisch. Deswegen hatten die Vendelboer eine bescheidene Parallele zu dem auf Seeland und auf den südlichen Inseln verbreiteten Fleischbrei. Dort oben bestand er aus Gerstengraupen, etwas gepökeltem Speck oder Fleisch, Mohrrüben oder Kohlrabi, vielleicht Grünkohl oder Weißkohl oder was man nun gerade zur Hand hatte.

Den ungewöhnlichen Eierkuchen mit geschlagenem Eiweiß, der auf der Insel Mors und in Thy den Namen *plorris* trägt, macht man auch in Vendsyssel. Hier heißt er *pråskage*. „Prås" bedeutet in diesem Dialekt etwas Luftiges und Leichtes, ähnlich wie „Schaum".

Den Weißkohl bereitet man in Vendsyssel so zu wie den *krøstkål* auf der Insel Mors, nämlich mit Butter und Rahm oder nur mit einer leichten Mehlschwitze und mit darüber gestreutem Zucker und Zimt. Die Leute von Vendsyssel scheinen jedoch den Grünkohl vorzuziehen. Bis vor ein paar Generationen kochten sie riesige Portionen, die sie an allen Weihnachtsfeiertagen und noch mehrere Tage nach Neujahr aßen. Der Kohl wird gewaschen, gestriffelt, in Fleischbrühe gekocht, heute jedoch meist in leichtgesalzenem Wasser, die Flüssigkeit wird ausgedrückt, und dabei formt man den Kohl zu Klößchen. Die läßt man an einem kühlen Ort, vielleicht in einer Schüssel im Keller, stehen, und in alter Zeit hängten viele Leute sie in einem Tuch in den Frost.

Bei der Zubereitung wird der Kohl mit einem Messer grob gehackt und in der Pfanne mit etwas Suppenfett sowie Rahm oder Milch erhitzt. Dazu gehören dann unbedingt gekochter durchwachsener Speck und gekochte Bratwurst sowie Senf und Rote Bete.

In Vendsyssel schätzt man auch eine bestimmte Zusammensetzung aus Kartoffeln und Mohrrüben sehr. Das nennt man dann *stuvede kartofler og gulerødder* (gekochte Kartoffeln in Mehl- und Milchsoße und Mohrrüben) oder *mårregodt,* was eigentlich soviel bedeutet wie „Möhrengutes", denn „mårre" ist der Dialektausdruck für Möhre, die früher „morrod" hieß.

In kleine Stücke geschnittene Mohrrüben läßt man in Milch köcheln. Wenn sie halb gar sind, gibt man ebenfalls in Stücke geschnittene Kartoffeln hinzu. Über das Verhältnis entscheidet man selbst. Die Kartoffeln müssen etwas verkochen, damit sie ein bißchen andicken. Einige Leute lassen sie ganz verkochen oder zerdrücken sie, und die nennen dann das Gericht *kartoffelgrød* oder *kartoffelmos med gulerødder* (Kartoffelgrütze oder Kartoffelbrei mit Mohrrüben). Manche streuen gebackene Speckwürfel darüber, andere Petersilie, wieder andere gießen gebratene Zwiebeln und Fett darauf. Die Mohrrübenstückchen dürfen nie verkochen. Das Ganze ißt man zu gebratenem oder gekochtem durchwachsenen Speck, zu Salzhering und zu Flunder.

Die Fischerei war zu allen Zeiten für die Küsten wichtig, und zwar von Grenen bis hinunter nach Hals und Agger, früher vor allem für die Lokalbevölkerung, heute als Einnahmequelle für das Land. Diese Gebiete waren früher so arm, daß Fisch im täglichen Leben einfach eine Notwendigkeit war. Mit den armseligen Böden und den ungünstigen Klimaverhältnissen konnte Landwirtschaft allein die Bevölkerung nicht ernähren.

Den Fischern ging es am schlechtesten. Ihre Einkünfte waren gering und unsicher. Wenn der Fischfang fehlschlug, bedeutete das Armut. In Skagen, jahrhundertelang eines der typischsten Fischerdörfer von Dänemark, mußte man bis zum Ende des letzten Jahrhunderts das Brotmehl oft mit Wicken und Fischrogen mischen. Korn war Mangelware. Man tauschte Korn ein, entweder bei den Bauern des Binnenlands, die sich hier oben mit Fleisch eindeckten, oder die Fischer fuhren mit einer Ladung Fisch nach Süden und kehrten mit Korn und Kartoffeln zurück. Korn bekam man auch, wenn Schiffe strandeten, was bei Skagen häufig geschah. In den meisten Häusern hatte man um die Ofenplatten Holzleisten angebracht. Dort wurde das geborgene Korn getrocknet.

Auch Kartoffeln hatte man nicht allzu viele. Oft mußten Mutter und Vater die Kinder ermahnen: „Eßt mehr Fisch, spart Kartoffeln!“ Fleisch war eine Seltenheit. Einige Fischer hatten ein Schaf oder zwei. Die brauchten nicht so viel Futter, im Sommer sorgten sie sogar selbst dafür. Die trächtigen Tiere mußte man zuweilen mit in das kleine Wohn- und Schlafzimmer nehmen, wenn das Frühjahr kalt war, und dort blieben sie dann mit den Lämmern, bis es wärmer wurde. Diese Unbequemlichkeiten mußten die Leute einfach in Kauf nehmen. Die meisten fütterten auch ein Schwein, das in einer kinderreichen Familie allerdings nicht weit reichte. Ab und an hatten die Fischer jedoch Glück und konnten Fisch gegen ein Stück Fleisch eintauschen, wenn sie zu einem Segelschiff hinausruderten, das dicht an der Küste vorbeifuhr.

Mit Speck, Fleisch und Fett mußte man also sparsam umgehen. Gebratenen Fisch konnte man sich fast nicht erlauben, denn das bißchen Fett, was man hatte, brauchte man als Brotaufstrich. Selbst bei Hochzeiten und Beerdigungen kam gekochter Fisch auf den Tisch, gekochter, leichtgesalzener Dorsch und danach eine Süßsuppe. Das war bis fast in unser Jahrhundert hinein das Feiertagsessen, auch bei den jährlichen Fischerfesten, die die Bootsbesitzer am zweiten Weihnachtsfeiertag abhielten.

Am Sonntag gab es bei den Skagenfischern einen Brei, in der Regel ohne Speck, oder nur mit einem ganz kleinen Stück. Allgemein begnügte man sich mit ein wenig Fett im Brei, der im übrigen aus Gerste und vielleicht etwas Kohlrabi oder feingehackten Blättern von Kartoffelpflanzen bestand, wenn das gerade in die Jahreszeit paßte. Gewürzt wurde er mit Thymian, der dort oft wild wächst. Man nannte Vendsyssel wegen der vielen Thymianpflanzen auch die Thymiangegend.

Weit verbreitet war *sirupsvælling* (Sirupbrei), der auf der Insel Fünen brauner Brei heißt und auch auf Mors unter anderem Namen bekannt ist. Das war eine dicke Graupensuppe aus Wasser, Graupen, Sirup und etwas Essig. Die Leute von Skagen scheinen Sirupgroßverbraucher gewesen zu sein. Der Zöllner und Konsumptionsverwalter von Skagen, Olaus Olavius, bringt in seiner Skagenbeschreibung von 1787 eine Liste über die im Jahr 1782 eingeführten Waren. Daraus ist ersichtlich, daß 2753 Pfund Sirup, aber nur 1574 Pfund Zucker eingeführt wurden. Und dabei sollte man wohl noch in Betracht ziehen, daß einem Zöllner nicht alles unter die Augen kam.

Zwischen 1885 und 1890 verbesserten sich die wirtschaftlichen Verhältnisse für die Fischer der drei Küsten erheblich. Von ihren kleinen flachbödigen Küstenbooten gingen sie zu seetüchtigen Schiffen über. Damit hatte man die Grundlage der Kutterschifferei. Auch der Bau von Straßen und Eisenbahnen eröffnete größere Absatzmöglichkeiten, so daß der Fisch höhere Preise erzielte.

Wiederum spielte Trockenfisch im Alltagsessen eine große Rolle, hauptsächlich Dorsch, Schellfisch, Wittling, Leng, Makrele, Scholle, Kliesche und Glattrochen, die man trocknete. Die getrockneten Klieschen heißen bei den Feriengästen von Skagen bis Frederikshavn *tørret jyde* (getrockneter Jüte), ein Ausdruck, den man in früherer Zeit in der östlichen Limfjordgegend für getrockneten Hering benutzte. Bis auf den Glattrochen wurden die Fische in der Regel gesalzen, und danach ließ man sie in Sonne und Wind an zwischen Pfählen ausgespannten Seilen oder Stangen trocknen. Glattrochen legte man jedoch auf die Pfähle. Plattfische und Makrelen wurden am Schwanz zusammengebunden und jeweils zwei und zwei aufgehängt.

Das Trocknen war vom Wetter abhängig. Bei feuchtem Wetter mußte man die Fische abnehmen, auch im Nachttau konnten sie nicht hängen bleiben. Oft trocknete man die Fische in der Stube, wo man sie auf den Ofen legte.

Bestimmte Sorten Trockenfisch, wie Plattfische und Makrelen, wurden oft roh gegessen. Am Abend aßen die Leute in Skagen oft *spegefisk* (Salzfisch), also rohen, getrockneten Fisch mit einigen dicken Scheiben Brot, und dazu trank man Anis- oder Zimtwasser, das heißt, man goß kochendes Wasser über Anis oder Zimt.

Will man Trockenfisch kochen, muß man ihn zuerst wässern. Heutzutage bekommt man ihn mit weißer Zwiebelsoße oder mit *flæskepængersovs* (Speckstückchensoße). Für letztere brät man leichtgesalzene Speckwürfel in der Pfanne, eventuell zusammen mit geschnittenen Zwiebeln, und daran macht man eine Mehl- und Milchschwitze.

Als es den Leuten besserging, verschwand der Trockenfisch fast ganz, doch an der Küste um Frederikshavn ißt man auch heute noch *ræset flynder,* wozu man wiederum Kliesche oder Scholle benutzt. Im Unterschied zum üblichen Trockenfisch wird der Fisch hier nur kürzere Zeit gesalzen und getrocknet.

Für *ræset flynder* benutzt man große Klieschen oder mittelgroße Schollen von 200 bis 250 Gramm, die ganz frisch sein müssen. Kopf und Flossen werden abgeschnitten, der Fisch wird ausgenommen, aber nicht enthäutet. Er wird gründlich sauber geschrubbt und dann auf beiden Seiten mit einer Schicht grobem Küchensalz eingerieben, worauf man ihn sechs bis acht Stunden kühl stellt, je nachdem, wie salzig man ihn haben möchte.

Danach wird der Fisch leicht abgespült, mit einem Tuch getrocknet und je nach Wetter sechs bis neun Stunden an die frische Luft gehängt. Noch immer gilt, daß feuchtes Wetter schädlich ist. Wird es neblig oder fängt es an zu regnen, dann muß man ihn sofort hereinholen; denn Feuchtigkeit bedeutet, daß das Fleisch „sauer" wird. Sonne und Wind (nicht zu heftig) sind ein Vorteil, aber nicht notwendig. Selbst im Winter kann man den Fisch trocknen, solange es nicht feucht ist oder kein Frost herrscht.

Den Fisch läßt man hängen, bis er leicht getrocknet ist. Er darf nämlich nicht zu trocken werden. Ob der Fisch die richtige Trockenheit erreicht hat, kann man kontrollieren, indem man ihn ein bißchen hin und her biegt. Wenn sich die Haut ein wenig faltet, dann ist der Fisch fertiggetrocknet.

Im allgemeinen hängt man die Fische jeweils zwei und zwei und am Schwanz zusammengebunden über eine Stange oder eine Wäscheleine, aber man kann ihn auch ebensogut einzeln und an einem anderen Ort aufhängen. Wichtig ist vor allem, daß von allen Seiten Luft herankommt.

Im Sommer hat man beim Trocknen ein Problem mit Fliegen und Wespen. Am besten geht man dagegen an, indem man den Fischbauch mit Papier ausstopft und die Kopfschnittfläche gründlich mit Pfeffer einreibt. Das offene Fleisch muß völlig bedeckt sein.

Wenn der Fisch die richtige Trockenheit erreicht hat, nimmt man das Papier weg und spült den Pfeffer wieder ab. Danach wird er enthäutet, was jetzt nicht schwer ist, da sich die Haut vom Fleisch gelöst hat. Dann brät man ihn ohne Mehl oder Semmelmehl in Butter oder Margarine.

Ræset makrel wird ungefähr auf die gleiche Weise zubereitet. Die frisch gefangene Makrele wird aufgeschnitten, ausgenommen und aufgeklappt. Gräte, Kopf und Schwanz läßt man dran. Der Fisch wird auf beiden Seiten mit Salz bestreut, und liegt etwa eine halbe Stunde, nicht länger, denn Makrele nimmt Salz sehr leicht an. Danach hängt man ihn sechs bis acht Stunden zum Trocken. Man brät ihn und ißt ihn zum Beispiel mit einer der oben erwähnten Soßen. Dieses Gericht ißt man nicht nur viel zu Hause, sondern auch auf den Fischkuttern draußen auf dem Meer.

In Skagen und Umgebung ißt man zu gebratener Scholle und Kliesche, egal ob Frischfisch oder leichtgesalzen und getrocknet, traditionellerweise *tranebærsovs* (Moosbeerensoße) und *tranebærsyltetøj* (Moosbeerenmarmelade).

Die Moosbeeren wachsen wild in der Heidegegend. Auch heute noch macht man sich einen Sport und ein Familienvergnügen daraus, auf Moosbeerenjagd zu gehen. Die Kinder fahren mit dem Fahrrad hinaus und sammeln Beeren, um sich zusätzliches Taschengeld zu verdienen, und wenn die ganze Familie loszieht, dann zu einem Ausflug mit Picknickkorb und Getränken.

Früher lagerte man die Beeren roh und machte im Laufe des Winters Moosbeerensoße daraus. Man warf eine Handvoll Moosbeeren in die Pfanne, wenn der Fisch fast fertig gebraten war, und setzte dann, wenn man den Fisch herausgenommen hatte, etwas Wasser hinzu, ließ die Beeren ein paar Minuten lang köcheln und dickte mit Mehl an. Wenn man es sich leisten konnte, gab man noch ein wenig Zucker hinzu; denn Moosbeeren sind ziemlich sauer. Das ist die altmodische *tranebærdippels* (Moosbeerentunke).

Heute reicht man üblicherweise zum gebratenen Fisch nur Moosbeerenmarmelade oder macht daraus eine Soße.

Diese Marmelade macht man auf die gleiche Weise wie Preiselbeermarmelade. Die meisten Hausfrauen mischen allerdings keine Birnenstücke darunter, hier oben finden die meisten Leute, daß das nicht in die Marmelade gehört.

Moderne Moosbeerenmarmelade macht man aus Moosbeerensoße, die in einem Topf heiß gemacht, mit Wasser verdünnt und mit etwas Kartoffelmehl angedickt wird.

In Skagen halten Moosbeerensoße und Moosbeerenmarmelade absolut die Spitze als Beilage zu gebratenem Fisch, etwas weiter südlich an der Kattegatküste wechselt der Geschmack dann, sicher weil man dort nie sehr viele Moosbeeren hatte. Südlich von Ælbæk wachsen Preiselbeeren, weshalb man hier also zum Bratfisch Preiselbeermarmelade ißt, ab und zu auch Johannisbeergelee, eingemachte schwarze Johannisbeeren oder eingelegten Kürbis. Auch Rote Bete sind in dieser Ecke des Landes zu Bratfisch nicht ungewöhnlich.

Stachelbeeren trifft man ebenfalls mit gebratenem Fisch an, und zwar nicht nur als Marmelade, sondern auch als Stachelbeersoße. Dazu kocht man grüne Stachelbeeren, setzt Zucker und ganz wenig Wasser hinzu und dickt die Soße an. Die Beeren dürfen nicht zu stark zerkochen. Die Soße eignet sich für alle Arten gebratenen Fisch, in erster Linie findet man sie jedoch ganz oben in Skagen mit gebratener Makrele.

Zum gebratenen Fisch möchten die Fischerfamilien gern braune Soße, die ganz gewöhnliche, sogenannte „dänische" braune Soße, wie zu Frikadellen und Hackbraten. Gebratene Scholle, Dorsch, Makrele, Hornfisch und Fischfrikadellen mit brauner Soße sind auf den Kuttern wie zu Hause gleich üblich.

Zu den beliebtesten Bratfischen gehört *havkat* (Seewolf). Das ist absolut kein hübscher Fisch, er sieht aus wie eine klatschnasse, graudurchwachsene Katze, hat zudem ein furchteinflößendes Maul, und wohl deshalb wurde er trotz des ausgezeichneten Fleisches als Speisefisch nie sonderlich geschätzt. Die Fischer in Nordseeland warfen ihn in der Regel wieder über Bord, wenn er ihnen ins Netz ging, die jütischen Fischer aber essen ihn gern. Allerdings nehmen sie das Ungeheuer nicht so mit nach Hause, wie die Natur es geschaffen hat. Sie schneiden den Kopf ab und häuten den Fisch, bevor sie ihn ihren Frauen geben.

Vor einigen Jahren verfiel man in der Fischereiwerbung auf die Idee, den Seewolf in *koteletfisk* (Kotelettfisch) umzutaufen und zu empfehlen, man möge ihn in Scheiben schneiden, in Eiweiß und Semmelmehl wenden und dann braten. Diesen Rat befolgten die Fischer selbst allerdings nicht, weder in Esbjerg noch in den nördlichsten Fischereihäfen. Sie essen ihn auch weiterhin wie immer, nämlich als Art Beefsteak.

Havkattebøf (Seewolfsteak) nennen sie dieses ausgesprochene Fischeressen. Sie braten Zwiebeln und Scheiben von in Mehl gewälztem Seewolf, am besten getrennt, und aus den Resten in der Pfanne, Mehl, Milch und Kartoffelwasser sowie Salz, Pfeffer und Soßenfarbe machen sie eine braune Soße. Die Zwiebelsoße kippt man über den Fisch.

Torskebøf (Dorschsteak) bereitet man auf die gleiche Weise aus Dorschscheiben, Filets oder gehacktem Dorschfleisch in Steakform zu. *Makrelbøf* (Makrelensteak) macht man dagegen nur aus gehacktem Makrelenfleisch.

Makrele gehört an diesen Küsten zu den Lieblingsfischen. Gebratene Makrele füllt man mit Petersilie, wobei man allerdings nur die kleinen Fische verwendet. Die großen schmekken nach Tran und sollten nur geräuchert werden, so sagen die Fischer.

Zu den beliebten Gerichten gehören ebenfalls die *fiskefrikadeller* (Fischfrikadellen). Die meisten Leute sind sich einig darin, daß Fischfrikadellen wirklich gut schmecken, wenn sie richtig zubereitet werden. Nur ist schwer in Erfahrung zu bringen, welche Art und Weise denn nun die richtige ist. Alle Leute haben ihre besondere Art und Weise, alle behaupten, ihre sei die beste, und einig ist man sich nicht. Einige nehmen halb Schellfisch, halb Dorsch, andere nur Schellfisch und wieder andere nur Dorsch, aber auch heller Köhler, Wittling und Kliesche und noch andere Sorten eignen sich. Alle behaupten, ausgerechnet *dieser* Fisch sei der beste für den Fischteig. Dann gibt es noch die Hausfrauen, die Eier nehmen, während andere das auf keinen Fall tun, denn „eine Fischfrikadelle muß hell sein“, wie sie sagen; wieder andere verwenden nur das Eiweiß. Einige Leute hacken Speck in den Teig, andere nicht. Manche schwören auf grobgehackten Fisch, andere auf feingehackten. Einige wollen Mehl im Teig, andere nicht ... In dieser Frage herrscht absolute und totale Nichtübereinstimmung.

Bei im Ofen gebratenem Heilbutt ist man sich dagegen wieder einig. Für die meisten gehört er zur Spitze der Fischgerichte. Er kommt nicht nur zu Hause auf den Tisch, sondern auch auf den Kuttern, die viele Tage auf dem Meer sind.

Das Vorbild ist hier der Hasenbraten, das heißt, daß man mit einem spitzen Messer die Oberfläche des ausgenommenen und enthäuteten Fischs anritzt, in die Löcher dünne Streifen frischen Speck steckt, den Fisch mit Salz und Pfeffer bestreut und in den Ofen schiebt, wo man ihn ab und zu mit etwas Wasser und Milch oder mit Rahm beträufelt und zum Schluß aus der Flüssigkeit eine braune Soße macht. Die moderner eingestellten Hausfrauen und Fischer umwickeln den Fisch mit dünnen Speckscheiben, statt ihn anzustechen und zu spikken.

Diese verschiedenen Bratfischgerichte entstanden vermutlich um die Jahrhundertwende. In den neunziger Jahren des letzten Jahrhunderts und später geborene Leute entsinnen sich daran, sie als Kinder gegessen zu haben. Vor 1890 dürfte man dagegen zum Fisch kaum Speck- oder Fleischwürfel bekommen haben. Dazu reichte das Fleisch einfach nicht. Die Ärmsten hatten sogar noch etwas später manchmal nicht genug für eine braune Soße. Von in den achtziger Jahren des letzten Jahrhunderts geborenen Hausfrauen weiß man, daß sie die Soße für gebratenen Fisch mit Zichorie, also Kaffee-Ersatz, braun färbten. Die im Ofen gebratenen Fischgerichte, wie das oben beschriebene Heilbuttessen, sind selbstverständlich jüngeren Datums.

Aus den Erfahrungen von Jahrhunderten haben diese Fischerfamilien im nördlichsten Dänemark gewisse grundlegende Regeln über die Zubereitung und Behandlung von Fisch gelernt. Spricht man mit Fischern und ihren Frauen, erfährt man, daß man einen Fisch immer erst unmittelbar vor dem Braten oder Kochen ausnehmen und daß er nach dem Ausnehmen nie im Wasser liegenbleiben sollte. Eigentlich sollte man einen Meerfisch am besten in Meerwasser ausnehmen und waschen, was man früher auch tat und was die Fischer auf See auch heute noch tun. Eine andere goldene Regel besagt, daß man Bratfisch in Mehl zu wälzen hat. Das behaupten die meisten Fischer, gleichgültig woher sie kommen. Semmelmehl zum Braten von Fisch ist eine Unsitte.

Im allgemeinen raten die Fischer dazu, einen Bratfisch, bevor man ihn in die Pfanne legt, ein paar Mal quer mit dem Messer anzuritzen. Das tut man auch an diesen Küsten. Die Einwohner von Skagen schneiden sogar oft eine Scholle ganz durch in zwei oder drei Stücke, je nach Größe, damit sich der frische Fisch beim Braten nicht krümmt.

Gekochten Fisch bereitet man sehr gründlich zu. Von alters her handelt es sich dabei wie gesagt um ein Arme-Leute-Essen, Pfuscherei konnte man sich deshalb nicht erlauben. Ein bestimmter Geschmack mußte erhalten bleiben und betont werden. Im allgemeinen meint man dort oben, daß man im übrigen Dänemark nicht sehr viel Fisch esse, weil man nicht wisse, wie man einen Fisch richtig behandeln muß, schon gar nicht Fisch, den man kochen muß. Beispielsweise darf man einen Kochfisch nicht zu sehr und nicht zu lange schaben. Das verdirbt den Fisch, behauptet man. Eine Kochscholle sollte man außerdem nie enthäuten. Eine allgemeine Regel besagt, daß man Kochfisch in kochendes Wasser werfen muß, bestimmt nicht in kaltes Wasser, das man langsam zum Kochen bringt. Das Allerwichtigste ist jedoch, daß das Kochwasser stark gesalzen wird, damit man „das Meersalz nicht aus dem Fisch herausquetscht", wie die Fischer sagen.

Wieviel Salz man braucht, läßt sich nicht genau beantworten. Früher war es jedoch so, daß man den Fisch in Meerwasser kochte, das man vom Strand holte, und noch zusätzlich Salz in den Topf tat. Eine reichliche Handvoll für jeden Liter Süßwasser sollte die Richtschnur sein. Das ist eine ordentliche Portion Salz, und das bedeutet selbstverständlich, daß man das Kochwasser nicht ohne Zusatz von Wasser oder Milch für die Soße verwenden kann.

Wie in Westjütland, so gehört auch hier gefüllter Fischkopf zu den besonderen Gerichten. Im Dialekt heißt er *kroppehue* (gefüllter Kopf). Wie bereits gesagt, kommt der Name vom Verb „kroppe" (stopfen), da es aber längst aus dem Sprachgebrauch verschwunden ist, glauben viele, das Gericht heiße „kroppehoved", weil es so aussieht, als habe man den „krop", also den Körper des Fischs, in den Kopf hineingestopft. In Hirtshals trägt ein Mann mit dickem, kurzem Hals auch den Spitznamen „kroppehoved".

Die erste ausführliche Beschreibung findet man in der wirtschaftlichen Darstellung aus dem Amtsbezirk Hjørring vom Jahr 1828, in der Kammerjunker und Amtsverwalter L. C. Brinck-Seidelin schreibt: „Aus den Schellfischköpfen machen die Fischer, wenn sie sich etwas Gutes gönnen wollen, ein besonderes Gericht, das sie ‚kroppehoveder' nennen und das darin besteht, daß man die rohen Köpfe mit einem Teig aus Graupen, Mehl, einigen Eiern – falls man welche hat –, Schellfischleber, Anis, Zwiebel und Sirup füllt, wobei das Ganze in etwas Milch verknetet wird. Die Köpfe werden nun mit dieser Füllung gebacken und teils warm, teils kalt gegessen, was die Fischer äußerst wohlschmeckend finden. – Über Geschmack läßt sich nicht streiten!"

Genau, über Geschmack läßt sich nicht streiten ... Kammerjunker und Fischer haben nicht den gleichen. Jedenfalls schätzten die Fischer ihr Gericht hoch, auch wenn es als Alltagsessen galt. Mit der langsamen Verbesserung der sozialen Verhältnisse galt es allerdings allmählich als Arme-Leute- Essen, das nicht alle für eßbar hielten. Ende der achtziger Jahre des letzten Jahrhunderts verschwand es allmählich, und um 1930 kam es nur noch bei sehr wenigen Familien auf den Tisch.

Auch in Thy, Hanherred und Vendsyssel benutzte man vorzugsweise Schellfischköpfe, zuweilen jedoch auch kleinere Dorschköpfe. In einigen Haushalten bestand die Füllung aus einer vorgekochten Gerstenwassergrütze oder aus süßem Brei, bei anderen aus einem Teig von eingeweichten Graupen. Anscheinend verwendete man hier nie Gerstenmehl, wie das weiter südlich an der Westküste der Fall war. Die Fischleber wurde zusammen mit Koriander oder Rosinen in die Breimasse eingeknetet, wiederum ein Unterschied zur westjütischen Art der Zubereitung. Normalerweise ließ man übrigens die Kiemen am Kopf, weil sie die Füllung festhielten. Gewürze waren Salz, Pfeffer und vielleicht Zwiebeln, Anis, Piment oder Muskat, je nach Familiengeschmack.

Den Teig, der in den Köpfen nicht Platz hatte, formte man zu Klößen, die man mitkochte. An der westlichen Küste heißt so ein Kloß *munke*, das ist die Mehrzahl von *munk* (Mönch), was früher auch „Kloß" oder „Klump" bedeutete. An den Küsten aller drei Meere hört man auch die Bezeichnung *dulle, kroppedulle* oder *dullig* („dulle" bezeichnet etwas Rundes, Wohlgenährtes).

Zu *kroppehoveder* und *kroppedulle* bekam man die gleiche Tunke oder Soße wie zu anderem gekochtem Fleisch, egal ob er getrocknet oder frisch war. Zu den ältesten gehört die Senfsoße aus dem angedickten Fischwasser, doch ohne Einbrenne, denn dazu hatte man nicht Fett genug. Bekannt ist auch die süß-saure Soße aus Fischwasser, das man mit etwas Wasser verdünnt, mit Mehl andickt und in das man Sirup oder Zukker sowie Essig gießt. Mit den verbesserten Verhältnissen kamen die Speckwürfel und Fett als Tunke und die bereits erwähnte *flæskepængersovs* (Speckstückchensoße), vorzugsweise zu gekochtem, getrocknetem Plattfisch, gesalzenem Schellfisch, frischem Dorsch, leichtgesalzenem Dorsch und Stockfisch. Heutzutage ißt man am häufigsten Petersiliensoße und Schnittlauchsoße, ausgelassene Butter oder Essigbutter, was früher ein Luxus war, den man sich nicht leisten konnte.

Zum Kochfisch rechnete man in erster Linie Dorsch, Schellfisch, Wittling, Leng, Heilbutt, Steinbutt, Seewolf, Dornhai (der beim Fischhändler unter dem schöneren und teureren Namen Königsaal läuft), Knurrhahn und Hornfisch. Dieses fischreiche Gebiet bietet reiche Abwechslungsmöglichkeiten.

Viele Leute mögen den Dorsch noch immer am liebsten leichtgesalzen. Man läßt ihn, nachdem man ihn ausgenommen hat, etwa fünf Stunden in Salz eingerieben liegen. Der Seeteufel, den man im Volksmund wegen des großen Kopfes und des breiten Mundes auch Breitmaul nennt, ist so fürchterlich häßlich, daß die Fischer in anderen Gegenden ihn nicht zu den Speisefischen zählen, an den Küsten von Vendsyssel aber wissen die Fischer das feste weiße Fleisch zu schätzen. Im übrigen wird er nach Südeuropa exportiert, wo er auf den Speisekarten der besseren Restaurants zu finden ist. Bis um 1920 war gekochter Fisch in einer Lake aus Fischbrühe und Essig üblich. Man bereitete ihn ähnlich zu wie die älteste Form des Nordschleswiger Saueraal, allerdings mit weniger Essig und mit anderen Fischen. Aal wurde hier, außer in der Nähe des Limfjords, sowieso nie sonderlich viel gegessen.

Dagegen ißt man *syltet rødspætte, ising, pighaj* und *makrel* (etwa Scholle, Kliesche, Dornhai und Makrele in Aspik). Man kocht den Fisch mit sehr wenig Wasser, das ausnahmsweise nicht zu salzig sein darf, dazu mit 20 bis 25 Prozent Essig, Lorbeerblättern, ganzen Pfefferkörnern, Ingwer und einer Prise Zucker. Man ißt ihn kalt zu einem Stück Butterbrot oder als Hauptmahlzeit mit Mehlschwitze- oder Bratkartoffeln.

Unter den Fischsuppen bevorzugt man die Makrelensuppe. Auch hier findet man die unterschiedlichsten Zubereitungsarten. In älterer Zeit wurde sie nur mit dem Fisch und vielleicht mit Kartoffeln gekocht. Heute hat man, wie auch sonst im Land, Gemüse zur Verfügung, weshalb ein neues Rezept beispielsweise so aussieht:

Zwei Liter Wasser zum Kochen bringen, 200 Gramm Mohrrüben, klein geschnitten mit etwas grobgehackter Wurzelpetersilie in das Wasser geben, fünf Minuten später 300 Gramm kleingeschnittene Kartoffeln mit grobgehackter Petersilie, 150 Gramm Porreescheiben (100 Gramm geschnittene Zwiebeln) sowie ein Kilogramm ausgenommene und entgrätete Makrele in kleineren Stücken und schließlich Salz und Pfeffer dazutun. Einige Leute geben auch noch ein Lorbeerblatt hinzu, andere mögen den Geschmack nicht.

Das Ganze gar kochen. Die Suppe mit etwas Mehl andikken oder etwas Sauerrahm beigeben, man kann auch beides nehmen und statt Sauerrahm Buttermilch benutzen. Man serviert dazu Mehlklößchen oder die altmodischeren Kartoffelklöße aus zerquetschten gekochten Kartoffeln mit etwas Ei, feinem Weizenmehl und Salz.

Suppe aus Scholle, Hornfisch, Knurrhahn, Seeteufel und Seehase kocht man genauso, Makrelensuppe ist und bleibt jedoch die üblichste.

Im Unterschied zum südlichen Dänemark ist die Fischsuppe an diesen nördlichen Küsten also nicht süß-sauer, dagegen in irgendeiner Art und Weise leicht angedickt, mit Mehl und Wasser oder Buttermilch und in jüngster Zeit auch mit Sauerrahm. Die Grenze bildet hier eindeutig der Limfjord. An den wenigen Orten im nördlichen Ostjütland, wo man Aalsuppe kennt, war sie immer süß-sauer und nie angedickt. Schaut man dagegen nach Norden und untersucht die Zusammensetzung der Fischsuppe an der Küste von Norwegen und an der schwedischen Küste von der norwegischen Grenze bis nach Varberg hinunter, dann sieht man, daß sie dort ebenfalls angedickt und nicht süß-sauer ist. Die Ursache für diese Ähnlichkeit ist wohl in den alten, über Skagerrak und Kattegat hinweg geknüpften Verbindungen zu suchen. Es handelte sich dabei nicht nur um den alten Handelsverkehr – und hier spielte Schweden ebenfalls eine Rolle –, sondern auch um Kontakte zwischen der Fischerbevölkerung dieser drei Länder. Das Wetter konnte die Fischer dazu zwingen, an Land zu gehen und sich mehrere Tage lang an einer fremden Küste aufzuhalten, wo sie bei den örtlichen Bewohnern Obdach suchten. Dänisch-norwegische und dänisch-schwedische Ehen waren häufig, auch nachdem die Fischer Hochseeboote bekommen hatten und vor den Küsten anderer Länder zu fischen begannen. In Skagen ließen sich viele Norweger und Schweden nieder, und die dortigen Fischer holten sich ihre Frauen aus Norwegen und Schweden.

Daß der gefüllte Fischkopf so weit verbreitet ist, läßt sich aus diesem Handelsverkehr zwischen den dänischen, norwegischen und schwedischen Küsten erklären. Man kennt das Gericht auch an der schwedischen Küste bis nach Varberg hinunter, an der norwegischen Küste und im übrigen auch auf den Färöer Inseln.

Die Makrele gehört, wie erwähnt, zu den beliebtesten Fischen an den Küsten von Vendsyssel. Man ißt sie nicht nur getrocknet, „ræset", das heißt leicht gesalzen und geräuchert, frisch gebraten, gekocht und in Suppe, sondern auch, und das vor allem am Kattegat, als Frikassee. Zum Makrelenfrikassee gehört ein Kilogramm Makrele. Der Fisch darf nicht zu groß sein, wird ausgenommen, entgrätet und in kleine Stücke geschnitten, außerdem braucht man 200 Gramm Mohrrüben, 400 Gramm Karoffeln, 150 Gramm Porree, alle gleichfalls in kleineren Stücken, sowie 150 Gramm Schotenerbsen. Letztere werden jedoch oft weggelassen. Das Ganze kocht man in dreiviertel Liter Wasser mit Salz und Pfeffer, dickt es mit einem Butterkloß an und bestreut es reichlich mit gehackter Petersilie. Das etwas seltenere Hornfischfrikassee macht man ebenso.

An diesen Küsten gibt es aus einleuchtenden Gründen keine Tradition für besondere Fleischgerichte, wenn man einmal von einer Art Labskaus absieht. Das bißchen Schweinefleisch und Hammelfleisch, das man früher zur Verfügung hatte, bereitete man auf die gleiche Weise zu wie andernorts in Nordjütland.

Gammeldags labskovs (Labskaus nach alter Art) scheint entstanden zu sein, als man gesalzenes isländisches Hammelfleisch kaufen konnte, etwa um die Jahrhundertwende, wobei die Bezeichnung „gammeldags“ wohl entstand, um den Unterschied zu dem Labskaus zu bezeichnen, das die Hausfrauen später durch Kochbücher und die Küchenrezepte der Zeitungen kennenlernten. Es gilt als Winteressen. Ursprünglich machte man es aus gesalzenem Hammel- oder Lammfleisch, Kartoffeln und Kohlrabi. Heute besteht es aus Schweinefleisch, ab und zu Rindfleisch, sowie aus Kartoffeln und Mohrrüben und in einigen Familien auch noch aus Porree. Ein neueres Rezept lautet folgendermaßen:

Ein halbes Kilogramm Schweinefleisch und ein halbes Kilogramm leichtgesalzenen Speck wie für Gulasch würfeln und eine halbe Stunde lang köcheln lassen, wobei das Fleisch nur knapp bedeckt sein darf, danach 500 Gramm Mohrrübenscheiben, 100 Gramm gehackte Zwiebeln, ein Lorbeerblatt oder Thymian, Salz und ein halbes Dutzend Pfefferkörner dazugeben. Eine halbe Stunde lang weiterkochen lassen und

800 Gramm zerkleinerte, mehlige Kartoffeln dazugeben. Ein paar zu Ringen geschnittene Porreestangen sind ebenfalls gut. Wenn die Kartoffeln zu Brei zerkocht sind, ist das Labskaus fertig. Beim Kochen muß man möglicherweise ein bißchen Wasser nachgießen.

Schließlich kennt man dann noch *hakkemos* (Hackmus), das wie eine abgeänderte Version des Labskaus alter Art wirkt. Manche Leute benutzen den Namen auch für *finker* (gehackte Innereien). Das Hackmus besteht aus möglichst leichtgesalzenem Hackfleisch, in kleinere Stücke geschnittenen Kartoffeln, gehackten Zwiebeln, Lorbeerblättern, Salz und Pfeffer und heutzutage vielleicht auch aus gehackten Mohrrüben und Porree. Das Ganze wird in Margarine angeschwitzt, dann gießt man etwas Wasser an und läßt es köcheln, bis es gar ist. Um die Jahrhundertwende nahm man keinen Porree, sondern Kohlrabi.

VIII Læsø

Im Alltag kocht man auf Læsø nicht wesentlich anders als an den Küsten gegenüber der Insel. Auch hier war früher Trokkenfisch ein wichtiges Element in der Ernährung, beispielsweise getrockneter Dorsch, Plattfisch und – typisch für die Insel – getrockneter Hornfisch. Im Gegensatz zu Vendsyssel räucherte man hier jedoch ziemlich viel, zum Beispiel Hammel- und Schweinefleisch, von dem man allerdings nicht sehr viel hatte, Plattfisch, Dornhai und Seehase. Hornfisch ißt man auch heute noch viel, und zwar gekocht und in *hornfiskesuppe* (Hornfischsuppe). Die Bewohner von Læsø sagen, er eigne sich gut zum Kochen, weil er so festes Fleisch habe.

Das typischste Gericht der Insel hat jedoch nichts mit Fisch zu tun. Es ist nämlich *kropping* (Füllung), ein gekochter Gerstenkloß. Man hielt daran bis in die vierziger Jahre hinein fest, inzwischen ist er allerdings fast ganz verschwunden.

Kropping gehört zu Gelben Erbsen, zu Grünkohlsuppe und Weißkohlsuppe. Man weicht am Abend Gerstenkörner in kochendem Wasser ein, eineinhalb Deziliter auf ein halbes Kilogramm Gerste. Am nächsten Tag kocht man dann die Suppe aus fettem Schweinefleisch und gießt etwas von der Brühe und das Fett über die Graupen. Das läßt man eine halbe Stunde ziehen und verknetet danach die Graupen mit gehackten Zwiebeln, Thymianblättern, leichtgesalzenen Speckwürfeln, Ei und etwas Mehl. Ein Ei und drei Eßlöffel Mehl auf ein halbes Kilogramm Graupen sollte hinkommen. Das Mehl hat nur die Funktion, die Klöße zusammenzuhalten. Man darf nicht zuviel nehmen, dann werden sie hart.

Die Graupenmasse muß so steif sein, daß man sie mit der Hand zu Kugeln von Hühnereiergröße formen kann, andererseits aber darf sie auch nicht zu hart sein. Damit die Klöße zusammenhalten, klatscht man sie mehrmals ziemlich hart von einer Hand in die andere. Diese Klöße heißen also Kropping. Man kochte sie etwa eine dreiviertel Stunde in der Suppe, in neuerer Zeit jedoch gesondert in leichtgesalzenem Wasser. Man geht davon aus, daß sie durchgekocht sind, wenn sie nach oben steigen. Die meisten Leute ließen sie jedoch noch einige Minuten länger ziehen.

Die Kroppingklöße aß man nicht in der Suppe, sondern zum Speck und zum Fleisch. Man hatte neben dem Suppenteller noch einen flachen Teller mit Fleisch und Kropping.

Viele Männer von Læsø waren eine Zeitlang Seeleute, und einige Inselbewohner meinen, die Kroppingklöße seien eigentlich holländischen Ursprungs und von den Seeleuten mitgebracht worden. Das ist durchaus möglich, ein Vergleich zeigt jedoch, daß sie sich ähnlichen Klößen an anderen Orten in Dänemark zuordnen lassen. Sie erinnern an „skarting" von Sjællands Odde und sind eng mit den „kroppeduller" an der Ostküste von Vendsyssel verwandt.

„Kropping" bedeutet wie gesagt „Füllung", weshalb es naheliegt, die Læsøer Kroppingklöße als „kroppeduller" zu betrachten, also als Klöße, die man aus der übriggebliebenen Graupenmasse formt, wenn man alle Fischköpfe gefüllt hat. Der Gedanke drängt sich vor allem deshalb auf, weil man auf Læsø früher auch gefüllte Fischköpfe gegessen hat, und dieses Gericht hieß tatsächlich *torskekropping* (Dorschfüllung).

IX Fünen

Für Fünen gilt das gleiche wie für Seeland, nämlich daß die regionale Kochkunst nichts Besonderes zu bieten hat. Wenn man einmal von Buchweizengrütze und Prossekuchen in älterer Zeit und in unseren Tagen vom Maschinendorsch absieht, dann haben die Eßgewohnheiten auf Fünen wohl nicht sehr viel Typisches an sich. Die Eigenheiten findet man auf den umliegenden Inseln, also in den südlichen Gebieten.

Buchweizengrütze galt bis etwa 1920 oder 1930 als eine ausgesprochen fünische Spezialität. Davon zeugen in ganz Dänemark bekannte Redensarten wie: „Die Fünen fangen an zu mümmeln, wenn sie an einem Buchweizenfeld vorbeigehen." Allerdings gab es Buchweizen nicht nur auf Fünen. Auch in Nordschleswig, in Nordseeland und in Mittelseeland war er im 19. Jahrhundert recht weit verbreitet, doch bis weit in die Geschichte zurück gilt Fünen als das Gebiet der Buchweizengrütze.

Schon in einer topographischen Beschreibung von 1656 heißt es, daß man auf Fünen mehr Buchweizen anbaue als in anderen Gebieten, so daß man oft nur Buchweizenfelder sehe. Und weiter heißt es, daß die Einwohner nicht nur sich selbst, sondern auch die umliegenden Länder damit versorgen könnten. Zudem bereiteten die Fünen aus dem Buchweizen auch noch ein sehr bekanntes Essen, das unter dem Namen *fynbo grød* (Fünengrütze) angeführt wird. Daran sieht man, daß die Fünen bereits Mitte des 17. Jahrhunderts als große Buchweizengrützenesser galten, und zwar so sehr, daß man das Gericht in anderen Landesteilen als Fünengrütze bezeichnete. Zugleich haben die Jüten und Seeländer im Laufe der Jahrhunderte unzählige Neckereien über die Fünen und ihre Buchweizengrütze erfunden.

In einigen Fällen geht es dabei um die Beschaffenheit der fünischen Buchweizengrütze: „Wenn die Buchweizengrütze der Fünen kalt wird, ist sie so hart, daß man Katzenaugen damit ausschlagen kann." – „Die Fünen haben immer Buchweizengrütze in der Tasche, und die muß so hart sein, daß man mit Holzschuhen darauftreten kann." Es gibt sogar kleine volkstümliche Geschichtchen wie die von dem Fünen, der am Abend die inzwischen kalte Buchweizengrütze in der Mitte ausschneidet, diesen Teil mit warmer Milch ißt und am Morgen zu seiner Arbeit hinauswandert, wobei er über dem Arm die kalte Grütze trägt, die ihm am Vormittag als Zwischenmahlzeit dienen soll. Redensarten und Wandergeschichten dieser Art stammen möglicherweise von Jüten und Seeländern. Besonders junge Jüten aus den ärmeren Gebieten nahmen oft Arbeit auf der fruchtbaren und landwirtschaftlich gut genutzten Insel Fünen an.

Andere Redensarten sind nicht so abschätzig und haben nichts mit der Härte der Buchweizengrütze zu tun, beispielsweise: „Bier und Buchweizengrütze gehören zum Paradies", sagt der Füne. „Wenn die Fünen keine Buchweizengrütze und keine Butter als Tunke hätten, wären sie innerhalb von acht Tagen tot." Oder: „Lieber Gott im Himmelreich, bald bin ich in der Erde Schoß, denn ich kann keine Buchweizengrütze mehr essen." Die Frage ist hier nur, wie das zu verstehen ist, ob der Betreffende das bedauert oder ob er von der fünischen Spezialität genug hat.

Jedenfalls ist sie leicht zuzubereiten. Acht Deziliter Vollmilch zum Kochen bringen, danach 100 Gramm Buchweizengrieß hinzugeben und das Ganze eine halbe Stunde lang kochen lassen, wobei man ab und zu umrührt. Zum Schluß einen halben Teelöffel Salz dazugeben. Man macht in die Mitte des Breis ein Loch und gießt Sirup und beziehungsweise oder Butter hinein. Früher tunkte man die Grütze in Most, in der Regel aus Birnen oder Äpfeln, zuweilen auch aus anderen Obstsorten. „Brei und Most sind gute Kost“, heißt ein altes fünisches Sprichwort. Am Abend oder am Tag darauf goß man warmen Most, Milch oder Bier über die kalte Grütze.

Zu Beginn des 20. Jahrhunderts wandten sich die Fünen allmählich von ihrer Buchweizengrütze ab, heute ist sie aus dem Alltagsküchenplan fast verschwunden. Damit verschwanden auch andere Gerichte aus Buchweizengrieß und -mehl.

Neben der Buchweizengrütze ist *prosse*, das in neuerer Zeit auch *prossekage* heißt, das typischste Gericht auf Fünen. Es läßt sich als im Ofen gebackene Grütze charakterisieren, ähnlich wie ein Sattkuchen und Ofenkuchen in der ältesten bekannten Art, nur mit dem wesentlichen Unterschied, daß man für „prosse“ Grieß nimmt. So wie den Ofenkuchen, bereitete man ihn früher ebenfalls am Backtag zu, wenn der große Backofen zum Brotbacken angeheizt war. Noch bis in die Zeit des elektrischen Ofens hinein hat er sich einen Teil seiner Beliebtheit erhalten, wenngleich in stark abgeänderter Form.

Einiges spricht dafür, daß der Prossekage ursprünglich nicht ausschließlich auf Fünen zu finden war. Ein dänisches Wörterbuch beschreibt um 1700 Prosse mit den Bestandteilen Haferflocken und Milch, die zu einem Kuchen verrührt werden, und darunter und darüber legt man durchwachsenen Speck, Butter oder Gänseschmalz und kocht das Ganze zugedeckt in einem Topf oder in einer Tortenpfanne. Ein paar Jahrzehnte später definiert ein anderes Wörterbuch Prosse als einen „Grützkuchen aus Ei, Haferflocken und Milch, was in einem Topf verrührt und im Ofen gekocht wird. Obenauf legt man eine Gans oder ein Stück durchwachsenen Speck, so daß das Fett davon in den Prosse eindringen kann.“ Die Tatsache, daß sich die beiden Beschreibungen in bestimmten Einzelheiten unterscheiden, spricht dafür, daß man hier unterschiedliche Informanten gehabt hat, und läßt ahnen, daß dieses Gericht gegen Ende des 17. Jahrhunderts allgemein verbreitet war.

Man benutzte also durchwachsenen Speck oder Gans, was zeigt, daß es sich dabei um einen Ofenkuchen handelte, bei dem das Fett in den Kuchen eindringt und ihm Geschmack verleiht. Interessant ist der Unterschied, daß man für Prosse Hafer und nicht Gerste verwendet, die jahrhundertelang, und zwar bis um 1900, im Alltagsessen der Dänen die üblichste Getreidesorte war.

Seit Beginn des 19. Jahrhunderts hört man von Prosse meist nur noch im Zusammenhang mit Fünen. Das gleiche gilt für spätere Aufzeichnungen und gedruckte Quellen. Sie alle konzentrieren sich auf Fünen und die umliegenden Inseln Samsø, Lyø, Avernakø, Skarø, Drejø, Tåsinge und Thurø. Ausgenommen sind das etwas entfernter liegende Langeland und Ærø. Seit Ende des 18. Jahrhunderts und bis in unsere Tage hinein kann Prosse also mit Sicherheit als fünisches Regionalessen gelten.

Bis etwa 1800 wurde Prosse noch immer mit durchwachsenem Speck zubereitet und in großen Milchschüsseln aus Ton gebacken, die aus der Gegend um Varde oder aus Vissenbjerg oder Skalbjerg in der Nähe von Odense kamen, wo man eine recht ansehnliche Zahl von Tongefäßen und Tontöpfen herstellte. Im allgemeinen nahm man für den Teig ganze Haferkörner, doch vor allem auf den Inseln um Fünen verwendete man auch Gerstenkörner. Die hatte man jedenfalls immer, Hafer dagegen nicht.

Prosse machte man vor allem zu Weihnachten, und zwar viele, sie mußten nämlich bis zum Dreikönigstag reichen, ja, in vielen Familien sogar bis zur Lichtmeß am zweiten Februar. Dienstmädchen und Knechte bekamen zu Weihnachten einen Prosse geschenkt, den sie jederzeit heiß machen und essen durften. Kamen Verwandte und Freunde zu Besuch, dann setzte man ihnen ein Stück Prossekuchen vor, dazu Met oder roten Schnaps (das ist Branntwein, der seinen Geschmack und seine Kraft aus schwarzen Johannisbeeren gesogen hat). Auch in der Erntezeit, wenn die Hausfrauen immer etwas besonders Gutes auf den Tisch brachten, wurden in vielen Häusern Prossekuchen gebacken. Man schnitt ihn in Scheiben, briet ihn mit Fett in der Pfanne, mischte das Fett mit Sirup, und die Tunke aß man dann dazu. Auf Südfünen kannte man bis ins 19. Jahrhundert hinein eine besondere Art mit gefüllten Gänsehälsen, die man mit dem eigentlichen Prossekuchen zusammen backte. *Prossehalse* oder *pråshalse* (Prossehälse) hieß dieses südfünische Gericht, das man beim Gänseschlachten zubereitete. Die Halshaut der Gänse wurde abgezogen, an einem Ende zusammengenäht und mit Prosseteig gefüllt. Den Rest des Teigs kippte man in einen Trog und legte einige Stäbchen quer darüber. Die Gänsehälse wurden auf die Stäbe gelegt, und dann wurde das Ganze in den Ofen geschoben. Beim Backen tropfte das Fett von den Hälsen auf den Kuchen hinunter.

Durch die Stäbchen hielt man die Hälse vom Prossekuchen getrennt. Sonst wären die Hälse nämlich sofort etwas in den Teig eingesunken und beim Backen am Prossekuchen hängengeblieben. Beim Ofenkuchen und beim gewöhnlichen Prossekuchen wurde der durchwachsene Speck gerade in die Kuchenoberfläche eingebacken, Prossehälse waren aber ein besonderes Gericht, das man vom Prossekuchen trennen können mußte. Auf den südfünischen Höfen bekamen die Dienstboten zu Weihnachten oft einen Prossehals geschenkt. Er galt als wirklicher Leckerbissen.

Ganz klar, daß es für ein so beliebtes Gericht verschiedene Varianten gibt. Hier seien nur drei Beispiele für Prossekuchenrezepte angeführt, die von der Zusammensetzung her alle in die Mitte des 19. Jahrhunderts zu gehören scheinen und noch in relativ vielen fünischen Haushalten, in denen man noch immer Prossekage ißt, aktuell sind, entweder aus Tradition oder als historisches Kuriosum!

Das erste Rezept stützt sich mit dem Trockenobst und dem Honig auf einige der ältesten Formen von süßem Prossekuchen. Statt Obst kann man zum Teil auch Marmelade nehmen, die nicht zu dünn sein darf. Das zweite ist ein Rezept von Scheffmanns Kaufmannshof in Odense. Jedes Jahr zu Weihnachten legte der Kaufmann in die Weihnachtskörbe, die die Kunden bestellten, einen Zettel mit dem Prossekuchenrezept. Das dritte Rezept wurde den Besuchern der fünischen landwirtschaftlichen Tierschau im Juni 1974 vorgesetzt. Gebacken hatte diese Variante Frau Tove Hansen aus Rolund Bækgaard bei Nørre-Åby, die das Rezept aus dem handgeschriebenen Kochbuch ihrer Großmutter hatte.

Für das erste und zweite Rezept braucht man zerkleinerte Haferkörner nach alter Art. Man bekommt sie noch ganz vereinzelt. In Millinge, in der Nähe von Svendborg, hat man beispielsweise eine bestimmte Anzahl feste Kunden, die im November und Dezember ungefähr 50 Kilogramm zerkleinerte Haferkörner abnehmen, die der Kaufmann von der Vejler Dampfmühle bezieht. Viele Kaufleute behaupten jedoch, diese zerkleinerten Haferkörner seien nicht zu beschaffen, weshalb die Leute es aufgeben, Prossekage zu machen, oder dazu ganze Körner oder, wie im dritten Rezept, gewalzte Körner, das heißt Flocken, nehmen, aus denen man heute Haferbrei macht. Heutzutage haben die Leute keine alten Milchschüsseln mehr, weshalb sie den Prossekuchen statt dessen in besonderen Metallkuchenformen backen, in der Regel in den länglichen sogenannten Sandkuchenformen.

Für die beiden ersten Rezepte empfiehlt sich das Wasserbad. Das mag seltsam erscheinen, denn Brot- und Kuchenbäckerei pflegt man nicht mit Wasserbad in Zusammenhang zu bringen. Aber so lauten die Rezepte nun einmal. Vielleicht spukte da in den Köpfen die Leberpastete, die ja im Wasserbad gebacken wird, und zwar oft in der gleichen Sandkuchenform, die man auf Fünen heute für Prossekuchen benutzt.

In allen drei Fällen gilt jedoch, daß der Prossekuchen gut abkühlen muß, bevor man ihn schneidet und wieder warm macht. Am besten ist es, wenn man ihn einen Tag vorher bäckt. Einige Leute mischen die Milch mit Rahm, so daß zehn bis fünfzehn Prozent des angegebenen Maßes durch Rahm ersetzt werden. Auf diese Weise kommt man der Vollmilch früherer Zeiten am nächsten.

Erstes Rezept: Acht Deziliter kochende Vollmilch über 250 Gramm zerkleinerte Haferkörner gießen und die Körner zehn bis zwölf Stunden weichen lassen. Sie dürfen nicht zu kühl stehen, und sie weichen besser, wenn man Milch und Körner ab und zu etwas erwärmt. Sie müssen so weich sein, daß sie mit der Milch eine breiige Masse bilden. Sonst würden sie in dem fertigen Kuchen kleine harte Einschlüsse bilden. Zu flüssig darf dieser Teig aus Haferkörnern und Milch auch deshalb nicht sein, weil das Trockenobst sonst in die obere Hälfte des Kuchens einsinken würde.

Zwei Eßlöffel Gerstenmehl (oder Weizenmehl), vier Eßlöffel Honig, vier Eßlöffel Sirup, zwei Eßlöffel Zucker, zwei geschlagene Eier, einen halben Teelöffel Salz, einen halben Teelöffel Kardamom, dreiviertel Teelöffel Zimt, die geriebene Schale einer halben Zitrone, dreiviertel Deziliter Rosinen, einen halben Deziliter kleingewürfelte Birnen und bzw. oder vier kleingeschnittene Backpflaumen und bzw. oder 25 Gramm Sukkade darunterrühren. In eine vorgefettete Kuchenform gießen und bei 150° Celsius drei Stunden lang in einem vorgeheizten Ofen backen lassen. Ihn in nicht zu dünne Scheiben schneiden, auf beiden Seiten in Butter leicht anbraten und Sirup dazu essen.

Zweites Rezept: Ein Liter kochende Vollmilch über 250

Gramm zerkleinerte Haferkörner gießen. 12 Stunden zugedeckt stehen lassen, danach zwei ganze Eier, acht Eßlöffel Zucker, einen halben Teelöffel Salz, einen halben Teelöffel Zimt, einen halben Teelöffel Kardamom sowie 125 Gramm Rosinen oder die geriebene Schale von einer viertel Zitrone unter den Teig rühren. Die Masse in eine mit Semmelmehl ausgeriebene Form gießen, zwei Stunden lang in einem nicht zu heißen Ofen im Wasserbad backen. Nach dem Abkühlen in dünne Scheiben schneiden, auf beiden Seiten braun braten. Dazu mit ausgelassener Butter verrührten Sirup reichen.

Drittes Rezept: 250 Gramm gewalzte oder zerkleinerte Haferkörner etwa sechs Stunden in etwa dreiviertel Liter Milch einweichen, danach mit 125 Gramm Sirup, 65 Gramm Rosinen, einem halben Teelöffel Kardamom, einem halben Teelöffel Zimt, einem geschlagenen Ei, einem Eßlöffel Mehl, acht Gramm Hefe und etwas Salz verrühren. In einer gut eingefetteten Kuchenform etwa zwei Stunden im Wasserbad backen. Abkühlen, in Scheiben schneiden und in Fett braten. Dazu Sirup reichen.

Der Ursprung des Wortes „prosse“ ist noch nicht geklärt und läßt sich vielleicht auch nicht klären. Nach volkstümlicher Überlieferung stammt die Bezeichnung von dem Talglichtchen, das man in früheren Zeiten beim Brotbacken in eines der Brote steckte, normalerweise in das mittlere, so daß der große, dunkle Ofen erleuchtet wurde. Es konnte sich dabei beispielsweise um einen Kienspan handeln, den man mit einem Talglappen umwickelt hatte, mit einem Stück Stoff, das man zuvor mit Ochsentalg einschmierte, der dann allmählich schmolz und über das Brot herablief. Dieses System ist fast im ganzen Land bekannt, und viele Leute von Fünen meinten früher, der Prossekuchen habe als Halter für das Talglichtchen gedient. Mit eigenen Augen hat allerdings noch niemand einen Prossekuchen mit Lichtchen gesehen. Alle haben nur gehört, daß der Name daher kommen sollte.

Außer über die Buchweizengrütze und den Prossekuchen gibt es über die fünische Küche nicht sehr viel zu sagen, bevor man zu den Fischgerichten kommt. Festzustellen ist, daß man neben den üblichen Obststückchen an die Süßsuppe Sirup (und früher auch ein wenig Essig) goß, so daß sie als *brun vælling* (brauner Brei) bezeichnet wurde, daß man für *gule ærter* (gelbe Erbsen) noch immer Apfelstückchen verwendet und es auf Südfünen ein Gericht mit dem Namen *skomager-duelse* (Schuhmachertunke) gibt, das der Nordschleswiger Schneidertunke entspricht. Der übliche Eintopf aus Pökelfleisch und Weißkohl sowie vielleicht Mohrrüben und Kartoffeln heißt auf Nordwestfünen *fedtkål* (Fettkohl), auf Mittfünen *husmandskål* (Häuslerkohl), während andere Orte noch andere Namen dafür haben. *Pjaltesuppe* (Lumpensuppe) kocht man gleich nach dem Schweineschlachten, und zwar aus den abgeschnittenen Stücken, zum Beispiel aus Stichfleisch, Knochen, Sehnen. Oft ißt man dazu Klößchen aus Bratwurstteig.

Die Fünen lebten im letzten Jahrhundert besser als so viele andere Dänen. Nicht ganz grundlos heißt die Insel Dänemarks Garten oder Dänemarks Butterloch. Sie hat ein gutes Klima und einen guten Boden. Bestimmte Eiergerichte waren im 19. Jahrhundert weit verbreitet, vor allem im Sommer, wenn die Hühner fleißig legten. *Pirreæg*, das ist Rührei, aß man oft und streute gehackten Schnittlauch darüber. Entweder aß man es abends mit einem Stück Butterbrot oder als Hauptgericht mit Schinken oder gebratenem durchwachsenem Speck. Auch der Speckeierkuchen gilt noch heute bei vielen Fünen als ein typisch fünisches Gericht.

Besonders charakteristisch für die fünische Küche sind die vielen Fleischsuppen, in früheren Zeiten selbstverständlich vor allem aus gewässertem Pökelfleisch als *saltsuppe* (Salzsuppe), im Vergleich mit anderen Gebieten jedoch auch recht häufig mit Frischfleisch.

Bei festlichen Anlässen gab es eine *kløsesuppe* mit großen Fleischklößen. Diese Fleischklöße, die sogenannten *kløser*, machte man aus gehacktem Rindfleisch, in Milch eingeweichtem Weißbrot – später Mehl –, Eiern, gehackten Zwiebeln, Salz und Gewürzen sowie ein wenig Rahm oder Milch. Klößesuppe vom Rind oder Huhn servierte man nicht nur bei Hochzeiten und Erntefesten, sondern auch oft am Heiligabend und am ersten Weihnachtsfeiertag, und noch heute ißt man in vielen fünischen Familien am ersten Weihnachtsfeiertag Suppe.

Zu Festmahlzeiten gegen Ende des 18. Jahrhunderts bekam man beim wohlhabenderen Teil der fünischen Bauern neben der Suppe mit Klößen und Backpflaumen auch noch Braten, und zwar vier bis fünf verschiedene, die gleichzeitig auf den Tisch kamen: Rinderbraten, Kalbsbraten, Schweinebraten, Lammbraten, Gänsebraten. Zu einem Gastmahl gehörte fast obligatorisch auch die Kirschsuppe, und jedenfalls gegen das Ende des 18. Jahrhunderts war gekochtes Huhn oder gekochtes Rindfleisch mit Meerrettichsoße ebenfalls Bestandteil einer Festmahlzeit.

Für Feste, vor allem Hochzeiten, machte man bis um die Jahrhundertwende auf Nordfünen auch noch *plukkesteg* (Rupfbraten). Das war ein Restessen, das die Leute aber sehr schätzten. Es bestand aus gekochtem Fleisch und verschiedenen Arten von Braten, die in kleinere Stücke geschnitten, in der Soße oder in ein wenig Brühe aufgewärmt und danach eingedickt wurden. Ursprünglich kochte man Lorbeerblätter, etwas Essig und Zucker mit, später ging man zu Äpfeln und Backpflaumen über. Dazu aß man Weißbrot oder Graubrot, und schon das war damals eher vornehm.

Normalerweise gab man die Rupfbraten bei den Nachfeiern am dritten Tag denen zu essen, die beim Fest geholfen hatten, und hinterher schwang man dann das Tanzbein. Zuweilen servierte man sie auch am eigentlichen Festtag spät in der Nacht; dann waren sie für die jungen Leute, die beim eigentlichen Festessen nicht dabeigewesen waren, aber geholfen hatten oder erst am Abend zum Tanz kamen.

Im ganzen Land bekannt wurde Fünen allmählich wegen seines *rygeost* oder *røgost* (Räucher- oder Rauchkäse). Vermutlich stammt er aus Nordfünen. Ursprünglich war das nur ein Sommeressen, das man nur machte, wenn die Kühe auf der Weide waren.

Man läßt Vollmilch zu Dickmilch werden, mischt etwas Buttermilch darunter, erhitzt das Ganze danach langsam unter ständigem Umrühren und läßt es einen Tag lang stehen. Die Molke wird abgegossen, so daß der Käse sehr trocken ist, danach preßt man ihn in eine Käseform und streut zwischen die einzelnen Schichten etwas Salz und Kümmel. Zum Schluß wird er auf beiden Seiten leicht geräuchert, beispielsweise auf einem Rost oder einem Drahtnetz, und zwar über Spänen, Heu oder Stroh, das nicht brennen, sondern nur rauchen darf.

Auf Nordwestfünen legen einige Leute Marmelade aus schwarzen Johannisbeeren, Erdbeeren oder auch aus anderem Obst auf den Räucherkäse, andere dagegen schmieren Senf darauf.

Die Industrieprodukte, die man heute zu kaufen bekommt, haben mit dem alten hausgemachten Räucherkäse nicht mehr sehr viel gemein. Er war weicher, hatte mehr Molke, war säuerlicher und weniger fett.

Der Hering ist schon seit dem Mittelalter in den dänischen Haushalten außerordentlich wichtig, auf Fünen aber scheint er keine so große Rolle gespielt zu haben wie an vielen anderen Orten im Land. Bereits in der zweiten Hälfte des 18. Jahrhunderts heißt es in Pontoppidans „Dänischem Atlas" über die Bevölkerung von Fünen: „Sie essen nicht so viel

Salzhering wie andere Inselbewohner, weshalb ihr Blut weniger ungesund ist."

Natürlich aber aß man Hering, auch im Inselinnern. Bis in unser Jahrhundert hinein kamen viele Bauern gegen Ende des Sommers nach Kerteminde und tauschten dort ihre Kartoffeln gegen Hering ein, den sie pökelten. Man hatte immer einen gewissen Vorrat an gepökelten Heringen. Am stärksten verbreitet war der Salzhering allerdings im östlichen Teil, nach Seeland zu, und vor allem an der Küste.

Im großen und ganzen bereiteten die Fünen ihren Hering nicht anders zu als die Einwohner anderer Gegenden. Üblich waren: gebratener Salzhering, gegrillter Salzhering, gekochter Salzhering mit süß-saurer Soße, eingelegter Hering, der auch Sauerhering hieß, und gekochter Salzhering mit Zwiebelsoße. Das letztere Gericht hat sich bis in unsere Tage hinein erhalten. Gepökelter Hering wird gewässert, jedoch nicht allzu stark, gekocht und mit Milchsoße und Zwiebeln gegessen. In Kerteminde hat man heute eine neuere Version, nämlich gekochten Salzhering. Frischer Hering wird drei bis vier Tage in Salz eingelegt, leicht gewaschen, mit ganzen Pfefferkörnern und Lorbeerblättern gekocht und mit weißer Zwiebelsoße und Kartoffeln gegessen.

Auf Nordfünen ißt man *sildebøf* (Heringssteak), das in etwa dem gleichnamigen Bornholmergericht entspricht, jedoch ohne Mehl zubereitet wird. Das Heringsfleisch wird gehackt, zu kleinen Steaks geformt, in Mehl gewälzt, gebraten, und dazu macht man eine braune Zwiebelsoße.

Zu der alten Fischfangmethode mit dem Schleppnetz gehören ein paar Sprottengerichte. Die nordfünischen Fischer hatten oft ziemlich viele kleine Heringe in ihrem Schleppnetz, die man früher Kielersprotten nannte, heute heißen sie *Brislinger.* Man wälzte sie in Mehl und briet sie ganz in Fett, bis sie spröde und braun waren. Die Fischer von Kerteminde machten daraus *sildepandekage* (Heringspfannkuchen). Die gewaschenen Sprotten wurden mit Kopf, Schwanz und Innereien in gesalzenem und gepfeffertem Mehl gewälzt und dicht gepackt in die Pfanne gelegt. Einige Leute würzten auch noch mit Basilikum, das man im Garten hatte. Wenn die Fische halb durchgebraten waren, wendete man sie mit einem Topfdeckel um und briet sie fertig. Das Mehl bewirkte, daß sie zu einem zusammenhängenden Kuchen zusammengebraten wurden, daher entstand wohl der Name Heringspfannkuchen.

Die Fischer von Kerteminde essen ihn auch heute noch, allerdings in einer ganz anderen Form. Frische Heringsfilets werden in mit Pfeffer und Salz vermischtem Mehl gewälzt, auf beiden Seiten in Margarine gebraten, wobei man Zwiebelringe, etwas später noch Tomatenscheiben hinzugibt. Die Zwiebeln müssen gar sein, dürfen aber nicht braun werden. Diese Methode ist bei den Fischerfamilien von Kerteminde üblich, in jüngster Zeit geben manche auch noch gehackte Petersilie oder Paprikastreifen dazu. Wie man sieht, hat sich hier nur noch der Name erhalten. Mit dem alten Heringspfannkuchen hat das nicht mehr viel zu tun.

Überhaupt findet man auf Nordfünen und Nordostfünen die meisten Fischrezepte, vielleicht weil Fisch hier jahrhundertelang ein wichtiger Bestandteil der täglichen Ernährung war. An der Küste, und vor allem am Odensefjord, waren die im kleineren Stil betriebene Landwirtschaft und die Fischerei im 18. und 19. Jahrhundert fast gleichwertig. Man kann durchaus sagen, daß die Fischer Grund und Boden zu ihren Häusern hatten oder die Kleinbauern fischten – das läuft auf dasselbe hinaus. Eigentliche Fischerdörfer waren Bogense und vor allem Kerteminde, das gegen Ende der Renaissance eine wichtige Hafenstadt war, einige Schiffe und Kaufleute hatte, die Import- und Exportgeschäfte machten.

„In Kerteminde sind alle Leute Fischer, bis auf den Pfarrer, der Aal sticht“, so sagte man früher. Im Sommer fing man im

Fjord und an dessen Mündung große fette Schollen, die man *Kerteminde rådmænd* (Kerteminder Stadträte) nannte. Die Sommerschollen von Kerteminde haben auch heute noch einen guten Namen.

Im 19. Jahrhundert war Kerteminde für Odense der wichtigste Fischlieferant. Bis in unser Jahrhundert hinein gingen die Fischersfrauen mit dem Fang der Nacht zu Fuß nach Odense. Sie kamen morgens, wenn die Boote einliefen, in Kerteminde oder in Bregnør zum Strand, und transportierten dann den Fisch auf kleinen Handwagen nach Odense. Auch ihren Räucherfisch kauften die Odenseaner bei den Fischerfrauen. Einen Spankorb am Arm, gingen sie den langen Weg, um ihre Waren zu verkaufen.

Um die Jahrhundertwende gab es in der Søndergade, die heute Fiskergade heißt, am Lillestrand, wo die Fischer einst ihre Boote an Land zogen, bis der Fischereihafen gebaut wurde, mehrere kleine Privaträuchereien. In der Straße wohnten früher nur Fischer. In über einem Dutzend der kleinen Häuser hatte man primitive Räucherofen eingerichtet, um die sich in der Regel die Frauen kümmerten. Man räucherte meist Hering, Makrele und Aal.

Wenn die Räucherfrauen ihren Hering in Odense nicht los wurden, gab es abends oft *sildeæggekage* (Heringseierkuchen). Er gehörte zu den Lieblingsgerichten der Søndergade. Der Bückling wurde filetiert, ein paar Eier wurden mit Salz und Pfeffer, vielleicht auch mit etwas Mehl und Milch schaumig geschlagen und in die Pfanne gegossen. Wenn die Eimasse etwas steif geworden war, legte man die Heringsfilets darauf, und zwar viele und so dicht, daß man nur noch Hering sah. Typisch für den Heringseierkuchen von Kerteminde war, daß die Heringe eine zusammenhängende Fläche bildeten. Vermutlich hat hier der alte Heringspfannkuchen Pate gestanden. Der Heringseierkuchen wird jedoch nicht gewendet. Man bestreut ihn mit gehacktem Schnittlauch und ißt Schwarzbrot dazu.

33 Im Landgasthaus essen die Dänen – und ihre Gäste – gutbürgerlich.

34 Smørrebrød-Geschäft
in Frederiksberg/Kopenhagen.

35 Butter aus dem hauseigenen Faß.

36 Milchkannen – fast eine Rarität.

37 Dorfmühle auf Westseeland.

38 Der alte Kräutergarten.

39 Im Freien schmeckt's am besten.

40 Alter Dorfgarten.

41 Dänische Spülküche um 1870.

42 Alte Feuerstelle.

43 Auf der „Margeriten-Route“ kann man 3000 km dänische Natur pur erleben.

44 „Aktiv-Badehotel“ Skovshoved.

45 Das 1677 erbaute Landgasthaus Søllerød Kro – eines der schönsten im Lande.

46 Restaurant Lumskebugten in Kopenhagen.

47 Restaurant Bjaelkehuset bei Kopenhagen.

48 Auch in der Großstadt gibt es Oasen – für jeden Geschmack.

Das führende Dorschgericht auf Fünen ist Maschinendorsch. Zum *maskintorsk* (Maschinendorsch) nimmt man am besten recht dicke Dorschscheiben mit Haut und Gräten, wobei allerdings heute viele Leute lieber Filets nehmen. Die leichtgesalzenen Dorschstücke werden mit sehr dünnen Selleriescheiben, mit Butter, Pfeffer und vielleicht noch etwas Salz in einen Topf geschichtet, und das Ganze läßt man je nach Dicke der Selleriescheiben bei sehr schwacher Hitze eine dreiviertel bis eine Stunde lang kochen. Einige Leute kochen die Selleriestücke vor, womit sie vermeiden, daß der Fisch teilweise verkocht, während andere behaupten, das nehme dem Fisch zu viel von seinem Selleriegeschmack, und im übrigen müsse der Dorsch verkochen.

Für ein Kilo ausgenommenen Dorsch berechnet man 350 Gramm Sellerie und 75 Gramm Butter.

Die Entstehung des Namens Maschinendorsch ist ungewiß. Einiges spricht dafür, daß man früher einen besonderen Topf kaufen konnte, für den man irgendwie die Bezeichnung Maschine benutzte. In Bogense kochte man Maschinendorsch früher nur mit Sellerie und Butter, heute findet man vereinzelt aber auch schon Zwiebeln, Curry oder Paprika.

Auf Südfünen spürt man die Nähe der Insel Ærø. Oft ißt man hier mit dem Dorsch geröstete Speckwürfel. Auf der Halbinsel Hellenæs macht man *stegte torskehaler med flæsk* (gebratene Dorschschwänze mit Speck). Geräucherte Speckwürfel werden in der Pfanne gebraten, kleine Bratdorsche in Mehl gewälzt und zusammen mit geschnittenen Zwiebeln gebraten. Zum Schluß gibt man die Speckwürfel wieder in die Pfanne und bespritzt den Fisch mit etwas Essig.

X Seeland

Man sollte erwarten, daß auf Seeland, das immer ein recht fruchtbarer und gut entwickelter Landesteil war und wegen seiner geographischen Lage und der wechselnden politischen Verhältnisse viele Jahrhunderte hindurch eine friedliche gesellschaftliche Entwicklung durchmachen konnte, aber auch Kriege und andere Unannehmlichkeiten über sich ergehen lassen mußte, eine charakteristische und abwechslungsreiche Küche zu finden wäre. Das ist jedoch nicht der Fall. Außer in einigen Randgebieten hat die seeländische Küche nicht sehr viel Typisches zu bieten, was daran liegen mag, daß man nicht so viele neue Ideen aufgenommen hat wie die südlichen dänischen Inseln, die sich zur Ostsee und damit zur norddeutschen Küste hin öffnen. Bis Ende des letzten Jahrhunderts waren es normalerweise die Wasserwege, die die meisten Möglichkeiten für Einfluß und Erneuerung von außen boten, sie regten die volkstümliche Kultur und die Phantasie an.

Schaut man sich die Zusammensetzung der einzelnen seeländischen Gerichte, ihre regionale Eigenart und die Abhängigkeit von geographischen und sozialen Verhältnissen an, muß man wohl zwischen der Küste und dem Binnenland unterscheiden. Am besten sollte man im Binnenland beginnen, wo die Landwirtschaft dominiert. Bis um die Jahrhundertwende war Dänemark in erster Linie ein Agrarland, weshalb die Eßgewohnheiten der Landbewohner die Kochkunst in Stadt und Land prägten.

Das jahrhundertealte dänische Hauptnahrungsmittel Grütze gehörte selbstverständlich auch auf den Küchenzettel von Seeland, und zwar noch bis ein paar Jahrzehnte in das 20. Jahrhundert hinein. Es waren die gleichen Grützen, die man auch auf den Inseln südlich von Seeland findet. Üblich war *melgrød* (Mehlgrütze) aus Gerstenmehl und Milch oder Gerstenmehl und Wasser in den milcharmen Winterperioden. Als Wassergrütze kam sie bei den armen Familien fast täglich auf den Tisch, andere aßen sie oft aus Spargründen, bis sie dann etwas vor der Jahrhundertwende verschwand. Die verbesserten wirtschaftlichen Verhältnisse machten sich bereits in den sechziger und siebziger Jahren des 19. Jahrhunderts bemerkbar, bei den Eßgewohnheiten zuerst bei der Mehlgrütze und danach bei anderen Grützen, die ebenfalls zu verschwinden begannen, während gleichzeitig der Kartoffelverbrauch stieg.

In Nordseeland nahm man zur Mehlgrütze auch Buchweizenmehl, was etwas feiner war als Gerstenmehl. Buchweizengrütze aus Buchweizenkörnern und Milch war ziemlich weit verbreitet. Die Nordseeländer nannten sie *sødgrød* (Süßgrütze), womit man anderswo im Land Grütze aus Gerstenkörnern und Milch bezeichnete. In den ärmsten Familien ersetzte die Buchweizengrütze die Reisgrütze als Festessen. Bei festlichen Anlässen gab es auf Seeland, oft auch in anderen Gebieten, *risengrød og klipfisk* (Reisgrütze und Klippfisch). Reis aber war teuer, weshalb sich Tagelöhner und andere arme Leute zu Weihnachten und am Neujahrsabend oft mit Buchweizengrütze begnügen mußten.

Zu Weihnachten, bei Hochzeiten und Begräbnissen bestreute man die Grütze nicht nur großzügig mit Zucker und Zimt, sondern auch reichlich mit Koriander und später mit Rosinen. Die Grütze kam in großen Schüsseln auf den Tisch. In der

Mitte hatte der Brei eine Vertiefung, das sogenannte Butterloch. Das wurde zwischendurch immer wieder mit ausgelassener Butter nachgefüllt. Dafür sorgten die jungen Mädchen aus den Nachbarsfamilien. Sie halfen beim Servieren. Übrigens war dieses Butterloch auch oft eine kreuzförmige Vertiefung, an den vier Enden des Kreuzes war dann ein richtiges Loch. Damit hatte man Platz für sehr viel Butter, die sich dann besser über die Grütze verteilte. Das war praktisch, ursprünglich aber hatte das Kreuz sicher auch eine religiöse Bedeutung.

Dicke Suppen gehörten ebenfalls zur Alltagskost, als Fleisch- oder Milchsuppe mit Gerstengraupen. Für *sulevælling* (Fleischeintopf) benutzte man gewässertes, gepökeltes, fettes Fleisch, Grütze, Mohrrüben, Kartoffeln und Weißkohl, und im nördlichen und östlichen Teil der Insel hieß diese Suppe auch *hvidkålsvælling* (Weißkohlsuppe), ganz im Norden nannte man sie *brændesnude* (Brennschnute). Im Süden tat man nur selten Weißkohl in die Suppe, oft dagegen getrocknete Birnen. Gelbe Erbsen oder *tynde ærter* (dünne Erbsen) hießen auf Ostseeland *ærtevælling* (Erbsensuppe). *Mælkevælling* (Milchsuppe) bestand aus Milch und Gerste und wurde mit dem Zusatz von Trockenobst zu *pærevælling* (Birnensuppe) oder *æblevælling* (Apfelsuppe).

Syltemælk (etwa: Dickmilchquark) machte man normalerweise aus Schafsmilch, zuweilen auch aus Kuhmilch, wenn man keine Schafsmilch hatte, und das tat man nur eine ganz kurze Zeitlang während des Sommers. Man ließ die Milch sauer werden, und wenn daraus Dickmilch geworden war, hing man sie in einem Leinensäckchen auf, damit die Molke ablief. Die zurückbleibende Käsemasse bewahrte man in Holzbottichen auf, und da konnte sie sich lange halten. Daher wohl die Bezeichnung *syltemælk*. „Sylte“ heißt im Dänischen „einmachen“, „einlegen“, und bezeichnet somit einen Konservierungsprozeß.

Die Syltemælk entspricht also dem Quark, den man jedoch aus Kuhmilch macht. Die Seeländer aßen ihn aber völlig anders als beispielsweise die Nordschleswiger. Man verrührte ihn mit Vollmilch, etwas Salz, Piment und eventuell etwas Zucker, so daß das Ganze suppig wurde. Die Syltemælk kam in einer Schüssel auf den Tisch, dann stippte man sein Brot hinein oder schmierte sie aufs Brot. So bekam man das Essen nur auf dem Land.

Die Schafsmilch war sehr fett und galt als besonders gutschmeckend. Eigentlich war sie ein Luxus, denn jedes Schaf gibt nur sehr wenig Milch, und man konnte die Schafe erst im Laufe des Sommers melken, wenn die Lämmer entwöhnt waren. Wenn die Leute diese Delikatesse selbst genossen, dann ausschließlich deshalb, weil es dafür keine Absatzmöglichkeiten gab. Schafe aber mußte man damals wegen der Wolle züchten.

Syltemælk ist ein sehr altes Gericht. Wie weit es zurückreicht, ist jedoch unbekannt. Sichere Belege dafür gibt es seit dem 18. Jahrhundert. Gegen Ende des 19. Jahrhunderts, als die Schafhaltung nicht mehr so notwendig war, verschwand sie langsam.

Auch Fleisch ißt man wie im Süden von Seeland. Dabei dominieren auch hier gebratenes fettes Schweinefleisch, das *stegesul*, und gekochtes fettes Schweinefleisch. Bei Hochzeiten und anderen geselligen Anlässen brachte man früher *sylte* (Sülze) auf den Tisch. Das Wort „Sülze" bereitet in dem Zusammenhang einige Schwierigkeiten, weil es im Laufe der Jahrhunderte eine unterschiedliche Bedeutung hatte. Auf Seeland bedeutete es im 19. Jahrhundert oft gekochtes frisches Schweinefleisch und Bratwurst – falls möglich, schlachtete man zu Festen ein Schwein –, die man einige Tage lang in einer leichten Salzlake liegen ließ.

Auf Südseeland hat man sein eigenes Fleischgericht, nämlich *stegt lever med flæsk* (gebratene Leber mit Speck), das sich zum südwestlichen Teil hin ausgebreitet hat. Es muß sich dabei um ein jüngeres Gericht handeln, da gebratene Leber erst kurz vor der Jahrhundertwende aufkam. Früher nahm man die Leber für *finker* (gehackte Innereien). Scheiben von in Mehl gewälzter Schweineleber, leichtgesalzener oder geräucherter durchwachsener Speck sowie geschnittene Zwiebeln werden getrennt gebraten. Man kocht die Pfanne mit etwas Kartoffelwasser und Milch ab und macht eine braune Soße. Auf jede Scheibe Leber kommt ein Stück Speck, die Zwiebeln verteilt man auf alle Stücke und gießt die Soße an. Üblicherweise ißt man dazu Pellkartoffeln und Rote Bete.

Auf der Insel Enø aß man bis weit in unser Jahrhundert hinein *stegte kråser* (gebratenes Gänseklein), das mit *groffenbrad* von Falster und *pæresul* von Møn verwandt ist. Das Gericht stammt aus der Zeit, als man im Winter viele Gänse und Enten schlachtete. Alle Innereien, der Hals und die äußeren Flügelspitzen werden in kleinere Stücke geschnitten, in Gänse- oder Entenfett gründlich angebraten, und dann gießt man ganz wenig Wasser an. Gewürzt wird mit Salz und Pfeffer, danach köchelt das Ganze, bis es richtig gar ist, wobei man die letzte Viertelstunde Birnenstückchen und eventuell Backpflaumen mitkocht. Die Soße dickt man an.

Das Schlachtessen auf Seeland war ähnlich wie in den anderen Landesteilen. *Plukkemad* (Rupfessen), das heute in ganz Dänemark die Bezeichnung *finker* trägt, besteht im allgemeinen aus feingehackten Fettgrieben, Leber, Niere, Herz, vielleicht Milz, Äpfeln (und im südlichen Teil auch aus Birnen), Thymian (meist in den nördlichen Gebieten), Kardamom, Peffer, Salz, Essig, wobei das Ganze etwas angedickt wird. Man nannte das Essen, wohl wegen seiner gräulichen Farbe, auch *gråfinker.* Selbstverständlich machte man beim Schlachten auch *medisterpølse* oder *hakkepølse* (Hackwurst), wie man früher in Nordseeland sagte. Sie bestand aus Hackfleisch, etwas Brühe von dem gekochten Schweinskopf, Gewürzen wie Salz, Ingwer, Piment, und im übrigen durfte diese Wurst absolut kein Mehl enthalten! Aus dem Schweinskopf und vielleicht auch aus den Hachsen machte man Sülze, und an dieser Tradition hat man bis heute festgehalten. Eigentlich nannte man auf Seeland die Sülze mit einer aus dem Deutschen entliehenen Bezeichnung *pressesylte*, womit man die früher erwähnte Art von der Schweinskopfsülze zu unterscheiden versuchte.

Der Schweinskopf wird, eventuell zusammen mit den Hachsen, gar, sehr gar gekocht. Fleisch, Schwarte und Knorpel schneidet man in kleinere Stücke, würzt sie mit Salz, Pfeffer, Piment, außerdem oft mit Zimt oder Nelken oder vielleicht auch mit Thymian. Die Stücke legt man in ein Tuch, das man stramm zu einem Säckchen zusammenbindet. Das bißchen Fleischbrühe, das noch zurückbleibt, enthält Gelatine und bindet beim Abkühlen den ganzen Klumpen. Aus Gründen der Haltbarkeit gibt man zuweilen etwas Essig hinzu. Heute ist es üblicher, daß man das Fleisch einen Tag oder zwei an einem kühlen Ort mit etwas Brühe in einer Schüssel stehen läßt, und zwar beschwert, so daß die Sülze zusammengepreßt wird.

Aus den Schweinsfüßen machte man auch *stegte grisetæer* (gebratenes Eisbein), ein verhältnismäßig neues Essen, da das Fleisch in Semmelmehl paniert wird. Es handelt sich dabei um eines der vielen Gerichte, die aus Deutschland eingewandert sind. Man hackt das letzte Stückchen der Schweinsfüße ab, schneidet sie längs durch, wäscht sie gut und kocht sie sehr weich, wälzt sie in Ei und Semmelmehl und brät sie dann mit reichlich Fett in der Pfanne. Dazu gehört rote Obstsoße aus Kirschen oder Johannisbeeren und Grau- oder Schwarzbrot. Auf keinen Fall ißt man dazu Kartoffeln.

Die Küsten

Die Landbewohner und die Einwohner der Provinzstädte an den seeländischen Küsten hatten immer ungefähr die gleichen Eßgewohnheiten wie die Leute im Binnenland, nur essen sie häufiger Fisch. Anders dagegen kocht man bei der Fischerbevölkerung, obgleich sich die Fischerfamilien immer den Eßgewohnheiten der übrigen Bevölkerung anzugleichen suchten, was jedoch erst zu Beginn unseres Jahrhunderts gelang, nachdem die Fischerei rationalisiert worden war, man bessere Boote, Hafenanlagen und verbesserte Absatzmöglichkeiten hatte und damit höhere Fischpreise erzielen konnte.

In Nordseeland war die gewerbliche Fischerei bereits frühzeitig gut entwickelt. Man hatte hier nicht nur Meer und Fjord. Auch die Hauptstadt mit ihrer wachsenden Bevölkerung und mehrere wohlhabende Provinzstädte boten gute Verkaufsmöglichkeiten für den Fang. In den für den Fischfang nicht so gut geeigneten Zeiten konnte man die Boote zu anderen Zwecken ausnutzen, man transportierte Trockenfisch und landwirtschaftliche Erzeugnisse. Außerhalb der Saison kauften viele Fischer beispielsweise Kartoffeln auf und verfrachteten sie nach Kopenhagen oder zur schonischen Küste hinüber.

Die nordseeländischen Fischer wußten im großen und ganzen die sich bietenden Möglichkeiten zu nutzen. Im Sommer kümmerten sich die Männer um die Fischerei oder brachten Waren nach Kopenhagen, die Frauen dagegen wanderten ins Land hinein, um den Fisch zu verkaufen. Mit ihren besonders konstruierten langen Körben auf dem Rücken und ihren Schubkarren konnten sie zu Fuß weit ins Land hinein gelangen. Ein schönes Beispiel für diese Initiative bieten die Fjordfischer, die um 1870 eine besondere Reuse konstruierten, in der sie Krabben fingen, die dann am Gammel Strand in Kopenhagen verkauft wurden. An der Küste von Westseeland und an anderen Orten gab es auch Krabben. Doch dort interessierten sich die Fischer für die Krabben nur als Köder.

Vereinzelt trieben die Fischer in den nordseeländischen Fischerorten auch ein wenig Landwirtschaft, hauptberuflich aber waren sie Fischer. Man darf das nicht mit der Tatsache verwechseln, daß auch viele Küstenbauern in Dänemark für den Hausgebrauch fischten, wenn der Hof sie nicht unbedingt brauchte.

Seit dem 18. Jahrhundert war Gilleleje der wichtigste Fischerort von Nordseeland. Fast alle Familien hatten dort etwa zwei bis drei Morgen Land, einige sogar bis zu fünf Morgen. Dort baute man Roggen und Gerste und Futter für Schweine und Kühe an. Fast alle Fischer auf Seeland und auch an anderen dänischen Küsten hielten ein bis zwei Schweine und mußten deshalb zusehen, daß sie für die Tiere ein bißchen Fressen zusammenkratzen konnten, denn schließlich wollte man im Winter selbst gern etwas Fleisch auf dem Tisch haben. In Gilleleje hatten die Fischer in der Regel sogar noch eine Kuh, da aber die meisten Weiden etwa eine halbe Stunde Fußweg vom Ort entfernt lagen, mußte man jeden Tag ziemlich viele Kilometer laufen, um die Kühe zu melken und weiterzutreiben. Das war die Arbeit der Frauen. Die Männer hatten genug mit dem Fischfang, der Wartung der Boote und der Netze zu tun. Auch in Hundested und Rørvig bebauten die Fischer, die sich ursprünglich nur mit Fjordfischerei abgaben, oft einen kleinen Acker, aber hier war der Boden sandig und schlecht.

Die nordseeländischen Fischer hatten zwar bessere wirtschaftliche Möglichkeiten als ihre Kollegen an anderen dänischen Küsten, sie lebten aber dennoch unter schlechteren Verhältnissen. Die Abhängigkeit von Wind und Wetter gehörte früher noch stärker als heute zum Los der Fischer. Bis in unser Jahrhundert hinein konnte man nur mit wenigen Fischen Geld verdienen. Hering, große Schollen und Dorsch ließen sich absetzen, auch die etwas größeren Aale standen einigermaßen gut im Kurs, andere Fische dagegen mußte man wegwerfen, wenn man sie gefangen hatte, oder man aß sie selbst.

Hering war billig. Seit dem Mittelalter trat er in so großen Mengen auf, daß der Preis niedrig war. Trotzdem konnte man daran verdienen, denn alle kauften, gerade weil er billig war, für den Winter große Mengen Hering. Der Hering war, wie bereits gesagt, auf Seeland ein wichtiges Nahrungsmittel. Zum Sommer hin kamen die Bauern in die Fischerdörfer, um sich damit einzudecken.

Für die Fischerbevölkerung war der Hering noch wichtiger, weil sie weniger Speck und Fleisch hatte als die Bauern und die Einwohner der Provinzstädte. Gesalzener und getrockneter Fisch war einfach notwendig. Wenn Stürme und Eis die im übrigen recht kümmerliche Fischerei verhinderten, mußte man vom Vorrat zehren können.

Den gesalzenen Hering aß man unterschiedlich zubereitet, allerdings nicht sonderlich abwechslungsreich. Rohen Salzhering aß man gewässert oder ungewässert mit gehacktem Schnittlauch, Zwiebelspitzen oder Zwiebeln, mit Pfeffer bestreut und in der Regel mit Essig. Das nannte man *bidesild* (Beißhering). Diese Form gehörte in erster Linie zur Mahlzeit, die man zwischen neun und zehn Uhr morgens einnahm. Auch die Bezeichnung *spegesild* findet man, und hier hat man schon die heutige Bedeutung dieses Wortes (in Salz eingelegter Hering). Besonders raffiniert war es, wenn man den Hering in Sauerrahm tunkte, den man mit den üblichen gehackten Porreespitzen, gehacktem Schnittlauch oder Zwiebeln, zuweilen auch grob gehackten Äpfeln gemischt hatte. Das war in Hundested üblich. Auf der Insel Stevns und gegen Køge zu gab es bis etwa 1930 ein beliebtes Sommergericht aus gewässertem Salzhering, den man enthäutet und filetiert hatte und darauf in dicken Sauerrahm mit feingeschnittenen

Zwiebelspitzen einlegte. Den Rahm setzte man ein paar Tage vorher an und rührte ihn mit einer Gabel um, bevor man ihn über die Heringsfilets goß. Dazu aß man am liebsten frisch ausgegrabene Kartoffeln, die ersten des Sommers, und zwar am besten rote.

Kogt salted sild oder, wie man heute in Dänemark sagt, *kogt spegesild* (gekochter Salzhering) gehörte ebenfalls mehrere Generationen lang zum Alltagsessen der Seeländer. Ihn brachte man ebenfalls zur Vormittagsmahlzeit gegen neun Uhr auf den Tisch, vor allem im Winter, dazu einen Kanten Schwarzbrot. Den rohen Salzhering aß man dagegen meist im Sommer. Bekam man den gekochten Hering mittags oder abends, dann gehörte dazu möglicherweise *meldyppe* (Mehlstippe), die ärmlichste Form von Soße. Milch und Mehl wurden verrührt und ohne Fett gekocht. In den ärmsten Familien bestand die Soße zuweilen auch nur aus Mehl und Wasser. Eine *løgsovs* (Zwiebelsoße) aus Milch war da schon besser. Im Sommer enthielt sie neben den Zwiebelscheiben vielleicht sogar gehackte grüne Zwiebelspitzen, und zusammen mit den neuen Kartoffeln galt sie als ein wirklich gutes Essen. Zum gekochten Salzhering gab es aber auch *sennepssovs* (Senfsoße). Hier gab es in Nordseeland noch eine Besonderheit, die Fischerfamilien bereiteten ihren Senf nämlich nicht so sehr mit Wasser, sondern eher mit Buttermilch zu. Statt beim Mahlen Wasser über die Senfkörner zu gießen, nahm man etwas Buttermilch, so daß der frisch gemahlene Senf und die Buttermilch zu einer breiigen Masse wurden, der man bei der Soßenzubereitung Vollmilch hinzusetzte. Wollte man heute eine solche Senfsoße machen, müßte man das Fischsenfpulver etwa zehn Minuten in etwas Buttermilch weichen lassen. Heute wird Buttermilch jedoch nicht mehr so häufig mit Senf verrührt.

Eine andere Art der nordseeländischen *sennepsdyppelse* (Senftunke) für gekochten Hering war ausgelassene Butter mit

Senf, der zunächst mit etwas Buttermilch oder Wasser eingeweicht wurde. Das Ganze wird in der Pfanne verrührt, und zwar schnell, damit es nicht gerinnt. Der gekochte Salzhering schmeckte zwar an sich schon ziemlich stark. Viele Leute aber wollten dazu außerdem noch eine gut gewürzte Tunke. In die *smørdyppe* (Buttertunke), eigentlich nur ausgelassene Butter, streute man häufig reichlich Pfeffer. Als Beilage dienten, nachdem sie üblich geworden waren, gedämpfte Kartoffeln oder auch Kartoffelbrei.

In Hundested, Lynæs und Kikhavn findet man noch eine besondere Variante dieses Gerichts. Gekochte Kartoffeln werden klein gewürfelt, in der Pfanne leicht angebraten, danach gießt man etwas Milch an und läßt das Ganze einige Minuten köcheln, bis die Kartoffeln etwas verkocht sind. Zu einem noch anderen Rezept gehören kleine Würfel aus leichtgesalzenem Speck oder durchwachsenem Speck, ein drittes schreibt auch noch grob gehackte Zwiebeln vor, allen ist jedoch gemeinsam, daß die Kartoffeln köcheln müssen, bis daraus eine Art Milcheinbrenne wird.

In Gilleleje machte man aus dem übriggebliebenen gekochten Hering *brasesild* (Brathering). Der Hering wird in kleinere Stücke geschnitten, in der Pfanne gebraten und mit Schwarzbrot gegessen.

Auch *ristet saltsild* (gerösteten Salzhering) aß man auf Seeland wie in anderen Gegenden. Dazu benutzte man einen selbstgefertigten Rost aus Draht oder eine Zange, mit der man den Hering über die Glut hielt. Später packte man den Hering in Zeitungs- oder Pergamentpapier, zum Beispiel von der Margarineverpackung, und legte ihn in die Glut oder in den Aschenkasten des Ofens. Auch dazu gehörte eine dicke Scheibe Schwarzbrot, später aß man dazu Mehlschwitzekartoffeln. Allmählich fand in Fett gebackener Salzhering, *stegt saltsild*, die meiste Verbreitung, doch auch hier haben die Nordseeländer ihr eigenes Gericht, nähmlich *saltsild med løg*

(Salzhering mit Zwiebeln), das man sonst nirgendwo in Dänemark findet, jedenfalls heute nicht mehr. Das Rezept für diesen Brathering kann man in dem ältesten dänischen Kochbuch nachlesen, und zwar gleich mit drei verschiedenen Varianten. In dem einen heißt es, daß man den Hering eine Nacht lang wässern, ihn gut abtrocknen, mit Zwiebeln füllen, mit einem Messer anstechen und auf einem Rost braten sollte.

So bereitete man den Hering bis in unser Jahrhundert hinein in Nordseeland zu, wenn auch vielleicht nicht immer auf dem Rost, und für frischen Hering gilt das Rezept heute noch. Möglicherweise enthält das Kochbuch das Rezept, weil die Zubereitungsart um 1600 in Nordseeland allgemein verbreitet war. An den nordseeländischen Küsten fischte man bereits vor diesem Zeitpunkt sehr viel Hering, und da es die nordseeländischen Fischer und die Fischer von Dragør waren, die die Hauptstadt mit Hering versorgten, kann man wohl davon ausgehen, daß die Kopenhagener ihren Fisch so zubereiteten wie die Lieferanten.

Den Salzhering wässert man mindestens 12 Stunden, aber auch bis zu dreimal so lange, je nachdem, wie salzig man ihn haben möchte, und danach schneidet man ihn auf. Einige Leute tun das im übrigen schon vorher. Im östlichen Teil von Nordseeland meint man, man müsse den Hering am Rücken aufschneiden, im westlichen Teil schneidet man ihn lieber am Bauch auf. Nach dem Ausnehmen füllt man den Hering mit dünnen Zwiebelringen oder gehackten Zwiebeln, schließt ihn wieder und brät ihn. In und um Hundested hat man etwas mit der Füllung experimentiert. Man mischt dort auch mit Paprika und Lorbeerblättern, vielleicht auch mit ein wenig Petersilie.

In Snekkersten ißt man *bøfsild* (Steakhering). Der Name sagt schon, daß es sich dabei um ein verhältnismäßig neues Gericht handelt. Der Hering wird ausgenommen, gewässert und mit Zwiebeln in der Pfanne gebraten. Vielleicht macht man aus dem Pfannenfett und Kartoffelwasser auch noch eine braune Soße, in der ältesten Form aber begnügte man sich mit den Zwiebeln und dem Fett aus der Pfanne.

Im Sommer und zu Herbstbeginn nahm man natürlich in erster Linie den frischen Hering, das ist auch heute noch so. Die Zubereitung hat sich ebenfalls nicht sonderlich geändert, fast immer bestreut man den Hering mit etwas Salz und läßt ihn eine Stunde liegen. In den Fischerfamilien heißt es, daß Frischfisch leichtgesalzen sein sollte, weil das den Geschmack des betreffenden Fischs hervorhebt.

Kogt sild (gekochter Hering) kocht man mit Lorbeerblättern, Pfeffer und Zwiebeln. Die Zwiebelfüllung hat man vom frischen Hering übernommen. Manche Leute braten die Zwiebeln ein wenig an, bevor sie in den Fisch gefüllt werden, denn sonst sind die Zwiebeln noch halb roh, wenn der Hering schon fertig ist. Man ißt dazu eine süß-saure Soße, in Hundested zerdrückt man in der Soße manchmal auch einen Apfel.

Allmählich ging man in Nordseeland auch dazu über, zum gebratenen Hering Preiselbeer- oder Johannisbeergelee zu reichen, ja, manche Familien essen sogar richtige Johannisbeeren dazu.

Überhaupt hat sich in neuerer Zeit in nordseeländischen Fischerfamilien die Sitte eingeschlichen, daß man zum gebratenen Fisch Marmelade ißt, und zwar gleichgültig, um welchen Fisch es sich handelt. Preiselbeermarmelade gilt als die beste, leider aber bekommt man heute die Beeren nicht mehr so billig wie früher. Die Hornbæker holten sich ihre Preiselbeeren oft im Wald, die Bewohner von Gilleleje bekamen sie aus Schweden. Die Schweden kamen in ihren Booten herüber und tauschten ihre Kisten mit Preiselbeeren gegen Hering ein oder verkauften die Beeren und kauften sich für das Geld Hering und fuhren dann mit gefüllten Heringskisten zurück. Im nordseeländischen Küstendialekt heißen die Preiselbeeren denn auch „krøsling“, was dem schonischen „krösen“ entspricht.

Heute nimmt man statt Preiselbeermarmelade oft Brombeer- und Johannisbeermarmelade, die man in der Regel mit Birnen streckt.

Beliebt ist in den nordseeländischen Fischerorten der *flækkesild* (durchgeschnittener Hering). „Als ich Kind war, stank ganz Hornbæk nach Hering“, berichtete ein 1894 geborener Fischer, und damit meinte er den Flækkesild.

Er gehört noch heute zu den Lieblingsgerichten der Fischer. Der frische Hering wird geschrubbt und normalerweise am Rücken vom Schwanz bis zum Kopf durchgeschnitten. Auch den Kopf schneidet man durch. Der Hering wird gewaschen, die Gräten bleiben jedoch drin, danach trocknet man ihn, breitet ihn aus und reibt ihn innen und außen mit Salz ein. Nach ein paar Stunden spült man ihn erneut und hängt ihn zum Trocknen in die Sonne und in den Wind, und zwar indem man ein Stück Draht durch die Augen sticht. Je nach Wetter läßt man den Hering dann sieben bis acht Stunden unter der Dachtraufe hängen. Bei Regen muß man ihn hereinnehmen.

Problematisch waren dabei natürlich immer die Fliegen, vor allem früher, als man in der Nähe der Häuser noch offene Misthaufen hatte. Das Problem löste man mit einem Stück Gaze oder mit einer Art Fliegenschrank, der an beiden Seiten ein Netz hatte, so daß der Wind ungehindert durchstreichen konnte. Nach dem Windtrocknen reißt man Kopf und Schwanz ab, nimmt eventuell die Gräten heraus und brät den Hering unpaniert in Fett. Dazu ißt man Kartoffeln mit ausgelassener Butter, Pfeffer und Essig, Petersiliensoße, Marmelade oder Apfelmus.

Bis zu Beginn des 20. Jahrhunderts aß man *røget flækkesild* (geräucherten durchgeschnittenen Hering). Wenn die Heringe einige Zeit draußen gehangen hatten, räucherte man sie, früher im Schornstein über dem Feuer, später in einem Zementrohr. Das Rohr stellte man auf ein paar Steine, ließ die Heringe herunterhängen und regulierte die Wärmezufuhr mit einem Topfdeckel. Auf die gleiche Weise verfuhr man mit Aal und Kliesche. Zum Räuchern verbrannte man getrocknete Birkenblätter und anderes Trockenlaub.

Unter den Plattfischen waren Kliesche, Flunder und kleine Schollen bis in unser Jahrhundert hinein für das Alltagsessen fast ebenso wichtig wie der Hering. Die großen Schollen waren zum Verkauf bestimmt. Die aß man selten selbst. Aber die kleineren Flundersorten waren nicht sehr leicht abzusetzen, auch wenn weniger wohlhabende Familien oft ein paar abnahmen. Die Fischer mußten sie selbst essen, auch im Winter, und sie aßen sie als *tørfisk* (Trockenfisch).

Vor allem in Nordseeland trocknete man die erwähnten Plattfische, in erster Linie die Kliesche, die eine besonders schlechte Handelsware war. Die Köpfe wurden abgemacht, die Fische einen Tag oder mehr in Salz eingelegt und danach zum Trocknen auf die Leine gehängt, was ziemlich lange dauern konnte. Bei feuchtem Wetter und nachts wurden sie hereingenommen; im übrigen auch, wenn Zigeuner und ein Wanderzirkus im Fischerdorf waren!

Wenn die Fische so trocken waren wie ein Brett, lagerte man sie an einem trockenen, warmen Ort, normalerweise auf dem Boden in der Nähe des Schornsteins. Ab und zu wurden sie auch geräuchert.

Man aß sie genauso wie Salzheringe. Viele Leute bevorzugten sie früher roh. Die Haut wurde mit einem Messer abgezogen, die Flossen schnitt man ab, den knochentrockenen Fisch schnitt man in Streifen und aß ihn mit einem Schmalzbrot oder irgend etwas anderem. Noch bis in die siebziger

Jahre unseres Jahrhunderts aßen manche Leute als kleine Nachmittagszwischenmahlzeit so einen Trockenfisch. Als Hauptgericht wird er gewässert und danach gebraten oder gekocht. Früher gehörte dazu die bescheidene Mehltunke, mit der Verbesserung der wirtschaftlichen Verhältnisse aber ging man zu Fettsoßen über, wie ausgelassener Butter mit gehackten Zwiebelspitzen, und noch später zu Petersiliensoße und Marmelade.

In Gilleleje und Hornbæk heißen diese getrockneten Flundern *linedanser* (Seiltänzer). Noch heute sieht man in manchen Gärten hinter den Häusern Kliesche und kleine Schollen lustig in der Sommerbrise flattern.

Auch zur *stegt rødspætte* (gebratene Scholle), die die Fischer mittlerweile auch selber essen, bekommt man Marmelade. Früher wurde die Scholle nicht enthäutet, sondern nur gründlich geschrubbt. Im übrigen sollte man sich vielleicht ein paar goldene Fischerregeln zum Braten von Fisch merken. Die eine besagt, daß man zum Beispiel Scholle oder Hering von Flosse zu Flosse quer ein- bis zweimal leicht einritzen sollte. Dann kann man den Fisch leichter durchbraten, und er krümmt sich auf der Pfanne weniger, was frischer Fisch sehr leicht tut. Die zweite Regel besagt, daß man einen Fisch nie in Semmelmehl, sondern immer nur in Mehl wälzen sollte, und als drittes sollte man sich merken, daß die Oberfläche des gebratenen Fisches schön gleichmäßig wird, wenn man ihn eine Stunde vor dem Braten in Mehl wälzt, so daß sich das Mehl festsetzen kann.

Um Seeland wurde in früheren Zeiten viel Aal gefangen. Das zeigen Berichte aus dem Mittelalter und aus späteren Zeiten, doch der Aalfang ging allmählich zurück, und gleichzeitig stieg der Preis. Heute überlegt es sich der Fischer sehr genau, bevor er etwas von dem Fang für seine Familie mit nach Hause nimmt.

Stegt ål (gebratener Aal) bietet keine großen Variationsmöglichkeiten. Seine Phantasie muß man hier bei der Soße austoben. In Kallehave hat man eine Soße, die sehr gut zu gebratenem Aal paßt, nämlich *sennepssmør* (Senfbutter). Die ausgenommenen, enthäuteten Aalstücke werden in Mehl gewendet, in Margarine gebraten und mit Senfbutter serviert: 50 Gramm Butter vorsichtig in einem Topf zergehen lassen, einen Teelöffel Essig und etwa eineinhalb Teelöffel Senf darunterschlagen, vielleicht auch etwas Mehl, wenn man einen stärkeren Senfgeschmack vorzieht. Auf der Halbinsel Røsnæs, wo der Senf ebenfalls zum gebratenen Aal gehört, macht man das unkomplizierter. Dort stellt man einfach das Senfglas auf den Tisch, damit sich die Leute soviel nehmen können, wie sie wollen. In Nordseeland dagegen bekommt man zum gebratenen Aal wie zu anderem gebratenem Fisch Marmelade.

Von Kronborg bis Kopenhagen gehörte der Aal früher zu den am meisten gefangenen Fischen. Deshalb findet man an dieser Küste auch den *potteål* (Pottaal). Das war ein Alltagsessen, zugleich aber auch eine Festmahlzeit. In Snekkersten können ganz alte Leute noch von Pottaalfesten erzählen, bei denen sich jung und alt zum Pottaal und zum Trinken versammelten. Auch der Martinsabend hieß Pottaalabend, weil es an diesem Abend im ganzen Ort Aal gab. Viele aßen ihn auch am 29. September, dem Michaelisabend, der früher ebenfalls ein großer Festabend war.

Beim Pottaal werden die kleinen Aale von 110 bis 140 Gramm (heute die relativ billigen sogenannten Bundaale) in kleine Stücke geschnitten und in wenig Wasser mit Salz, Pfeffer und ein paar anderen Zutaten gekocht. Von Helsingør bis etwa nach Skovshoved waren das Äpfel, Zwiebeln und Thymian. Man schnitt die ausgenommenen Aale in kurze Stücke von etwa vier Zentimetern und legte sie mit in kleine Dreiecke geschnittenen säuerlichen Äpfeln, Zwiebeln und Thymian, Salz und Pfeffer in den Topf. Nach altem Brauch müssen Aal, Zwiebeln und Äpfel geschichtet werden, aber dann muß man wirklich eine ziemlich große Portion machen. Ganz früher benutzte man zum Andicken zuweilen auch noch Zwieback. Dann braucht man auf jeden Fall auch noch ein bißchen Wasser, was sonst nicht nötig ist, da die verschiedenen Teile Flüssigkeit abgeben.

Ein passendes Verhältnis sind ein Kilogramm Aal, ein halbes Kilogramm Äpfel, 125 Gramm Zwiebeln. Das Ganze läßt man bei schwacher Hitze 40 bis 45 Minuten kochen. Der Aal muß *sehr* gar sein, „so gar, daß man das Fleisch von der Gräte lutschen kann", wie man sagt. Dazu ißt man Schwarzbrot.

Südseeland hat mehrere Pottaalvarianten zu bieten. In Karrebæk, Karrebæksminde, Hyllinge und Umgegend heißt er auch mit einem neuen Ausdruck *grydeål* (Topfaal), *fiskernes ål* oder *fiskerål* (Fischeraal). Etwa fünf Zentimeter lange Aalstückchen werden in Mehl gewälzt und in einem flachen Topf gebraten. Wenn sie fast fertig sind, streut man etwas Mehl darüber, gießt etwas Wasser darüber und fügt Salz und Pfeffer hinzu. Man muß sehr vorsichtig umrühren, damit Mehl und Wasser eine Soße bilden. Im übrigen läßt man dann den Aal noch ein paar Minuten köcheln.

Das Fleisch muß so gar sein, daß es sich leicht von der Gräte löst. Wenn der Fisch erst eine leicht goldene Farbe hat, schaltet man auf schwache Hitze und paßt auf, daß er nicht anbrennt.

In der Gegend um Skelskør kannte man noch den *peberål* (Pfefferaal), den die Fischer übrigens heute noch gern essen. Die ausgenommenen, enthäuteten Aalstückchen von etwa fünf Zentimeter werden leicht angebraten, danach gießt man Wasser an, bis sie fast bedeckt sind, und streut frisch gemahlenen Pfeffer, dazu Salz darüber und gießt etwas Essig an. Das Ganze läßt man bei schwacher Hitze etwa zehn Minuten lang kochen. Man braucht dazu ziemlich viel Pfeffer!

Zur Pottaalfamilie gehört das jüngere und etwas vornehmere *ålefrikassé* (Aalfrikassee), bei dem das Gemüse einen wichtigen Bestandteil bildet. Normalerweise handelt es sich um Erbsen, Mohrrüben und Petersilie, oft auch um Kartoffeln, und im südöstlichen Seeland findet man auch Porree.

Zur Aalsuppe der Seeländer kann man nicht sonderlich viel sagen. Sie wurde ähnlich bereits beschrieben, und auch die fast nur in Nordseeland anzutreffende Makrelensuppe, Knurrhahnsuppe und Seehasensuppe macht man ähnlich mit ziemlich viel Gemüse, wobei man in Gilleleje jedoch statt Klößchen in Butter gebratene Weißbrotstückchen nimmt. Am meisten schätzen die nordseeländischen Fischerfamilien wohl die Seehasensuppe, bei der sie auch die Fischleber mitkochen.

In Gilleleje kennt man im übrigen noch ein Gericht, auf das man geradezu ein Monopol zu haben scheint, nämlich *pandeskade* (Pfannenglattrochen). Dieser Fisch gehörte in Dänemark nie zum Alltagsessen. Typisch für den großen flachen Fisch mit fast rhombenförmigem Körper sind die umfangreichen Brustflossen, und genau die, die sogenannten Flügel, werden gegessen. In neuerer Zeit hat auch die Fischkonservenindustrie entdeckt, daß sich bestimmte Rochensorten als Hummernachahmung verkaufen lassen, was zeigt, daß Rochenfleisch gar nicht so schlecht ist.

Der Glattrochen ist wohl der beste. Er heißt so im Gegensatz zum Dornrochen, dessen Fleisch nicht so fein ist.

Den Rochen gibt es in den dänischen Gewässern nur im Kattegat, im Skagerrak und in der Nordsee. In Nordseeland wurde er fast ausschließlich von den Leuten in Gilleleje gegessen. Die Fischer aus den anderen Orten warfen ihn wieder über Bord oder fütterten zu Hause damit ihre Schweine und Hühner.

Früher machte man in Gilleleje aus dem Glattrochen Trokkenfisch, allerdings nicht so oft, der frische Fisch galt immer als der beste. Gekocht ißt man ihn fast immer mit Senfsoße, früher mit leichtem Buttermilchgeschmack, und dann pflegte man so viel davon zu kochen, daß noch genug für *pandeskade* übrigblieb, ein Gericht, das als noch besser gilt.

Leichtgesalzener, durchwachsener und ab und zu geräucherter Speck wird gebraten, danach gibt man die gekochten, in kleinere Stücke geschnittenen Rochenflügel hinzu und brät sie leicht. Zum Schluß gießt man die Senfsoße darüber und wärmt das Ganze bei schwacher Hitze auf. Das nannten die alten Gillelejer einen Götterschmaus. Leider werden heute in Gilleleje nur noch selten Glattrochen angelandet. Gilleleje hat heute als Fischerdorf bei weitem nicht mehr die Bedeutung wie früher, auch wenn noch ein paar Fischkutter im Hafen liegen.

Wie bereits erwähnt, aß die Küstenbevölkerung, die auch ein wenig Landwirtschaft betrieb, ungefähr das gleiche wie die Leute im Binnenland. Eine Ausnahme bildete jedoch Sjællands Odde. Hier trafen die Eßgewohnheiten von Fischern und Landbewohnern aufeinander, denn die meisten Männer der Halbinsel Odde waren Bauern und Küstenfischer zugleich.

Ein altes Gericht, das in seiner ältesten Form *skarting* heißt, wird vereinzelt heute noch zubereitet. Ursprünglich verband man es mit dem Schlachttag. Gerste und Roggenmehl mit Fett der Wurstbrühe, Salz, Piment und vielleicht etwas gehackter Leber wird zu einem wurstförmigen Klumpen geformt und in der Schwarzwurstbrühe gekocht. Diese Wurst aß man warm mit einer süßen Tunke. Offenbar war das ein sehr beliebtes Gericht, denn allmählich verlor sich der Zusammenhang mit dem Schlachttag, das Gericht veränderte sich etwas und wurde zu dem Alltagsessen *skarter og flæsk* (Skarter und Speck), und in dieser neuen Form lebt es heute noch weiter:

Ein Stück leichtgesalzenes, fettes Schweinefleisch von einem Kilogramm kochen und aus einem halben Liter Vollmilch und 250 Gramm Gerste unter ständigem Umrühren eine Grütze zubereiten, die steif werden muß, und zwar mehr als üblich. Zwei Eßlöffel Brühfett, 100 Gramm leichtgesalzenen, klein gewürfelten und gebratenen Speck, ein Deziliter Weizenmehl, zwei Eßlöffel feingehackte und leicht angebratene Zwiebeln, ein Deziliter eingeweichte Rosinen, einen halben Eßlöffel Zucker, zwei Teelöffel Salz, einen halben Teelöffel Zimt, einen halben Teelöffel Piment, etwas Thymian daruntermischen. Den Teig gut kneten, zu kleinen Kugeln rollen, wobei man sich jedesmal die Handflächen mehlig machen muß. Die Klößchen flach drücken und bei schwacher Hitze in leichtgesalzenem Wasser kochen lassen.

Man darf nicht zu viele Skarter gleichzeitig im Topf haben und muß aufpassen, daß sie nicht am Boden festkleben. Zwei bis drei Minuten nach dem Aufsteigen können sie als gekocht gelten. Man ißt sie zusammen mit dem gekochten Fleisch. Manche Leute schneiden sie auch durch, braten sie in Butter und machen etwas Zucker daran.

XI Dänische Bierkultur

Es läßt sich zeitlich nicht genau bestimmen, wann in dem geographischen Gebiet, das heute Dänemark genannt wird, das Bier eingeführt wurde oder die Bierbrauerei entstand.

Man weiß auch nicht, ob die Einwohner dieses Gebietes spontan zur Kunst des Bierbrauens fanden oder ob ihnen die Methode vom Süden oder Südosten zugetragen wurde. Man weiß allerdings, daß die Dänen bereits in geschichtlicher Zeit zu den „großen" Biertrinkern der Welt zählten.

Die nordische Mythologie und Sagengeschichte erzählt von der Maßlosigkeit der Wikinger, die dann nur vom Riesenrausch des Renaissancedänen übertroffen wurde. Das 16. und 17. Jahrhundert hießen „der große nordische Rausch" und bildeten einen krassen Gegensatz zur modernen Industriegesellschaft mit ihrer sozial, politisch und moralisch begründeten Alkoholpolitik.

Durch ihren Branchenverband, „Bryggeriforeningen" (Brauereiverband), führen die dänischen Brauereien in den letzten Jahren eine Kampagne nach dem Motto: „Bier ist für den Durst da – nicht als Trost". Das ist an sich eine äußerst merkwürdige Kampagne, fordert sie doch zum mäßigen Konsum der Branchenprodukte auf!

Der größte Teil der Dänen sieht in dieser Kampagne den Ausdruck einer hohen Ethik, für andere ist sie eher ein Zeugnis der Doppelmoral. Treffender könnte man wohl sagen, daß die Flaggschiffe der dänischen Wirtschaft auf einem widersprüchliche Anforderungen stellenden Meer navigieren. Die

Unternehmen sind untrennbar mit der Gesellschaft und ihren politischen, sozialen und kulturellen Strömungen verbunden. Hat man kein Gespür für die Haltungen und Entwicklungstendenzen der Zeit und nimmt daran nicht teil, wird man auf längere Sicht hin ausgestoßen und geht unter.

Wikinger und Renaissancemensch existieren nicht mehr. Die Trinkgewohnheiten der Dänen haben sich deutlich geändert. Der nordische Rausch stand im Zeichen der großen und wilden Feste, bei denen der Mensch seinen Alltag völlig hinter sich ließ. Heute hat sich der Rausch, wenn man ihn denn überhaupt so nennen kann, europäisiert und dient dem identitätshungrigen Dänen täglich und zielgerichtet zur Stärkung seiner individuellen Position. Er gehört heute zur Lebensweise, er ist Karrierebrennstoff oder bedeutet Gangartwechsel in der Zweisamkeit.

Inmitten all dieser Strömungen hat sich die Bierkultur erhalten. Man findet sie überall da, wo die dänische Volkskultur noch lebendig ist, und zwar öffentlich wie privat.

Die Dänen sind ein geselliges Volk, das jede sich bietende Gelegenheit zum Feiern nutzt. Feiert man kein Stadtfest, Straßenfest, Hafenfest oder Gartenfest, dann findet man ganz privat und ohne viel Aufhebens einen Grund, es sich mit der Familie, den Freunden und einer Flasche Bier oder zwei gemütlich zu machen. Im Schrebergarten und im Sommerhaus, am Hafen, im Park, zum Konzert und in der Stammkneipe leben dänische Volks- und Bierkultur. Auf diese nahezu immer sympathische Begegnung können Sie sich freuen.

Alu-øl-Bier

Das Wort „øl" (Bier) tritt in Dänemark zum erstenmal auf einer Kleidernadel, einer Fibula, auf, die in Værløse auf Nordseeland gefunden wurde. „Øl", das dänische Wort für Bier, kommt aus dem gemeinnordischen „alu", das in die Nadel eingraviert wurde. Es handelt sich also um ein gutes, altes und dänisches Wort. Im Alltag ist dieses Grundwort allerdings aus der dänischen Bierkultur fast verschwunden. Der Däne benutzt beim Kaufmann oder in der Kneipe nie die Artbezeichnung. Er verlangt immer eine bestimmte Marke. Der Däne will sein Bier unter dem Eigen- oder Spitznamen der Biersorte. Bittet man um „ein Bier", dann zeigt man, daß man verschwommen denkt, nicht wählerisch ist, oder man verrät ganz einfach seine Unkenntnis. Der Tourist sollte sich deshalb, wenn er nicht auffallen will, die Namen von ein paar sicheren Biersorten beibringen.

Getreideanbau, Botbacken und Bierbrauen hängen zusammen. Die ersten Zeugen des Kornanbaus finden sich auf ein paar Tongefäßen aus dem jüngeren Steinzeitalter (3000–2500 v. Chr.), wo einige Abdrücke von Gersten- und Weizenkörnern beweisen, daß diese Kornsorten im Land zu finden waren. Die vielen Mühlenfunde erzählen, daß das Korn im Altertum hauptsächlich zu Mehl gemahlen und danach zu Grütze und Brot gemacht wurde. Höchstwahrscheinlich stellte man jedoch auch zu dieser Zeit eine Art Bier her. Die vielen Trinkgefäße in den Grabfunden könnten dafür sprechen, daß man der Ansicht war, die Leute sollten in ihrem Leben nach dem Tode nicht nur Wasser schlürfen.

Das Rezept für dänisches Bier nach Art des Altertums lautet folgendermaßen:

200 Gramm Malz, zwei Kilogramm zerstoßene Preiselbeeren, zwei Liter Wasser.

Die Zutaten werden gemischt, die Gärung tritt spontan ein. Je nach Geschmack kann man um der Wirkung willen Hanf oder Bilsenkraut hinzusetzen oder auch Heidemyrthe um des bitteren Geschmacks und des Aromas willen. Schließlich wird bei der Hauptgärung eine passende Menge Honig hinzugesetzt, wodurch man die für den Alkoholgehalt entscheidende Zuckermenge reguliert. Ohne Honig enthält das Getränk etwa 1,5 Prozent Alkohol.

Die Trinkgelage der Wikinger

In der Wikingerzeit entwickelten sich zwei Grundrichtungen, die Bierbrauerei und die Metherstellung. Im ersten Fall war das Korn, im zweiten der Honig die Grundlage, wobei jedoch anzumerken ist, daß man die beiden Getränke häufig mischte. Die Getränke waren für Götter und für Menschen gedacht. Das Resultat seinerseits war fast magisch und jedenfalls heftig festlich, so heftig, daß man von „Traumbier", „Liebesbier" und „Berserkerbier" spricht.

Ein Pechvogel von einem Wikinger, der die Probleme nicht wegtrinken konnte! Auch Odin soll mit dem Bier seine liebe Not gehabt haben. Jedenfalls forderte er in der älteren „Edda" seine Zeitgenossen zu einer gewissen Mäßigkeit auf. Und die „Edda" schließt weise:

Bier ist dann am besten, wenn alle danach
Mannesmut heimbringen.

Der Hopfen kommt nach Dänemark

In der ersten Hälfte des 13. Jahrhunderts wurde zum erstenmal deutsches Hopfenbier nach Dänemark eingeführt, und das blieb nicht unbeachtet! Ein Klosterbruder im Kloster Øm berichtet über das Ereignis: „Sächsisches Bier ... war damals ... noch nicht wie jetzt ... als Handelsware in unser Land gelangt, und nicht viele mochten das Getränk. Als dieses Bier gerade nach Viborg gekommen war, trank sich ein Bauer aus der Gegend für das Geld, das er für den Verkauf seiner Heidemyrthe bekommen hatte, damit einen solchen Rausch an, daß er völlig von Sinnen kam und wie ein tollwütiger Hund alle, die in seine Nähe kamen, kratzte und biß. Dann wurde er von einigen Leuten übermannt und in seinem Wagen an die Planken gebunden. Diese waren zwar tüchtig stark, aber trotzdem zerbiß er drei davon mit den Zähnen ... An den Prozessionstagen hielt der Bischof seiner Gemeinde in der Predigt vor, daß man ein solches Getränk meiden und jeder Christenmensch es verdammen sollte, da es einen braven und vernünftigen Mann tollwütig und rasend mache."

Der Hopfen war auf dem Weg nach Dänemark. Über die Klöster führten die Mönche die Pflanze ein, die später die Heidemyrthe als Biergewürz verdrängen sollte.

In der Agrargesellschaft des Mittelalters brauten die Frauen das Bier, so wie sie für das Essen sorgten. Die Mahlzeit war einfach. Vor sich auf dem Tisch hatte man sein Eßbrett, ein dünnes Brett, auf das das Essen gelegt wurde. Man aß Hering und nochmals Hering und am liebsten mit den Fingern. Für Grütze und Suppe nahm man den Löffel. Fleischfetzen schnappte man mit der Messerspitze und führte sie zum Mund. Das Brot brach man und aß es zum Fleisch. Das Bier aber trank man aus einer flachen Schale oder einer breiten Kanne.

Einige Jahrhunderte später ergibt sich ein ganz anderes Bild, wenn wir als Festbesucher zu einem Renaissancedänen kommen.

Maßlosigkeit sondergleichen ist typisch für Eß- wie Trinkgewohnheiten.

Zu dem reichlichen und oft äußerst salzigen Essen mußte man unglaubliche Mengen trinken, und zwar neben Wein auch Bier in Hülle und Fülle. Der Renaissance-Däne hatte einen Bierverbrauch, der täglich den Guinessrekord gebrochen hätte. Bier wurde zu sämtlichen Mahlzeiten in großen Mengen getrunken, und es entstand der neue Begriff „Nachtbier“. Das gepökelte Essen und der Kater bewirkten, daß man auf dem Nachttisch ein erhebliches Quantum Bier stehen haben mußte. Auch wenn man sich vor Augen hält, daß das Bier das einzige eigentliche Alltagsgetränk war, da man so gut wie überhaupt kein Wasser trank und Tee oder Kaffee unbekannt waren, bleibt die Gesamtflüssigkeitsmenge enorm.

Im Dänemark der Renaissance war es üblich, daß jeder Erwachsene pro Tag mindestens sechs Liter Bier brauchte. Doch diese sechs Liter, die man in den Annalen von Heer und Flotte, Königshaus und Gütern verzeichnet findet, reichten bei weitem nicht aus; davon zeugen Beschwerden und Anträge wie der folgende: Die Büchsenschützen von Aalborg waren wirklich unzufrieden. Sechs Liter sind gar nichts. Sie stellten eine Berechnung über ein passendes Quantum an, das ihrer Meinung nach 16 Liter am Tag betragen müsse. Der Antrag wurde abgelehnt. Einem entlassenen Abt aus Ebeltoft wurden neun Liter pro Tag gewährt. Den Knechten des Königs, die die königlichen Pferde im Land begleiteten, wurde eine Ration von zehn Litern Bier am Tag zugeteilt. Ein erwachsener Mann nahm pro Tag im Schnitt acht bis zehn Liter Bier zu sich. Fünf Gäste auf Malmøhus, deren Lebensführung man ein ganzes Jahr hindurch genauestens verfolgen kann, konnten sich mit acht Litern am Tag „begnügen“, dafür aber waren die acht Liter Bier auch nur eine Ergänzung zu den vier Litern Wein pro Tag und Mann.

Der Hofmarschall am Stockholmer Schloß nahm an einem einzigen Tag, an dem kein Fest gefeiert wurde, 26 Liter Bier zu sich. Zum Frühstück etwas über vier Liter und zu Mittag und Abend insgesamt 22 Liter. Sein Kind bekam zum Frühstück zweidreiviertel Liter Bier, zu Mittag und Abend fünfeinhalb Liter und als Nachtbier eineinviertel Liter. Die Frau und die Amme tranken an dem Tag zusammen 27 Liter Bier, und die beiden Zofen, die an dem erwähnten Tag etwas unpäßlich waren, ließen das Morgenbier und genossen nur fünfeinhalb Liter Bier zum Mittag- und Abendessen sowie vier Liter Nachtbier.

Ja, die Nordländer konnten damals etwas hinter die Binde gießen! Der dänische König Christian IV. erwarb sich einen unvergänglichen Ruf als Trunkener und Biertrinker. Der Hofmann Esge Brock, der Tagebuch führte, hatte die Angewohnheit, ein bis drei Kreuze zu machen, wenn der König betrunken war. Das Tagebuch wimmelt von Kreuzen. Drei bedeuteten in der Regel, daß man den König in seinem Lehnstuhl vom Tisch getragen hatte.

Zu jenen Zeiten begannen die Dänen bei Tisch einige absonderliche Höflichkeiten zu entwickeln. Noch immer springt der Däne ständig von seinem Platz am Tisch auf, nicht nur, um eine Rede zu halten, sondern auch um zu singen, mit allen anzustoßen, seine Freunde und Feinde zu umarmen und überhaupt die Mahlzeit mit ironischen Neckereien zu würzen. In dem Zusammenhang bringt er einen Toast auf Personen und alles mögliche aus.

Der Däne sagt für alles danke. Er dankt für das letzte Beisammensein und dafür, daß er zum Essen kommen durfte. Seinen Gastgebern dankt er während der Mahlzeit mehrmals für ihre Mühe, die Gäste sagen nach dem Essen danke für das Essen, worauf die Gastgeber der Hoffnung Ausdruck verleihen, daß die Mahlzeit den Gästen gut bekommen möge. Zum Schluß, beim Abschied, danken alle einander für einen schönen

Abend, wünschen eine gute Heimfahrt und alles Gute für die nächste Zukunft – alles unter Umarmungen und heftigem Händedrücken.

Im 13. Jahrhundert entstanden neben der hauseigenen Bierproduktion der Landbewohner die spezialisierten Handwerksbrauereien der Stadtgesellschaften. Jede Stadt in Dänemark entwickelte ihr eigenes und ganz sicher unterschiedlich schmeckendes Bier. Im 15. Jahrhundert erwarben die Kaufleute in den städtischen Gemeinschaften das Recht zum Bierbrauen, und zu Beginn des 16. Jahrhunderts bildeten sich die eigentlichen Brauerzünfte, die in den folgenden 300 Jahren die Dänen mit Bier stark unterschiedlicher Qualität versorgen sollten.

Weil das Handwerksbier einen niedrigen Alkoholgehalt hatte und von etwas zweifelhafter Qualität war, suchte der Verbraucher seinen Ausgleich weitgehend im Branntwein. Bier und Branntwein gehörten nicht nur beim Verbraucher zusammen, häufig kamen sie auch vom gleichen Produzenten. In vielen Provinzstädtchen waren die Brauerei und die Branntweinbrennerei noch immer ein Privileg der Kaufleute, die zudem bei Gerste und Roggen Selbstversorger waren.

Die Branntweinmaische enthielt reichlich Gerstenmalz. Bei der Gärung wurde ihr Brauereihefe und Bier hinzugesetzt. Die Malzreste des Brauhauses, die Maische, und die Kornreste der Brennerei, die Schlempe, wurden entweder verkauft oder an Ort und Stelle verbraucht als willkommenes Grobfutter in den vielen Kuh- und Mastkälberställen, die den Brauereien und Brennereien angegliedert waren. In schlechten Jahren überlebten ganze Viehbestände mit Schlempe und Maische.

Danach fuhr man Fuhre auf Fuhre von den Brauereien und Brennereien als Dünger auf die umliegenden Felder. In der Landwirtschaft bedeutete das eine im großen und ganzen recht ökologische Wechselwirkung.

In Kopenhagen dagegen ging das völlig schief. Gülle und verrotteter Dünger verpesteten die sowieso schon stark belastete Umwelt noch mehr. In den Brauereien und Brennereien der Stadt hatte man 2000 Milchkühe im Stall. Diese Ställe befanden sich in den Hinterhöfen der Stadt, oft in Kellern und im ersten Stock. Die unzulängliche Müllabfuhr und die unhygienischen Anlagen bildeten den Teufelskreis eines von Krankheit, Armut und Alkoholismus bedrohten Milieus.

Die industrielle Brauerei

Ein junger Kopenhagener Brauer namens J. C. Jacobsen (1811 bis 1887) machte mit diesen Zuständen Schluß. Er wollte weg aus der verschmutzten Hauptstadt, die von Verteidigungswällen eingesperrt war.

Auf einem Hügel außerhalb von Kopenhagen fand er eine Stelle mit Licht, Luft, sauberem Wasser und viel Platz, und dort baute er eine industrielle Brauerei, die ihre Grundlage in der Maschinenkraft und in einem in Dänemark völlig neuen Produkt hatte, nämlich untergärigem, lange gelagertem Bier nach bayerischem Vorbild.

1845 brachte J. C. Jacobsen auf einer langen und mühsamen Postkutschenreise zwei Liter bayerische Bierhefe mit nach Hause. Nach einigen Versuchen in seiner Kopenhagener Handwerksbrauerei konnte er am 10. November 1847 in seiner neuen Brauerei die Produktion von untergärigem bayerischem Bier in Gang setzen. Die Brauerei wurde nach dem Sohn Carl und nach dem Hügel, auf dem sie erbaut worden war, Carlsberg genannt.

Die Carlsberg-Gruppe gehört heute zu den Giganten der dänischen Wirtschaft. Sie umfaßt die Carlsberg- und Tuborgbrauereien sowie 86 Tochtergesellschaften, von denen der größte Teil außerhalb Dänemarks liegt. Unter den der Gruppe angegliederten Gesellschaften ist auch die größte dänische Touristenattraktion, das Tivoli in Kopenhagen, zu finden.

Carlsberg ist nicht nur ein wichtiger Faktor der dänischen Wirtschaft, sondern auch ein unentbehrliches Element des dänischen Kulturlebens, bestimmt durch die Besitzverhältnisse der Gruppe, die man wohl als einzigartig bezeichnen muß. Die Gesellschaft ist eine an der Börse notierte öffentliche Aktiengesellschaft; ihr Hauptaktionär ist der Carlsbergfonds. Dieser wurde 1876 von J. C. Jacobsen gegründet, seine Einnahmen dienen der Unterstützung der dänischen Forschung. Außerdem obliegt es dem Fonds, das nationalhistorische Museum und Schloß Frederiksborg zu unterhalten und zum Betrieb des Carlsberg-Laboratoriums beizutragen. Eine besondere Abteilung des Carlsbergfonds ist der Neue Carlsbergfonds, der von J. C. Jacobsens Sohn Carl Jacobsen errichtet wurde und dessen Aufgabe darin besteht, Kunstwerke für dänische Museen und Institutionen zu erwerben sowie in Zusammenarbeit mit dem Staat und der Gemeinde Kopenhagen die Neue Carlsberg Glyptotek zu unterhalten.

Die dänische Normalbierflasche hat eine einzigartige Geschichte. Bereits um die Jahrhundertwende machte man sich an eine Standardisierung, wie sie nur wenige Länder erlebt haben. Für den Dänen ist ein „Bajer“ nicht nur eine Menge Bier, sondern ein liebevoller Begriff, der den Inhalt und die Temperatur der Flasche einbezieht. Schon der Klang des Wortes löst in der Hand ein kühles Gefühl aus – einen bedingten Reflex.

Am 22. März 1904 gingen der Brauereiverband und der Verband der Flaschenfabrikanten einen Vertrag ein, in dem die Maße der dänischen Normalflasche festgelegt wurden.

1918, 1949 und 1963 wurde die Flasche aus Produktions- und Hygienegründen geändert. Die Standardflasche enthält netto 33 Zentiliter und ist eine Pfandflasche, die durchschnittlich 30mal wiederverwendet wird. Darauf können die dänischen Brauereien stolz sein.

Rolf Nielsen

XII Amager

Wenn sich auf einer Insel wie Amager, die sich so an Kopenhagen anschmiegt, Eßgewohnheiten mit erheblichen Eigenarten erhalten konnten, dann liegt das an ihrer Abgesondertheit, die allerdings von ganz anderer Art ist als auf Bornholm und in Vendsyssel. Auf Amager wohnte eine Bevölkerungsgruppe, die von den übrigen Einwohnern völlig abgeschieden lebte, so wie das später mit den Reformierten in Fredericia der Fall war.

Die von König Christian II. ins Land geholten holländischen Siedler, die sich zu Beginn des 16. Jahrhunderts auf Amager niederließen, sonderten sich von der ursprünglichen dänischen Bevölkerung ab, weil sie sich für tüchtiger hielten und sich über die Urbevölkerung erhaben fühlten. Diese wiederum grenzten die Holländer aus Groll und Neid über die vielen Privilegien, die die Fremden genossen, aus. Deshalb hat sich die von den Holländern eingeführte oder die jedenfalls von ihnen bevorzugte Küchentradition bis in unsere Zeit hinein erhalten. Die Nachkommen der holländischen Einwanderer waren so traditions- und gruppenbewußt, daß vereinzelte Einwohner von Amager mit holländischen Nachnamen noch in der Mitte dieses Jahrhunderts voller Stolz darauf hinweisen konnten, daß niemand aus der Familie in den letzten gut 400 Jahren jemanden geheiratet habe, der seine Ahnen nicht auf die holländischen Zugezogenen zurückführen konnte.

Die Amagerküche hielt die Heringstradition hoch. Da hat man beispielsweise den *pandesild* (Pfannenhering). Dazu braucht man ein Kilogramm frisch gefangenen Hering, ein halbes Kilogramm Äpfel und 150 Gramm kleingeschnittene und grobgehackte Zwiebeln. Heute ziehen es die meisten Leute vor, den Hering zunächst zu entgräten, doch das ist recht neu. Der Hering wird quer in Stücke von vier bis fünf Zentimeter Länge geschnitten, die man aufrecht in eine mit Butter oder Margarine eingeschmierte Bratpfanne stellt. Dann streut man Zwiebeln und Äpfel, Salz, Pfeffer und Thymian darüber und verteilt ein paar Butterflöckchen. Das Ganze läßt man zugedeckt 20 bis 25 Minuten köcheln.

Wie an der ganzen seeländischen Küste von Dragør bis hoch nach Helsingør und weiter nach Hundested, so ißt man auch auf Amager gern in der Pfanne gebratenen Hering. Typisch für Amager ist jedoch, daß man hier zum Beispiel im Fischerdorf Dragør den Hering zusammen mit gehackten Zwiebeln und Apfelstückchen brät und auch etwas Thymian darantut.

Ein beliebtes Essen waren auch dicke Erbsen oder *krukkeærter* (Krugerbsen). Dafür mußte man gelbe Erbsen einen Tag lang einweichen und sie dann in ganz wenig, leichtgesalzenem Wasser kochen. Die Erbsen müssen völlig zerkochen, so daß die Flüssigkeit ganz verschwunden ist und man ein Erbspüree erhält. Vor 400 Jahren kochte man die Erbsen in einem Steintopf zusammen mit dem Schinken im Wasserbad. Daher der Name.

Dieses Erbspüree wurde mit einem Butterflöckchen zusammen mit dem kalten Schinken serviert, und als nächsten Gang gab es Säckchengrütze. Im Alltag bekam man zu den Krugerbsen gekochtes, leichtgesalzenes Schweinefleisch. Wenn man es richtig gut machen wollte, streute man vor ein paar hundert Jahren geriebenen Pfefferkuchen darüber, in neuerer Zeit nimmt man zerkrümelten Honigkuchen. Diese Sitte reicht vermutlich weit zurück. Jedenfalls war es bereits im 16. Jahrhundert in den höheren Schichten weit verbreitet, daß man auf verschiedene Gerichte zerstoßenen Pfefferkuchen streute.

Auch bei den Desserts hat das südliche Amager etwas zu bieten.

Amager-boller (Amagerklöße) heißt in neuerer Zeit ein altes Gericht, das man aus zerstoßenem, in etwas Milch eingeweichtem Zwieback macht, der mit Safran, Zucker, Rosinen, vielleicht etwas Zimt und so viel Mehl verknetet wird, daß man mit der Hand aus diesem Teig recht große Klöße formen kann. Nur nicht zu viel Mehl! Man kocht sie in leichtgesalzenem Wasser und ißt dazu heiße Obstsoße.

Die Pfannkuchen von Südamager heißen *lunkens* und erinnern etwas an die Nordschleswiger Pfannkuchen, nur rührt man auf Amager etwas Safran in den Teig. Das verleiht den Pfannkuchen ihre charakteristische gelbe Farbe und einen besonderen Geschmack. Man mischt jedoch kein Pflaumenmus darunter, sondern Teile von eingeweichten Backpflaumen. In der guten alten Zeit wurde eine ganze Backpflaume eingebakken. Denn damals waren die Pfannkuchen doppelt so groß wie jetzt, eher dreimal so groß, erzählte ein alter Fischer aus Dragør, und er hat nicht ganz unrecht. Die Spezialpfannen für Pfannkuchen hatten damals wirklich größere Löcher als heute, wenn sie vielleicht auch nicht dreimal so groß waren.

XIII Sejerø

Am stärksten von allen anderen dänischen regionalen Gerichten unterscheiden sich wohl die *fulskager* (Füllkuchen), wie man sie heute noch auf der kleinen Insel Sejerø zwischen Sjællands Odde und der Halbinsel Røsnæs macht.

Typisch für diese „Fulskager" ist heute, daß sie aus Fleisch oder durchwachsenem Speck bestehen, von einer Schicht Teig umgeben sind und gekocht werden. Den Ursprung des Wortes erklärt der Lokalhistoriker Rasmus Nielsen in seiner Geschichte der Gemeinde, „Sejerø Sogns Historie" (1923) als „gefüllte Kuchen". Das ist wohl möglich, schaut man sich jedoch die ältesten Varianten der „Fulskager" an und vergleicht sie mit gewissen anderen regionalen Gerichten, drängt sich ein anderer Schluß auf.

In älterer Zeit sprach man von *kød og fulskager* (Fleisch und Fulskager), das zu Weihnachten, bei Hochzeiten, Beerdigungen und jeder Art von geselligem Beisammensein gegessen wurde. Die beiden Dinge waren getrennt, was die Bezeichnung eindeutig zeigt. Ein „Fulskage" war ein gekochter Kloß aus Gerstenmehl und Wasser, selten Milch, eventuell mit Rosinen. Das Fleisch war etwas anderes. Dabei konnte es sich um geräucherten Schweinskopf, gepökelte Rippchen, durchwachsenen Speck, Bratwurst, gepökeltes und geräuchertes Hammelfleisch, Hammelrollwurst und geräucherte Gänsewurst handeln, was alles zusammengekocht und mit „Fulskage“ serviert wurde, oft auch noch mit gekochtem Weißkohl und vielleicht Mohrrüben, später dann auch noch mit gekochten Kartoffeln. „Fulskager“ müssen also ursprünglich eine Art Beilage gewesen sein. Da mehrere Sorten Fleisch nur bei festlichen Anlässen auf den Tisch kamen und in keiner Quelle in diesem Zusammenhang Brot erwähnt wird, darf man wohl vermuten, daß die „Fulskager“ hier die sättigende Aufgabe des Brotes übernehmen mußten und zugleich etwas Vornehmes darstellten, weil sie nicht aus Roggenmehl gemacht wurden. Etwas Ähnliches findet man in Hvetbo in Vendsyssel, wo der Füllbraten teils aus Fleisch, teils aus „fulling“, das heißt Füllung, besteht. Es liegt durchaus nahe, das Wort „fulskage“ zu „fulling“ in Beziehung zu setzen.

Alles spricht also dafür, daß die heutigen „Fulskager“ aus großen Mehlklößen entstanden, den sogenannten deutschen Klumpen, wobei es dann irgendeinem Sejerøbewohner eingefallen ist, den Teig zu pressen und in dünne Scheiben zu drücken, um danach Fleisch darin einzuwickeln und das Ganze zu kochen. Diese Zubereitungsmethode hat einleuchtende Vorteile: Der Teig beschützt das Fleisch, so daß Saft und Kraft nicht im Wasser verschwinden, und zugleich nimmt der Teig etwas vom Geschmack des Fleisches und der Gewürze an. Ähnliches gab es bereits im Italien der Renaissance, etwa mit den Ravioli und Tortellini. Mit diesen raffinierten Gerichten haben die „Fulskager“ allerdings absolut nichts zu tun. Sie scheinen eine ureigene Erfindung der Sejerøbewohner zu sein.

Noch heute ißt man auf Sejerø zu Alltagsgerichten „Fulskager nach alter Art“. Das sind flachgedrückte Klöße, heute jedoch erheblich kleiner als früher, mit einem Durchmesser von fünf bis sechs Zentimetern und etwa eineinhalb Zentimeter hoch. In der Regel enthalten sie auch Rosinen. Da man während des Zweiten Weltkriegs nicht genug Gerstenmehl hatte, ging man zu einer Mischung aus Haferflocken und Weizenmehl über, und das hat man beibehalten. Die Sejerøbewohner schwören heute auf Haferflocken und Weizenmehl. Diese etwas flachen, ungefüllten „Fulskager“ ißt man mit Blutwurst und zusammen mit gebratenem oder gekochtem durchwachsenem Speck, gebratenen oder gekochten Rippchen oder anderem Schweinefleisch und schließlich auch noch zu Speckeierkuchen, dann allerdings ohne Rosinen.

„Fulskager“ mit eingebackenem Speck gibt es in mehreren Ausführungen. Man nimmt gesalzenen oder geräucherten Speck, durchwachsenen oder sogar reinen Speck, leichtgesalzene Lungenwurst oder Bratwurst, die man in kleinere Stücke schneidet und in die dünnen Teigflächen einrollt. Als Leckerbissen gilt bei einigen Leuten sogar in Stücke geschnittenes und in Salz getauchtes Flomenfett. Fett müssen diese „Fulskager“ nämlich sein, und viele mögen sie salzig. Sie heißen deshalb auch *saltfulskager*, manchmal auch *lange fulskager*, wenn man sie statt rund länglich formt. Offenbar darf die Füllung nicht aus einem Stück bestehen, vermutlich wollte man sicher sein, daß sie auch wirklich gar wurde.

Früher benutzte man häufig Hammelfleisch, heute ausschließlich Schweinefleisch. Es muß sehr fett sein, denn der fertige „Fulskage“ muß in dem schützenden Teig im Fett schwimmen. Wenn man das Fleisch kauft, muß man immer sagen, wofür man es braucht. Wenn der Fleischer kein richtig fettes Fleisch hat, dreht er manchmal noch durchwachsenen Speck oder reinen Speck mit durch die Maschine; es schadet auch nichts, wenn er leichtgesalzen ist.

400 Gramm fettes Schweinefleisch recht grob hacken, mit eineinviertel Teelöffel Piment, einem viertel Teelöffel getrocknetem Thymian, einem Teelöffel Salz, einem Teelöffel geriebenen Zwiebeln sowie einer ordentlichen Prise frischem schwarzem Pfeffer verkneten. Der Fettgehalt des Fleisches macht kräftiges Würzen notwendig. Die Mischung so lange

kühlstellen, bis man sie mit der Hand zu kleinen, gleichmäßigen Kugeln rollen kann, die etwas kleiner sein müssen als eine Walnuß. Danach die Kugeln wieder kühl stellen, bis sie so fest sind, daß man den Teig herumrollen kann. Kühlschranktemperatur ist gut.

Mit dem Teig muß man auch rechtzeitig anfangen. Zwei Deziliter Haferflocken werden drei bis vier Stunden in zwei Deziliter Wasser eingeweicht, danach verknetet man das Ganze mit 250 Gramm Mehl und einem Teelöffel Salz. Die Haferflocken müssen völlig zerquetscht sein, so daß der Teig ganz glatt wird. Vielleicht benutzt man am besten einen Rührstab.

Den Teig ebenfalls zu Kugeln rollen, in der Größe der Fleischbällchen. Dann kommt man zum schwierigsten Teil des Prozesses, allerdings nur, wenn man Anfänger ist. Man preßt eine Teigkugel mit der Hand dünner, zieht sie in eine längliche Form, nicht zu dick und überall gleich dick. Man legt eine Fleischkugel in die Mitte, faltet den Teig zusammen und rollt das Ganze erneut zu einer Kugel.

XIV Omø und Agersø

Die beiden kleinen Inseln Omø und Agersø im südlichen Teil des Großen Belts sind von den Küchentraditionen her eng mit den übrigen größeren und kleineren Inseln im südlichen Dänemark, das von Alsen bis Møn reicht, aber auch mit Seeland verbunden.

Ihre Küche unterscheidet sich vor allem im Hinblick auf die Fischgerichte. Auch heute noch ißt man Aalsuppe mit verschiedenen Gemüsen, mit Backpflaumen und Äpfeln, mit Mehlklößchen und dem süßsauren Geschmack von Essig und Zucker. Suppe aus Makrele, Hering und Scholle wird ähnlich zubereitet, und auch hier findet man gekochten Dorsch mit Speckwürfeln und gebratenen Aal mit Apfelmus sowie anderen Bratfisch mit Apfelmus, vor allem gebratenen Hering.

Man ißt den Fisch jedoch auch mit einer anderen Beilage, die sonst nicht sehr bekannt ist, nämlich gebratenen Hering, Makrele, Aal, Scholle und Flunder mit eingelegtem Portulak. Das war bis zu Beginn unseres Jahrhunderts üblich, heute baut man allerdings keinen Portulak, das ist Bürzelkraut, mehr an.

Üblich war früher auch gekochter Salzaal, den man auch heute noch findet, entweder mit Senf oder, zu festlicheren Anlässen, in Meerrettichrahm. Dazu ißt man Schwarzbrot.

Seehase kennt man auch an anderen dänischen Küsten, doch auf diesen beiden Inseln im Großen Belt gehört er zu den bevorzugten Fischen, und im Unterschied zu anderen Gebieten gibt man ihm hier oft einen Senfgeschmack.

Ansonsten ist über diese Insel nicht sehr viel zu bemerken, vielleicht nur noch, daß man auf Agersø die Festsuppe nicht nur mit Mehlklößchen und Fleischklößchen kochte, sondern auch mit Rosinen oder Backpflaumen. In manchen Haushalten tut man das im übrigen heute noch.

Auf beiden Inseln ißt man zum Kaffee oder auch als Abschluß einer Mahlzeit sehr gern einen Obstkuchen. In ein gut eingefettetes, feuerfestes Gefäß legt man eine Schicht in Butter und Zucker geröstetes Semmelmehl, darüber eine Schicht Obst und als Abschluß eine neue Schicht aus geröstetem Semmelmehl mit Butter und Zucker. Das Ganze läßt man etwa eine halbe Stunde bei 175° Celsius im Ofen backen und ißt es dann mit Schlagrahm und Obstgelee.

Zu diesem Kuchen eignen sich fast alle Obstsorten, also nicht nur Äpfel, sondern auch Birnen, Stachelbeeren, Rhabarber, Pflaumen, Erdbeeren und Himbeeren. Das Obst wird zunächst in etwas Wasser und einer passenden Menge Zucker gekocht. Größeres Obst, wie Birnen und Äpfel, werden selbstverständlich zuerst in kleinere Stücke geschnitten, was auch für die entkernten Pflaumen gilt. Das Obst darf nicht zu reif sein und nicht verkochen. Man muß die Stücke beim Essen noch zwischen den Zähnen spüren, es darf außerdem nicht zu flüssig sein.

XV Bornholm

Der liebe Gott, die Geschichte, in erster Linie aber die Starrköpfigkeit der Bornholmer haben Bornholm im Verhältnis zu dem Land, zu dem es gehört, ziemlich ungeschickt plaziert. Sein nächster Nachbar ist im Nordwesten Schweden, die beiden zweitnächsten sind Polen und Deutschland nach Süden, und dann erst kommt das „Mutterland" Dänemark, wo der erste Berührungspunkt die Ostküste der Insel Møn ist. Unterschiedliche Nachbarn, ein großer geographischer Abstand und ein bis in die jüngste Zeit hinein abgesondertes Dasein kennzeichnen die Kultur der Bornholmer.

Die Bornholmer Küche unterscheidet sich denn auch in gewissen Grundzügen von der im übrigen Dänemark. Deutlich ist die Verwandtschaft mit dem südlichen Schonen, man ahnt auch die Zusammengehörigkeit mit den deutschen Küsten, und die Verbindung zu Møn und Ostseeland ist ganz deutlich. Man findet auf Bornholm nicht die Küchentraditionen eines einzelnen Landes, sondern einfach Ostseetraditionen.

Die isolierte Lage, besondere Bodenverhältnisse und der Fischreichtum in den umliegenden Gewässern bilden den Hintergrund der Eßgewohnheiten auf der Felseninsel.

Fisch war schon immer ein wichtiger Bestandteil der Ernährung. Selbst in Bauernfamilien aß man bis in unser Jahrhundert hinein mehr Fisch als Fleisch. Die Bauern fischten auch selbst, oder sie hatten, wenn sie im Inneren der Insel wohnten, einen festen Heringslieferanten. Die Ärmsten sahen nur selten Fleisch, sie lebten von Brot, Kartoffeln, Erbsen und Fisch, und ihr Roggenbrot war meist nicht aus reinem Roggenmehl. J. Chr. Urne, der von 1740 bis 1778 Amtmann auf Bornholm war, erzählt in seiner Beschreibung von Bornholm, daß Wicken zu Mehl gemahlen und mit dem Roggenmehl vermischt wurden, und noch bis in die Mitte des letzten Jahrhunderts mußten viele Leute beim Brotbacken ganz einfach Roggenmehl mit Mehl aus Wicken oder Erbsen mischen.

Einen starken Gegensatz zu dieser Armut und Genügsamkeit, die für die meisten Familien kennzeichnend waren, bildet der Überfluß an Obst, den man in einigen Gärten finden konnte. Neben den üblichen Obstsorten baute man dort verschiedene Südfrüchte an. Bereits Urne erwähnt Aprikosen, Pfirsiche, Maulbeeren und Weintrauben. Noch bis etwa 1950 konnte man in vereinzelten Haushalten Aprikosen- oder Pfirsichmarmelade und eingelegte Feigen aus eigenem Gartenobst anbieten.

Zur Alltagskost der Bornholmer gehören in erster Linie Hering, Dorsch und Lachs. Der Hering dominiert seit dem Mittelalter, als man sehr viel davon fing und ihn sowohl für den eigenen Verbrauch als auch für den Export pökelte.

Der Bornholmer Hering hat eine ausgezeichnete Qualität, er ist ziemlich klein und hat recht feines Fleisch. Die Größe kann allerdings etwas wechseln. Ende der sechziger Jahre wurde er ein bißchen größer, was den Fischern ziemlich viel Sorge bereitete. Einige meinten, hier habe sich eine neue Art durchgesetzt, andere waren der Auffassung, daß sich die Nahrung des Herings in diesem Teil der Ostsee gewandelt habe, und auch der Umweltverschmutzung gab man die Schuld. Der Grund war jedoch, daß 1964 ungewöhnlich viele Heringe im Herbst laichten, 1967 ausgesprochen viele im Frühjahr, wohingegen die folgenden Jahrgänge zahlenmäßig recht klein waren, so daß sie sich nicht durchsetzen konnten. Alte Heringe aber sind das gleiche wie große Heringe.

Die gepökelten Heringe, die im modernen Dänisch *spegesild* heißen, nennt man auf Bornholm noch immer *saltsild* (Salzhering), wie früher auch in Nordseeland und an anderen Orten. Zum Pökeln benutzt man die im Herbst laichenden Heringe. Man trennt den Kopf ab, nimmt die Eingeweide heraus und legt den Hering in Salz ein. Wichtig ist, daß alle Heringe von Salz oder der allmählich entstehenden Salzlake umgeben sind. Fehlt das Salz zwischen zwei Heringen, können sie anfangen zu verrotten.

In vielen Bornholmer Haushalten steht im Schuppen oder im Keller ein Eimer Heringe für den Winter, was im Vergleich zu früheren Zeiten, als man den Salzhering tonnenweise aufbewahrte, nur noch ein bescheidener Vorrat ist.

Die Bornholmer bereiten ihren Salzhering ganz unterschiedlich zu. Eine ältere Art und Weise ist die *saltsildesuppe* (Salzheringsuppe), eine andere in der Glut gerösteter Hering, *ristet saltsild.*

Hering in der Glut zu rösten ist eine alte und bekannte Methode, die man auf Bornholm allerdings schon frühzeitig systematisierte und für die man besondere Geräte benutzte. Das älteste dieser bekannten Geräte ist ein Holzspieß mit zwei Armen, ein *sijllakrakk.* Der letzte Teil des Wortes kommt vermutlich aus der Bauernsprache. Ein „krakk“ (im schwedischen Dialekt „krake“) war ein Zweig oder dünner Baumstamm mit fast ganz abgehauenen Seitenästen. An den kurzen Stümpfen hing man verschiedene Feldfrüchte zum Tocknen auf, zum Beispiel Erbsen oder auch Saatgut. Von diesem „krakk“ kommt *krakka sijll,* was soviel heißt wie gerösteter Hering am Spieß. Vielleicht hingen die Heringe senkrecht. Um 1800 ging man zu Eisenspießen mit drei bis vier Armen über, einem *sijllaspidd*, und im Laufe dieses Jahrhunderts führte man dann ein *krakkejern* oder *sildekrak* ein, eine Art Heringseisen, das in den Haushalten, in denen man auch heute noch Hering in der Glut röstet, noch immer benutzt wird.

Holz- und Eisenspieße waren für das Herdfeuer berechnet; vermutlich waren es die neuen gußeisernen Öfen und Küchenherde, die die Bornholmer das neue Gerät entwickeln ließen, das mit einem Spieß eigentlich nichts mehr gemein hat. Hergestellt wurde es vom Schmied am Ort. Die Bezeichnung „krakkejern“ kommt vermutlich von dem Wort „pandejern“, was Bratpfanne bedeutet, da man das „krakkejern“ auch in einen Backofen oder in einen Kachelofen schieben kann. Es besteht aus einer runden Eisenplatte, aus der in der Mitte eine Stange emporragt, die oben einen Ring trägt, an dem man das Gerät halten kann. An der Unterseite der Platte befinden sich einige Haken. Daran hängt man die Heringe immer zwei und zwei auf, die Schwänze nach unten, und läßt dann die Heringe an der Platte im Ofen über der Glut hängen. Das nennt man auch „krakke sild“, das Ergebnis dementsprechend *krakket sild.*

Die Glut muß dabei sehr klar und stark sein, und der Hering darf nicht zu lange hängen. Die Haut muß knusprig sein und eine dunkle goldene Farbe haben, sie darf auf keinen Fall angekohlt sein. Das Brennmaterial trägt zum Geschmack bei, und die meisten behaupten, Holzkohle aus Erle oder Wacholder sei am besten. Für akzeptabel hält man auch Buche und Kirsche. Sogar trockenes Kirschlaub hat man benutzt und in Ermangelung eines Besseren auch auf Heide zurückgegriffen.

Heute wässert man den Hering im allgemeinen acht bis zehn Stunden, obgleich man immer noch ältere Leute findet, die den Hering am liebsten direkt aus der Salzlake nehmen, so wie das früher üblich war. Die Heringe werden ausgenommen, die Gräten läßt man allerdings drin. Dann röstet man den Fisch mit einem „sildekrakker“ über der offenen Glut, wenn man so etwas noch hat, andere benutzen Gas oder „grillen“ im elektrischen Backofen, was unweigerlich ein völlig anderes Resultat ergibt. Nur beim Rösten über der Glut erhält man den charakteristischen Geschmack, weshalb ein Gartengrill auch allemal besser ist als ein elektrischer Backofen.

Diesen Hering findet man allmählich nur noch selten, sicher weil es mit der offenen Glut immer schwieriger wird, üblich ist dagegen noch immer *saltstegt sild.*

Saltstegt sild heißt eigentlich *stegt saltsild* (gebratener Salzhering). Man wälzt den Hering in Mehl und brät ihn in Schweinefett oder Margarine in der Pfanne. Früher benutzte man Roggenmehl, heute vorzugsweise Weizenmehl.

Was ißt man denn nun zum gebratenen Salzhering? Hier sind sich die Leute nicht einig. Einige Bornholmer behaupten, das Richtige seien ein Schmalzbrot, Rote Bete und Senf, andere meinen, es sei absolut verkehrt, wenn man dazu nicht auch noch gebratene Zwiebeln vorgesetzt bekomme.

Eine andere Möglichkeit ist gebratener Salzhering mit Sauerrahm und gehacktem Schnittlauch. Heute lassen nur noch die wenigsten Leute Rahm sauer werden, aber hier kann man sich schnell mit etwas Essig behelfen. Vier Teelöffel Essig auf ein Liter Rahm, das Ganze warm stehen lassen, ab und zu umrühren, und im Laufe weniger Stunden hat man einen dicken Sauerrahm.

Man findet heute mit gebratenem Salzhering auch warmes Rührei und gebratene Zwiebeln. Diese Kombination wurde um 1950 von einer Kochfrau erfunden und machte später in vielen Haushalten Schule.

Gebratener Salzhering gehört bei festlichen Anlässen zu jedem ordentlichen kalten Buffet. Als Zwischenmahlzeit trinkt man ein Bier dazu. Man bekommt ihn in fast allen Restaurants der Insel. Die teureren Restaurants führen ihn zwar selten auf ihrem Bestellzettel für Smørrebrød, können ihn aber in der Regel schon auf den Tisch bringen, wenn man ihn bestellt.

Ißt man ihn als Hauptgericht, dann braucht man zum gebratenen Salzhering Kartoffeln und Soße. Entweder eine weiße, aufgebackene Milchsoße, eventuell mit Zwiebeln, oder eine süß-saure Soße aus Mehl, Fettstoff und Kartoffelwasser sowie etwas Essig und Zucker. Viele Leute mögen lieber braune Zwiebelsoße, bei der man statt Essig und Zucker gebratene Zwiebeln benutzt.

Den Salzhering ißt man aber auch noch anders, nämlich in der in Dänemark üblichsten Art: gewässert, entgrätet und ohne Haut. Dieser Salzhering wurde früher nicht mariniert, sondern sofort gegessen, und zwar fast ohne jeglichen Zusatz. Man konnte den Geschmack durch Sauerrahm etwas mildern, tat das früher aber nicht sehr häufig. Dafür schneidet man die gewässerten und entgräteten Heringe in kleine Stücke und mischt sie mit Sauerrahm, gehacktem Schnittlauch oder Schalottenzwiebeln. Dazu ißt man Schmalz- oder Butterbrote oder auch gekochte Kartoffeln.

Früher mochte man es kräftig und aß Senf und grobgehackte Zwiebeln dazu. Manche Leute machten auch eine Tunke aus Essig, Pfeffer und gehackten Zwiebeln oder eine Mischung aus Essig, Pfeffer und gehacktem Schnittlauch oder gehackten frischen Zwiebelspitzen. Damit nähert man sich dann der in Dänemark am besten bekannten Zubereitungsart, dem marinierten Hering.

Bis Ende des letzten Jahrhunderts war *vindtørret sild* (windgetrockneter Hering) neben dem Salzhering im Winter Alltagskost. Die Heringe wurden ausgenommen, man trennte die Köpfe ab, schnitt den Bauch auf und legte sie eine Zeitlang in Salz, um sie danach bei trockenem Wetter in Wind und Sonne hängen zu lassen, bis sie ganz trocken waren. Man briet sie in der Pfanne oder röstete sie in der Glut, und selbstverständlich gehörte auch Senf dazu. Die Bornholmer haben im Laufe der Zeit erhebliche Mengen Senf konsumiert.

GERICKE

FORRETTER

Salat m/brisler-kalv, svampe og krydderurter, linser og bønner	80,-
Fjerkræ-salat m/forskellige, grønne salater og krydderurter	65,-
Marineret, okse-lårtunge m/ skaldyrsfrikasse	75,-
Hummer-rejegratin m/grøntsager	80,-
Assiette m/salat. Fisketatar. Marineret og pocheret fisk – basilikum	80,-
Lakserulle m/tatar og salat	70,-
Fyldt vagtel m/sellerisalat	65,-
Krabberisotto m/marineret grønsager	65,-

SUPPER

Rejebisque m/små lakseboller	55,-
Hummersuppe m/kørvel og esdragon	65,-
Spinatsuppe m/sprøde kartofler og lakserogn	50,-
Indonesisk grønsagssuppe	45,-

FISK

	Forret	Hovedret
Laksefyldt ising m/sauce mousseline og rogn	65,-	110,-
Stegt og dampet havtaske m/glaseret selleri og krydderurter	85,-	135,-
Fyldt dampet laks m/kørvelsauce – tomat	65,-	130,-
Braisseret pighvar m/peberrod og grøntsager – jordskoksalat	95,-	155,-
Assiette m/sæsonens fisk og skaldyr	95,-	155,-

(Derudover, spørg venligst, hvad vi kan tilbyde af de fisk og skaldyr, der for tiden er på markedet)

KØDRETTER

Kalvekam m/kolde og varme grøntsager, kartoffel og sky	135,-
Braisseret lam m/brisler, krydderurter og timiankartofler	155,-
Oksekam m/små, fyldte kartofler – jordskoksalat	135,-
Dampet og stegt kalkun m/honningkartofler og marineret grønt	125,-
Vildtmarineret nakkefilet m/æbler, kanel, allehånde m.m.	130,-
Perlehøne m/farseret lår – krydderkartoffel	135,-

Derudover i sæsonen: Fugle og dyrevildt.
(Til alle hovedretter hører to kolde og en varm garniture, der fremstilles efter dagens udbud på torvet.)

DESSERTER

Chokoladetimbale m/abrikos	40,-
Frugttærte m/skumis	50,-
Hindbær- og jordbærbavarois m/vanille	40,-
Æble-makronkage m/vanilleis	40,-
Nougatrulle m/frugtkompot	45,-
Hasselnøddekage m/syltet appelsin	45,-
Valnøddecreme m/blåbær – nougatis	45,-

Her er eksempler på menuer, vi kan sammensætte:

MIDDAGE:

1. Salat m/kalv – brisler, svampe, krydderurter
2. Rejebisque m/små lakseboller
3. Vildtmarineret nakkefilet m/æbler og kanel
4. Hasselnøddekage m/syltet appelsin 310,-

eller

1. Assiette m/fisketatar samt marinerede og pocherede fisk
2. Marineret and m/orientalske krydderier og farserede lår
3. Explorateur (ost) m/solbærkompot og ristet, groft rugbrød
4. Chokoladetimbale m/abrikos 295,-

"Happere" – specielt velegnet til receptioner og små buffet'er:

Marinerede rejer
Små lakseruller
Potatoskin m/laksetatar og -rogn
Indbagt hummerpostej
Fyldte champignon
Gravad og marineret laks og sej på crouton
Indbagt tapanada og postej
Kalkunmousse på crouton
Skinkerulle m/andemousse og cornichon
Østers – naturel og fyldte
Saltet og røget okseinderlår m/yoghurt agurk på crouton
Små pier og tærter m/fyld
Nougatrulle
Æblepie m/kanel
Små pandekager m/syltetøj og creme
Hasselnødde petit four

Pr. enhed fra 15,- til 20,-

BUFFETFORSLAG

Lakserulle m/tatar
Gratin af Skagensrejer m/grønsager
Fjerkræsalat m/bønner – svampe
Husets postej m/hjemmesyltet
Ost 175,-

eller

Havtaske m/spinatsalat
Muslingesouffle m/safran
Marineret okse m/yoghurt agurk
Kalkun m/peberrod
Ost
Nougatrulle m/frugtkompot 210,-

BUFFET'ER

Syltet laks/sej m/grønsager
Lakserulle m/tatar
Stenbider i gele m/rogn og grøntsager
Havtaske m/spinatsalat
Marineret laks og sej
Gratin af Skagensrejer m/grøntsager
Muslingesoufflé m/safran
Østers – naturel og fyldte
Fyldte isinger m/spinatcreme
Fjerkræsalat m/bønner – svampe
Pocheret og marineret skinke m/salat
Marineret okseinderlår m/yoghurt-agurk
Husets postejer m/hjemmesyltet
Frikassé af fjerkræ m/rejeboller

Varmt:
Derudover valg mellem okse, kalv, kalkun, skinke, vildsvin eller lam m/tilbehør.

3 ting + ost eller dessert	150,-
4 ting + ost eller dessert	175,-
5 ting + ost eller dessert	210,-
6 ting + ost eller dessert	235,-

Spørg efter sandwich og smørrebrød

Spørg efter månedens menuer, grønne menuer, buffeter og andre sæson tilbud.

Ret til prisændringer forbeholdes.

GERICKE I GENTOFTE

Selskaber kan leveres med vin og kok, tjenere og service eller kan bringes eller afhentes.

De kan sammensætte netop Deres menu på f.eks. 3 eller 4 retter.

De kan også vælge forret og dessert alene – eller vi leverer hovedretten alene.

Disse forslag er idegrundlag, udover dette kan vi tale os frem til individuelle menuer.

Vegetar- og diabetikerretter tilberedes (økologiske råvarer)

NB: Venligst giv os lidt tid til at forberede Deres menu minimum dagen før De ønsker middagene tilberedt.

Til gengæld kan De bestille helt ned til 6 kuverter.

GERICKE

Gentoftegade 32 · 2820 Gentofte · Tlf. 31 65 39 72
Telefax 31 65 68 72

Individuelle bestillinger modtages

49 Søren Gerickes Catering-Firma für Außerhausverpflegung bietet Bestes.

50 Søren Gericke – unser Autor – in seiner Küche.

Frederiksberg

Alle priser er inclusive MOMS

SMØRREBRØDSANRETNING

– midt imellem de to Rådhuspladser –

GL. KONGEVEJ 109 . 1850 FREDERIKSBERG C . TELF. *31 21 12 02

Platter .... 85,00 - 65,00	
Luxus-smørrebrød (uspecificeret)	24,50 / 25,50
Uspecificeret SELSKABSSMØRREBRØD	23,50 / 22,50
LUXUS-SNITTER	19,00
SELSKABS-SNITTER	18,00 / 17,00
SALT-SNITTER	10,75
Uspecificeret (ikke så højt belagt) SMØRREBRØD TIL UDFLUGTER	13,50 / 16,75
Canapeer	12,00 / 8,00
Sandwiches	7,50 / 5,00
Pindemad	7,50

KØD OG FLÆSK

Ribbensteg m. asie og rødkål	21,50
Flæskesteg m. rødbede og rødkål	21,00
1 gang håndskåret flæskesteg m. rødkål rødbede og 2 stk. brød m. smør	30,00
Svinekam m. æbler og rødkål	22,50
Svinemørbrad, udsk., m. æbler og svedsker	35,00
1 lille mørbrad m. løg og agurk	33,00
Roastbeef m. remoulade og sky	21,00
Roastbeef m. peberrod, pickles og oliven	21,00
Roastbeef m. kartoffelsalat	21,00
Roastbeef m. agurkesalat	21,00
Roastbeef m. spejlæg	22,00
Engelsk bøf m. løg og asie	23,00
Engelsk bøf m. spejlæg	24,00
Dansk bøf m. løg	19,50
Dansk bøf m. spejlæg	20,50
Oksebryst, fersk, m. peberrod og pickles	21,00
Oksebryst, fersk, m. peberrod og benfri sild	21,00
Oksebryst, sprængt, m. peberrod og pickles	21,00
Oksebryst, sprængt, m. peberrod og agurk	21,00
Tunge m. italiensk salat	21,50
Tunge m. mayonnaise	21,50
Tunge m. peberrod	21,50
Tunge m. spejlæg	22,50
Hamburgerryg m. italiensk salat	22,50
Hamburgerryg m. peberrodssalat	22,50
Skinke, kogt, m. røræg	21,00
Skinke, kogt, m. italiensk salat	21,00
Skinke, kogt, m. spejlæg	22,00
Skinke, hakket, m. mayonnaise og løg	22,00
Skinke, hakket, m. æggeblomme	24,00
Skinke, ristet, m. spejlæg	24,00
Frikadelle, hjml., m. agurkesalat (sæson)	17,50
Frikadelle, hjml., m. rødkål og asie	17,50
Flæskerullepølse, hjml., m. fedt eller smør	17,00
Flæskespegepølse, hjml., m. fedt eller smør	17,00
Salt kød m. sky, hjml., fedt eller smør	18,25
Tatar m. løg og capers	23,00
Tatar m. pickles og peberrod	23,00
Tatar m. løg, capers og æggeblomme	24,00
Tatar, ristet, m. spejlæg	25,00
Lever, stegt, m. bacon, sky og løg	20,50
Leverpostej, hjml., m. sky og asie	17,50
Leverpostej, hjml., m. ristet champ. og bacon	21,00
Leverpostej, hjml., m. tyndt sk. salt kød (dyrlægens natmad)	21,50
Gåseleverpostej m. trøfler og champignon (dagspris)	

FJERKRÆ

Kylling, friskstegt, m. gelé og surt	21,00
½ kylling m. compot og salat	36,00
Høne m. mayonnaise og asparges	22,50
Andesteg, friskstegt m. æble og rødkål	29,50
½ lunken and m. rødkål og gelé	85,00

SILD

Marineret sild	18,50
Gaffelbitar	18,50
Matjes sild, sukkersaltet	18,50
Østersanchiovis m. æggeblomme	19,50

FISK (fersk og røget)

Rødspættefilet, stegt, m. citron og remoulade	23,50
Rødspættefilet, stegt, m. citron og remoulade, pyntet med rejer	25,50
Sardin i olie, portugisiske	17,00
Sardin i tomat	17,00

FISK OG SKALDYR

Krabber (Chatka) m. mayonnaise	46,00
Rejer m. citron	30,00
Rejer m. mayonnaise	30,00
Laks, fersk røget, Østersø (ikke grønlandsk)	36,00
Laks, gravad	36,00
Laks, kogt, m. mayonnaise	23,00
Ål, røget	33,00
Ål, røget, m. røræg	33,00
Sild, røget, m. røræg	21,00
Sild, røget, m. æggebl., hak. radiser og løg	22,00
Torskerogn, kogt, m. mayonnaise og citron	17,50
Makrel m. mayonnaise	17,50

DIVERSE LUNE RETTER

2 varme frikadeller m. rødkål, asie og 2 stk. brød m. smør	21,00
Lille mørbradbøf m. løg, asie, agurk og 2 stk. brød m. smør	35,00
Lille svinekotelet m. asie, rødbede og 2 stk. brød m. smør	30,00
Lever og 2 stk. brød m. smør	24,50
Varm rødspættefilet og 2 stk. brød m. smør	27,00
Torskerogn, ristet, m. remoulade og 2 stk. brød m. smør	21,50

HJEMMELAVEDE SALATER
med ægte mayonnaise

Hønse salat	19,50
Reje salat	22,50
Frugt salat	17,00
Italiensk salat	17,00
Carry salat	17,00
Råkost salat	15,00
Silde salat	14,00
Sommer salat	14,00

ÆG

Æg m. benfri sild	17,00
Æg m. gaffelbitar	18,00
Æg m. østersanchiovis	18,00
Æg m. hakket skinke og purløg	22,50
2 halve æg m. mayonnaise og rejer	21,00

TOMAT

Æg og tomat	17,50
Tomat m. hakket skinke	22,00
Tomat m. mayonnaise m. hakket løg	18,50
Tomat m. stegte løg og spejlæg	20,00
Tomat m. æggeblomme, capers og løg	20,00

FULDFED OST

Samsø	16,50
Fynbo	16,50
Gl. holstensk m. fedt ell. smør	16,50
Danablue	17,75
Camenbert, ristet franskbrød ell. rugbrød	17,75
Brie, ristet franskbrød ell. rugbrød	17,75

51
Smørrebrød-Zettel
anno 1992.

Frederiksberg Smørrebrøds-Anretning

Gl. Kongevej 109

(ingen Filialer)

Telefoner:
Central 2331
Eva 1415
Eva 1419

Aaben hver Dag hele Aaret
fra Kl. 6 til Kl. 24.

Selskabs-Smørrebrød à 1,00 eller 1,25
Luksus-Smørrebrød à 1,50 eller 1,75

VIGTIGT: De ikke ønskede Priser bedes venligst overstreget.
De i ( ) anførte Beløb er Mindstepriser.

	Mørkt Rugbr.	Lyst Rugbr.	Fransk brød
KØD og FLÆSK			
Ribbensteg m. Asie og Rødkaal			
Flæskesteg m. Rødbede, Asie og Rødkaal			
Flæskesteg m. syltet Agurk			
Svinekam m. Æble og Rødkaal			
Kalvesteg m. Sky og Asie			
Kalvesteg m. syltet Agurk			
Kalvesteg m. Agurkesalat (Sæson)			
Roastbeef m. Remoulade og Sky			
Roastbeef m. Peberrod og Pickles			
Roastbeef m. Peberrod, Pickles og Oliven			
Roastbeef m. Agurkesalat (Sæson)			
Engelsk Bøf m. Løg og Asie (1,50)			
Engelsk Bøf m. syltet Agurk (1,50)			
Engelsk Bøf m. Spejlæg (1,75)			
Oksebryst, fersk, m. Peberrod og Pickles			
Oksebryst, fersk, m. Peberrod og Remoul.			
Oksebryst, fersk, m. Peberrod og benfri Sild			
Oksebryst, sprængt m. Peberr. og Pickles			
Oksebryst, sprængt m. Peberrod og Agurk			
Oksebryst, sprængt m. Peberr. og Andef.			
Tunge m. italiensk Salat			
Tunge m. Remoulade			
Tunge m. Mayonaise			
Tunge m. Peberrod			
Tunge m. Spejlæg (1,75)			
Hamburgerryg m. Peberrodssalat			
Skinke, kogt, m. Røræg			
Skinke, kogt, m. italiensk Salat			
Skinke, kogt, m. Spejlæg (1,50)			
Skinke hakket m. Æggeblomme (1,50)			
Bacon, risfet m. Spejlæg (1,25)			
Frikadelle, hjemml. m. Agurkesalat (Sæs.)			
Frikadelle, hjemmel. m. Rødkaal og Asie			
Flæskerullepølse, hjemml., Fedt el. Smør			
Okserullepølse, hjemml., Fedt el. Smør			
Lammerullepølse, hjemmel., Fedt el. Smør			
Flæskespegepølse, hjemmel., Fedt el. Smør			
Saltkød m. Sky, hjemmel., Fedt el. Smør			
Tartar m. Løg og Capers (1,15)			
Tartar m. Pickles og Peberrod (1,15)			
Tartar m. Løg, Capers og Æggebl. (1,50)			
Tartar ristet m. Spejlæg (1,50)			
Lever, stegt m. Flødesauce			
Lever, stegt m. Bacon, Sky og Løg (1,50)			
Leverpostej, hjemmel. m. Sky og Asie			
Leverpostej, hjemmel. m. 2 Østersanch.			
Leverpostej, hjemmel. m. rist. Champ. (1,50)			
Leverpostej, hjemmel. m. tyndt skåret Saltkød (Dyrlægens Natmad)			
Gaaseleverpostej m. Trøfler og Champ. (Dagspris)			
FJERKRÆ			
Kylling, friskstegt m. Gele og Surt (1,75)			
Gaasesteg, friskstegt m. Æble og Rødkaal (Dagspris)			
Andesteg, friskst. m. Gele og Rødk. ( ) (Dagspris)			

	Mørkt Rugbr.	Lyst Rugbr.	Fransk brød
DIVERSE VARMT 2,50			
Lille Svinekotelet m. Asie, Rødbede og 2 Stk. Brød m. Smør			
1 Gang haandsk. Flæskesteg m. Rødkaal Rødbede og 2 Stk. Brød m. Smør (2,00)			
Lille Wienerschnitzel m. Citron og benfri Sild			
1 Stk. Lever m. 2 Stk. Brød m. Smør (1,75)			
Lille engelsk Bøf m. Spejlæg			
HJEMMELAVEDE SALATER m. ægte Mayonaise 1,00			
Hummer Salat (1,25)			
Reje Salat (1,25)			
Frugt Salat			
Italiensk Salat			
Carry Salat			
Fransk Salat			
Raakost Salat			
Russisk Salat			
Peberrod Salat			
Hønse Salat			
Silde Salat			
Sommer Salat			
Sildesalat m. Spejlæg			
ÆG á 0,85 ell. 1,00			
Æg m. benfri Sild			
Æg m. Gaffelbitar			
Æg m. Østersanchiovis			
Æg m. Sky og Peberrod			
Æg med Remoulade			
Æg m. hakket Skinke og Purløg			
Æg m. Mayonaise			
2 halve Æg m. Mayonaise (1,25)			
TOMAT à 0,85 ell. 1,00 (Sæson)			
Æg og Tomat			
Tomat m. hakket Løg			
Tomat m. hakket Skinke			
Tomat m. Røræg			
Tomat m. Mayonaise			
Tomat m. stegt Løg og Spejlæg			
Tomat m. Æggebl., Capers og Løg (1,25)			
SILD à 0,75 ell. 0,85			
Marineret Sild			
Gaffelbitar			
Matjes Sild, sukkersaltet			
Østersanchiovis			
Østersanchiovis m. Æggeblomme			
FULDFED OST á 0,75 ell. 0,85			
Samsø			
Fynbo			
Gl. holstensk			
Gl. holstensk m. Andefedt			
Danablu			
Micella			
Camenbert, rist. Franskbr. eller Rugbrød			
Brie, rist. Franskbrød eller Rugbrød			

52
Smørrebrød-Angebote im Jahre 1953.

53 Die Brauerei-Elefanten von Kopenhagen.

54 Carlsberg-Bier – weltweit durstlöschend.

55 Nostalgisch – Biertransport in der Metropole.

56 Man muß wissen, was man kauft.

57 Bio-Käse vom Smidstrupgård.

58 Hier bekommt man biodynamisches Gemüse.

59 Frischer grüner Spargel.

60 Hopfenanbau.

61 Wir sind Öko-Schweine.

62 Kühe werden zum Melken heimgetrieben.

63 Typisch östjütische Moränenlandschaft
mit fruchtbaren Feldern.
© Danmarks Turistråd

64 Und allüberall das Meer – Dänemarks zweite Speisekammer.

Die windgetrockneten Heringe sind heute ganz verschwunden, der *røget sild* (Bückling) kommt dagegen immer noch auf den Tisch der Bornholmer und ist ein Exportschlager. Vor allem Kopenhagen nimmt viele „geräucherte Bornholmer“ ab.

Hering räuchert man auf Bornholm jedenfalls seit Mitte des 18. Jahrhunderts, doch erst ein Jahrhundert später wurde daraus ein kommerzieller Warenhandel, nämlich als die Leute „drüben“ Geschmack an dieser Delikatesse entwickelten. Zunächst räucherten die Fischer, ihre Frauen und Kinder den Hering in primitiven Räuchereien. In der Mitte des 19. Jahrhunderts gab es allein in Gudhjem 50 kleine Familienräuchereien. Zu Beginn der siebziger Jahre unseres Jahrhunderts war davon nur noch eine übrig, und diese eine kann nur arbeiten, weil die Behörden eine Ausnahmegenehmigung erteilt haben. Eigentlich hätte sie längst zumachen müssen, weil der Raum nicht hoch genug ist. All die anderen Räuchereien in Gudhjem arbeiten nicht mehr. Die vielen weißgekalkten Räuchereischornsteine, die dieser kleinen Stadt ihre eigentümliche Silhouette verleihen, sind nur noch zum Schmuck und zur Freude der Touristen da. Inzwischen sorgen große Industrieräuchereien für die Produktion von Bückling.

Bornholmer Heringe werden im allgemeinen nur von Anfang Mai bis Anfang Oktober geräuchert, und oft erfährt der Prozeß auch im Sommer noch eine Unterbrechung, weil es dann zeitweilig nicht genug Heringe gibt und die Heringe nicht so fett sind, daß sie sich zum Räuchern eignen. Andere dänische Räuchereien liefern zwar fast das ganze Jahr über Bücklinge, aber die Bornholmer Räuchereibesitzer wählen ihren Fisch sorgfältiger aus. Sie wollen gute, fette Heringe.

Wenn es um ihren Bückling geht, sind die Bornholmer sehr wählerisch. Sie essen ihn wirklich nur frisch geräuchert. Am liebsten holt man sie warm aus der Räucherei, streut etwas Salz darauf und ißt sie mit Brot. Wenn sie ihre Räucherwärme nach mehr als fünf bis sechs Stunden verloren haben, betrachten die Bornholmer die Bücklinge kaum noch als eßbar.

Deshalb gibt es eigentlich auch nur wenige authentische Bücklingsgerichte. Solange es noch viele kleine Räuchereien auf der Insel gab, konnte es schon mal passieren, daß eine Familie zu viele Bücklinge hatte und sie nicht absolut frisch geräuchert essen konnte. In solchen Fällen kombinierte man sie mit etwas anderem, so daß man ihnen das Alter weniger anmerkte.

Einige dieser Gerichte macht man heute noch, wenn man Bücklinge hat, deren Haut nicht mehr knusprig und deren Fleisch nicht mehr saftig ist. Dann kann man beispielsweise Bückling mit Blumenkohl machen oder auch Eierkuchen mit Bückling. Dafür entgrätet man den Bückling, zieht die Haut ab und wendet die Bücklingfilets bei starker Hitze in Butter in einer Pfanne. Eier werden mit etwas Mehl und Milch, Salz und Pfeffer verrührt und darübergegossen. Den Eierkuchen läßt man bei schwacher Hitze fertig werden und streut gehackten Schnittlauch darauf.

Öfter sieht man Rezepte für *Bornholmsk biksemad* (wörtlich: Bornholmer Bastelessen), eine Art Resteessen. Offenbar hat man es hier mit einer Restauranterfindung zu tun, die ursprünglich wohl sogar von Bornholmer Restaurants kam. Die Tatsache, daß man den Bückling mit Gurken und Tomaten vermischt, zeigt, daß es sich dabei um eine neuere Erfindung und vermutlich um keine typische Bornholmer Angelegenheit handelt. Aber deshalb kann es ja trotzdem ganz gut schmecken:

Zwiebeln in der Pfanne golden braten, herausnehmen, danach Scheiben von gekochten Kartoffeln und die Filets der Bücklinge im selben Fett anbraten. Dünne Gurken- und Tomatenscheiben hineintun, die Zwiebeln zurücklegen und das Ganze gut heiß werden lassen.

Selbstverständlich essen die Bornholmer auch frischen Hering, und zwar mittags und abends. Sie tun das allerdings nur in der kurzen Zeit, in der der Hering wirklich gut ist. Lieber ißt man einen gesalzenen Herbsthering als einen frischen Winterhering.

Äußerst beliebt ist Brathering. Der Hering wird entgrätet, in Mehl mit etwas Salz und Pfeffer gewälzt – früher Gersten- oder Roggenmehl, heute meist Weizenmehl – und in Fett oder Margarine gebraten. Bis etwa 1920 aßen viele Leute Senf dazu oder gossen Essig darüber und bestreuten den Fisch mit Pfeffer, häufig auch mit etwas Zucker. Allmählich ging man dazu über, Rote Bete zu essen, und heute bekommt man in vielen Familien Rharbarberkompott oder Stachelbeerkompott zum gebratenen Hering, wobei das Kompott auch oft noch mit Zimt bestreut ist.

Diese Zusammensetzung findet man hauptsächlich an der Westküste der Insel, vor allem um Rønne. Auf der anderen Seite ist sie nicht richtig akzeptiert. „Rønne-vornehm" sagt man in Gudhjem von Kompott zu gebratenem Hering. Die Fischer von Gudhjem haben schon immer mit Vorliebe gegen Rønne gestichelt, das durch seine Lage die größte Hafen-, Geschäfts- und Verwaltungsstadt wurde. Die Einwohner von Rønne gelten als versnobt.

Zum gebratenen Hering ißt man heute vorzugsweise braune Zwiebelsoße.

Gern gegessen wird auch *sildebøf* (Heringssteak). Man entgrätet den Hering, dreht ihn durch den Fleischwolf und vermischt das Ganze mit etwas Roggenmehl, Salz und Pfeffer und formt kleine Steaks, die in Mehl gewälzt und gebraten werden. Auch dazu gehört eine braune Zwiebelsoße.

Der gekochte Hering führte immer ein gewisses Schattendasein, die *sildesuppe* (Heringssuppe) dazu verschwand bereits um 1900. Ihre letzte Bastion waren die ausgesprochenen Fischerdörfer, wo man sich nur selten Fleisch leisten konnte, bevor die Häfen gebaut wurden und der Absatz und Export von Fisch eine kommerzielle Grundlage erhielt. Hier mußte man den Hering bis aufs letzte ausnutzen, auch für Suppe. Dabei handelte es sich nun wirklich um ein Arme-Leute-Essen, über das es sogar ein paar kleine Spottverse gibt.

Gekochter Hering war wie gesagt nie besonders beliebt, doch ein älteres Gericht hat sich auf der ganzen Insel gehalten. Man könnte es beinahe als eingelegten Hering bezeichnen, die Bornholmer nennen es jedoch *kogt sild* (gekochten Hering). Ein Dutzend Heringe wird ausgenommen, doch nicht entgrätet. Man packt sie dicht zusammen in einen Topf, gießt eine vorgekochte Lake aus einem Deziliter Essig, einem Deziliter Wasser, zehn schwarzen Pfefferkörnern, zehn Piment, gehackten Zwiebeln und einem halben Eßlöffel Salz darüber, läßt das Ganze bei schwacher Hitze 15 bis 20 Minuten kochen und danach abkühlen. Der Hering sollte bis zum nächsten Tag ziehen.

Den *rullemops* könnte man fast als Variante dieses gekochten Herings bezeichnen. Im übrigen Dänemark sagt man Rollmops, diese Bezeichnung ist natürlich in Deutschland, und im übrigen auch in Holland, besser bekannt. Man versteht darunter rohen, um ein Stück Salzgurke oder ein Stück Zwiebel zusammengerollten Salzhering, der dann in eine Marinade aus Gewürzen und sehr viel Essig, eventuell Zitronenscheiben, gelegt wird. Im Gegensatz zu seinen germanischen Namensvettern ist der Bornholmer Rollmops ungesalzen und gekocht. Rollmops gehört auf Bornholm zu jedem besseren kalten Buffet.

Nach dem Hering ist auch der Dorsch ein beliebtes Alltagsessen. Aber auch hier sind die Bornholmer wählerisch. Am liebsten essen sie nur den Dorsch, der nicht mit dem Netz auf dem Meer, sondern mit einer Angel dicht unter den Bornholmer Klippen gefangen wurde, wo er eine rotbraune Farbe annimmt, sich also der Umgebung anpaßt. Interessanterweise essen die Bornholmer ihren Dorsch nicht so gern frisch, sondern lieber leichtgesalzen, wenn er die Nacht über gelegen hat. Dann heißt er *saltgrøner torsk*. Man mag den salzigen Geschmack. Lieber etwas zuviel als zuwenig Salz, sagen die Bornholmer, wenn es um Dorsch geht.

Der Fisch wird ausgenommen, in Stücke geschnitten, mit Salz eingerieben und 12 bis 18 Stunden kühlgestellt, worauf man die Stücke eine halbe Stunde lang wässert und dann kocht. Das klingt etwas kompliziert, aber so mögen es viele Bornholmer. Ältere Leute sagen, der Dorsch schmecke dann fast wie Klippfisch. Dabei denken sie vielleicht an die ärmeren Zeiten, als man sich einen Wintervorrat aus windgetrocknetem Dorsch anlegen mußte.

Egal, ob man frischen oder leichtgesalzenen Dorsch kocht, in das Kochwasser gehört ziemlich viel Salz, außerdem aber ganze Pfefferkörner, Lorbeerblätter, etwas Essig, vielleicht auch eine Schalottenzwiebel oder zwei. Zum gekochten Dorsch gehört, wie auch sonst in Dänemark, Senfsoße oder aber *Gudhjemmadyppa* (Gudhjemtunke), die besondere Bornholmersoße.

Diese Soße gibt es in mehreren Varianten. Üblich ist folgendes Rezept: 150 Gramm durchwachsener Speck oder reiner Speck – früher leichtgesalzen, heute auch geräuchert – wird gewürfelt, in der Pfanne angebraten, danach gibt man etwa 125 Gramm geschnittene Schalottenzwiebeln hinzu und brät sie mit. Man macht eine Einbrenne oder dickt das Pfannenfett mit etwas Mehl und Fischbrühe an und gibt zum Schluß je nach Geschmack ein wenig Zucker und Essig hinzu.

Früher bekam man zum gekochten Dorsch auch oft noch

flødesennepssovs (Rahmsenfsoße), die heute jedoch nicht mehr weitverbreitet ist.

Gebratene und gekochte Dorschköpfe gelten bei vielen Dänen als Delikatesse. Die Bornholmer haben eine besondere Art der Zubereitung, eine Art milchsautierten Dorschkopf: *imsøda fiskehoud*. Die Köpfe dürfen nicht zu groß sein, am besten von etwa eineinhalb Kilogramm schweren Dorschen. Man entfernt die Augen, säubert die Köpfe und wäscht sie gründlich. Dann wälzt man sie in Roggenmehl, brät sie auf beiden Seiten in Fett oder Margarine, bis sie hellbraun und halb durchgebraten sind. Danach streut man Salz und Pfeffer darüber, gießt Vollmilch an, bis sie bedeckt sind, und bestreut das Ganze mit etwas Weizenmehl. Anschließend läßt man das Gericht bei schwacher Hitze zehn Minuten zugedeckt köcheln und schmeckt es dann mit Salz und Pfeffer ab. Diese leicht angedickte Soße ißt man auch zum Dorsch selbst, wenn man ihn brät. Auf jeden Fall aber muß man den Fisch gesondert braten.

„Im", der erste Teil des zusammengesetzten Wortes, ist das gleiche wie das Hochdänische „em" und bedeutet Dampf. Sicher wollte man damit andeuten, daß die Köpfe teilweise gedämpft wurden. Im übrigen sollte man sich nicht davon beirren lassen, daß man von Fischköpfen spricht. Anderer Fisch taugt nicht. Im älteren Bornholmer Dialekt war „Fisch" nur Dorsch.

Lachs ist auch für die Bornholmer heute ein Luxus. Früher aber konnten ihn sich alle leisten. Man erzählt sich, daß die Knechte, wenn sie sich im letzten Jahrhundert auf einem Hof verdingten, im Vertrag festhielten, daß sie höchstens dreimal in der Woche Lachs essen mußten. Heute klingt das lustig. Früher war Lachs nur ein Fisch wie alle anderen, teuer wurde er erst durch die wachsende Nachfrage. In der Gegend von Randers erzählt man sich das gleiche, auf der Halbinsel Mors galt das auch für Aal, und aus Deutschland kann Søren Kierkegaard 1843 in seinem Buch „Entweder – Oder" erzählen, daß man damals in Hamburg so viel Lachs gefangen hatte, daß die Polizei befahl, man dürfe seinen Dienstboten nur einmal in der Woche Lachs zu essen geben.

Auf jeden Fall stimmt es, daß man in den Fischerfamilien und auf den Höfen bis zur Jahrhundertwende viel Lachs aß, denn die Fischer hatten nicht immer die Möglichkeit, ihren Fang außerhalb der Insel abzusetzen. Man bereitete ihn genauso zu wie Dorsch, aß ihn unter anderem mit Gudhjemstunke.

Heute finden die Bornholmer Fischer für den Lachs, den sie in der Ostsee fangen, genügend Abnehmer, obgleich viele Leute „drüben in Dänemark" lieber grönländischen oder kanadischen Lachs essen, weil der Bornholmer Lachs kein so rotes Fleisch hat. Die meisten Leute sind der Meinung, der rötliche Lachs sei der beste. Über Geschmack läßt sich bekanntlich nicht streiten, betont werden muß jedoch, daß der Ostseelachs einen weicheren Geschmack hat. Er ist nicht so rot wie der atlantische Lachs, weil er weniger Krebstiere frißt, dafür hat er aber auch keinen so kräftigen und fischigen Geschmack.

Fleischgerichte waren auf Bornholm nicht so häufig. Am bekanntesten war wohl *bræjnnesnuda* (wörtlich: Brennschnute), was natürlich darauf anspielte, daß man sich an dem heißen, fetten Gericht den Mund verbrannte.

Ursprünglich war „bræjnnesnuda" eine Fleischsuppe, wie man sie früher im ganzen Land kannte, mit Pökelfleisch, das dann wieder gewässert wurde, mit sehr viel Gerstengraupen und dafür wenig Gemüse und ohne Klößchen. Sie war äußerst sättigend, doch darauf legte man seit der ersten Hälfte des 20. Jahrhunderts fast überall in Europa nicht mehr so viel Wert. Deshalb wurde die „Brennschnute" allmählich immer suppiger und enthielt mehr Fleisch.

Heute ißt man sie also leichter, mit magererem Fleisch und weniger Graupen. Im übrigen aber verschwindet sie langsam, ebenso wie die Weißkohlsuppe und die Gelben Erbsen sonst in Dänemark.

Die Schlachtschüssel unterscheidet sich in der Zubereitung etwas von der anderer Orte. Die Lungenwurst wird noch ungefähr so gemacht wie in Süddänemark. Sie besteht in erster Linie aus Schweinelunge, anderen Schweineinnereien, wie Herz und Niere, Hackfleisch sowie Zwiebeln. Das Ganze wird gehackt und mit kleinen Fettwürfeln, eingeweichten Gerstengraupen, Salz, Pfeffer und Piment verknetet, vielleicht setzt man auch noch andere Gewürze hinzu, danach füllt man die Masse in die schmalen Därme, salzt sie ein paar Tage und kocht sie. Man aß diese Lungenwurst mit Grünkohl, gekochten Erbsen oder später auch mit Mehlschwitzekartoffeln und Rote Bete.

Eine Besonderheit auf Bornholm ist die *ristepølse* (Rostwurst), die man halb aus Schweinefleisch, halb aus Herz, Niere und Lunge macht. Diese Masse verknetet man mit kleinen Speckwürfeln, etwas gehackter Zwiebel, Salz, Pfeffer, gestoßenem Piment und vielleicht auch Ingwer und füllt sie in schmale Därme. Die Würste werden einen Tag gesalzen, zwei Tage geräuchert und dann gekocht. Man brät sie in der Pfanne. Der Name spricht dafür, daß man die Würste vielleicht früher wie den Salzhering in der Glut geröstet hat. Oft bekommt man dazu Spiegelei und selbstverständlich Senf.

Auf Bornholm mag man Gebratenes. *Saltet medisterpølse* (gesalzene Bratwurst) ißt man am liebsten in der Pfanne gebraten, obgleich man sie auch kochen kann. Eine solche hausgemachte Wurst wird 12 bis 14 Stunden gepökelt, 24 Stunden leicht geräuchert und kann sich einige Zeit lang halten. Gebraten ißt man sie in der Regel mit ausgelassener Butter, Senf und Schwarzbrot, aber auch Erbsen, Grünkohl oder Kartoffeln sind akzeptabel, je nachdem, ob man eine vollgültige Mahlzeit haben möchte oder nicht.

Die Zutaten für die *sortpølse* (Schwarzwurst) sind ähnlich wie andernorts: Grobe Gerstenkörner, frisches Schweineblut, Speckwürfel, Zimt und Puderzucker sowie gehackter Schnittlauch, wenn man welchen hat, ansonsten kann man auch Schalottenzwiebeln oder das weiße Ende von Porreestangen nehmen. Schnittlauch oder Porree unterscheidet die Bornholmerblutwurst von der in anderen Landesteilen. Außerdem kochte man sie auch als *krukkepølse* (Krugwurst), und das ist ganz speziell bornholmerisch.

Wenn die Därme nicht reichten, was sie oft nicht taten, weil man sie ja auch für andere Würste brauchte, preßte man nämlich den Rest der Blutwurstmasse in Krüge und bedeckte sie mit einer Flomenschicht oder mit Roggenmehl, wenn man die Flomenhaut schon anderweitig verwendet hatte. Aber Flomen galt als das Beste. Das Fett davon schmolz nämlich, drang in die Wurst ein und verlieh ihr etwas von dem eigentümlichen, ein wenig bitteren Flomengeschmack. Zugleich aber sollte diese Haut und auch das Roggenmehl verhindern, daß der Dampf in den Krug eindrang, weshalb man oft auch noch ein Stück Leinen über das Gefäß band. Dann stellte man es in den Grudekessel und kochte es zusammen mit den richtigen Blutwürsten und anderen Schlachterzeugnissen. Man stellte die Krüge auf Holzklötze, damit die Oberkante über die Wasseroberfläche hinausragte.

Zu diesen Blutwürsten machte man eine Soße aus Butter, Mehl, Wurstbrühe, Puderzucker und Honig, oder man goß einfach ausgelassene Butter und Zimt darüber. Auch die *leverpølse* (Leberwurst) aus Leber, Speckwürfeln, Schnittlauch oder Schalotten oder auch Porree, Salz, Pfeffer, Piment und Ingwer wurde ab und zu als Krugwurst gekocht, allerdings seltener als die Blutwurst.

Die *hvidpølse* (Weißwurst) machte man auf Bornholm aus ziemlich festem Reisbrei, den man mit Eidotter, Butter, Rosinen, Kardamom verrührte und in große Därme füllte und danach eine Stunde lang mit der Blutwurst kochen ließ. Sie wurde in Scheiben geschnitten und mit der Blutwurst gegessen.

Eine ganz besondere Bornholmer Spezialität ist *fyjllakreitur* (etwa: gefülltes Geflügel), was in der Regel gefüllte Gans oder Ente bedeutet.

Die Füllung besteht unter anderem aus Kümmelbrezeln, und zwar von der Art, wie man sie eher in Deutschland und Österreich als in Dänemark antrifft. Bereits frisch gebacken sind sie hart wie Zwieback. Man macht sie aus einem guten Weißbrotteig mit Eiern. Beim Backen sorgt man für Dampf im Ofen, was die Brezeln hart macht.

Viele Bornholmer Bäcker führen sie noch immer, alle können sie auf jeden Fall auf Bestellung liefern. Richtig gebacken und trocken gelagert, halten sie sich ein ganzes Jahr. Früher war es üblich, daß man zu Beginn des Winters beim Bäcker mehrere Kilo davon bestellte. Man aß sie nämlich auch in heißer Milch. Aufbewahrt wurden sie in einem Sack auf dem Boden in der Nähe des Schornsteins, oder man zog sie auf eine Schnur und hing sie dicht am Herd in der Küche auf.

Außerdem besteht die Füllung aus Äpfeln (früher aus eingeweichten Dörräpfeln), eingeweichten Backpflaumen und Rosinen, Salz, Zucker und Gewürzen, oft gestoßenem Kardamom, zuweilen auch noch aus Zimt oder Vanille. Später fügte man auch noch etwas Zitronensaft oder geriebene Zitronenschale hinzu.

Die Gans oder Ente wurde wie üblich gebraten, statt mit Wasser konnte man sie beim Braten auch mit Bier übergießen. Früher nahm man dazu das selbstgebraute Bier, heute nimmt man entweder Malzbier oder Lagerbier, das dem alten selbstgebrauten Bier am nächsten kommt. Hat man keine Kümmelbrezeln zur Hand, kann man statt dessen auch 60 Gramm sehr trockenes Brot und einen Teelöffel Kümmel nehmen. Bei einer Gans sollte man für alle Zutaten etwa ein Drittel mehr rechnen.

Zur gefüllten Gans oder Ente ißt man auf Bornholm Rotkohl, den man dort etwas anders zubereitet als sonst in Dänemark. In einigen Familien kocht man ein Stück leichtgesalzenen, durchwachsenen Speck mit, was dem Rotkohl mehr Geschmack und Glanz verleiht, andere geben etwas Kümmel dazu, wie man das auch in Nordschleswig, Deutschland und Österreich kennt. Ansonsten schmeckt man ihn mit Johannisbeergelee oder -saft, etwas Essig, Salz und Zucker ab.

Gemüse war bis zu Beginn dieses Jahrhunderts in der Bornholmer Küche nicht sonderlich verbreitet. Man kannte hauptsächlich Kohl und Erbsen und selbstverständlich Schnittlauch und Zwiebeln, die man reichlich verwendete. Später kam dann der Porree dazu, und alles Gemüse wurde bis aufs kleinste Stückchen ausgenutzt, nichts durfte verlorengehen.

Der Senf ist schon immer ein unentbehrlicher Bestandteil der Bornholmer Küche. Früher baute man selbst so viel Senf an, daß man ihn ausführen konnte. Der hausgemachte Senf, der sogenannte wassergeriebene Senf oder *runkasønnøp*, wie er im Dialekt hieß, erinnerte etwas an unseren heutigen Fischsenf, heute aber benutzt man inzwischen doch das gelbe Senfpulver. Man verrührt es mit etwas Wasser, ganz wenig Essig, sowie Honig und Puderzucker. Honig ist ein alter Brauch. Wenn der Senf besonders gut sein soll, läßt man etwas vom Wasser weg und nimmt statt dessen Portwein.

Süß muß er sein, dieser Senf, so wie der alte Senf von Schonen. Die Bornholmer sind Süßmäuler, was man unter anderem ihrem marinierten Hering anmerkt.

Kuchen und Desserts waren früher auf Bornholm allerdings unbekannt. Im 18. Jahrhundert kannte man einen dicken Eierkuchen, aber man weiß nicht, ob er süß war oder mit Marmelade oder ähnlichem gegessen wurde. Das Süße fehlte den Bornholmern jedoch nicht. Sie hatten eine umfangreiche Honigproduktion, die sogar zur Ausfuhr reichte. Im 18. Jahrhundert und zu Beginn des 19. Jahrhunderts wunderte man sich in Bornholmer Beschreibungen darüber, daß die Bornholmer aus ihrem Honig keinen Met machten, was zu der Zeit in Dänemark, und vor allem auf der Insel Fünen noch immer üblich war. Aber die Bornholmer wußten mit ihrem Honig anderes anzufangen. Unter anderem ließ man damit den Schwarzbrotteig gehen, und im übrigen süßten die Bornholmer, wie die alten Römer, damit ihre Speisen.

Beispielsweise süßte man damit auch Dickmilch, die man in Bornholm übrigens aufs Brot schmierte.

Bis zu Beginn unseres Jahrhunderts war auf Bornholm *bræjnnvinssøvva* (Branntweinsoße) sehr beliebt. Man aß sie zu Weihnachten und in den Erntetagen, im übrigen aber auch, wenn gute Freunde zu Besuch kamen. In eine Schale wurde eine ordentliche Portion guter, sauberer Branntwein gegossen, den man mit Honig verrührte, bis aus dem Ganzen eine harmonische Einheit wurde. Danach brach man dann Kümmelbrezeln klein, legte sie in den Honigbranntwein und ließ sie so lange ziehen, wie es die Geduld zuließ. Dann nahm man einen Löffel und ließ die Schale wandern. Die Tatsache, daß im Namen die Kümmelbrezeln nicht erwähnt werden, könnte darauf hindeuten, daß man sie in diesem Zusammenhang für weniger wichtig hielt. Sie waren vielleicht nur eine Art Alibi.

Ganz ohne Kümmelbrezeln wird dieses Gemisch zu einem Getränk, das man aus dem Glas trinkt. Man nennt es heute *honningsyp* (Honigschnaps). Wieviel Honig man unter den

Branntwein rührt, ist Geschmacksache, drei Eßlöffel auf eine halbe Flasche sollten allerdings ausreichen, es sei denn, man mag es besonders süß.

XVI Die Dänen und ihre Eßgewohnheiten

Im Alltag:

In einer dänischen Durchschnittsfamilie könnte das Essen an gewöhnlichen Werktagen so aussehen:

Frühstück: Kaffee, Weißbrot mit Butter, am Sonntag Brötchen. (Die dänischen Bäcker haben nämlich am Sonntag geöffnet und erleben an diesem Tag Hochbetrieb.) Cornflakes oder Haferflocken mit Milch. Zuweilen, vor allem auf dem Land, Haferbrei.

Mittagessen: Man nimmt seine Brote mit zur Arbeit oder ißt Smørrebrød in der Kantine. Zu Hause Roggen- oder Weißbrot, Margarine, Aufschnitt, vielleicht ein kleines Hacksteak oder ein gebratenes Fischfilet.

Abendessen: Rote Grütze mit Milch oder Rahm. Hacksteak mit gebratenen Zwiebelringen, Soße und Kartoffeln. Vielleicht hinterher etwas Käse.

Zwischendurch: Überall in Dänemark stößt man auf die typischen weißen Würstchenwagen, die abends weggefahren werden. Für einen Deutschen ist das dänische Würstchenangebot allerdings nicht sonderlich aufregend, obgleich sich die Qualität in den letzten Jahren stark verbessert hat. Früher bestanden die Würstchen nämlich hauptsächlich aus Mehl und

Wasser. Natürlich ist die Burgerkultur auch an Dänemark nicht vorbeigegangen. Burgerbars und Pizzerias gibt es überall.

Bei festlichen Anlässen zu Hause:

Zu Festen, die zu Hause begangen wurden, engagierte man früher und zum Teil auch heute noch eine Kochfrau, die sich um das Essen kümmerte. Das Menü bestand fast immer aus Suppe, Fisch, Braten und Eiskrem. Meist war das Hühnersuppe mit Mehl- oder Fleischklößchen, ein Fischfilet mit Hollandaise, Rinderbraten mit Soße und Pellkartoffeln und zum Nachtisch oft Eiskrem. Feierte man allerdings in einem der Versammlungshäuser an der Westküste, wo früher der Alkoholausschank verboten war, dann gab es häufig einen kräftigen Rumpudding mit mehr Rum als Pudding. Aus dem Rinderbraten wurde dann ein Schweinebraten mit Rotweinsoße. Heute ist die Auswahl bei solchen Gelegenheiten weitaus größer, aber fast immer gehört ein Braten dazu, und in gewissen Teilen von Jütland wäre man schwer beleidigt, wenn man keine Suppe vorgesetzt bekäme.

Küchentraditionen

In Wirklichkeit ist es in Dänemark weitaus wichtiger, daß man bestimmte Ausdrücke kann, als daß man weiß, wie man „rødgrød med fløde“ (rote Grütze mit Rahm) macht. Es gibt da rein nationale Ausdrücke wie „eine Geröstete“, „zwei von den Dicken“, „eine von den Langen“, „eine Dünne“, „einen Kratzer mit Doppel“, „vier aus der Kiste und ein Kaltes“ oder

„zwei Gewöhnliche aus der Kiste“, „ein Mittleres, ein Schwarzes und einen Beiwagen“.

Es handelt sich hier um ein Essen an einem dänischen Würstchenwagen, wo die Mahlzeit aus verschiedenen Würstchen und aus Bier besteht. Die Dänen trinken Bier zu fast jedem Essen, außer zu Torte! Luxusbier schmeckt herrlich zu einer guten Mahlzeit, ein dünnes Bier löscht den Durst. Doch das Bier hat in Dänemark auch seine eigenen saisonalen Höhepunkte. Man hat das Weihnachtsbräu, das Osterbräu, das Pfingstbräu, Sommerbier und vieles andere. Die Dänen lieben die Festtage, wenn auch nicht immer die, die im Kalender stehen. Sie können sie durchaus selbst erfinden, wenn sie zu einem guten Essen und reichlich zu Trinken führen!

Zu Ostern gibt es die neuen dänischen Lämmer, herrliche Hühnchen, guten Käse, Hering und Eier in allen Farben und dazu ein wundervolles Osterbräu. Zu Pfingsten ist das Ganze dann leichter, der Sommer nähert sich. Da trinken die Dänen normales Bier, essen Frühjahrsgerichte, Gurkensalat, Rhabarberkompott, Kalbsbraten, Huhn mit Petersilie, Radieschen, Käse, Bückling und eine gute Lammrollwurst. Sie wissen, daß der Sommer unterwegs ist, und essen sich ihm entgegen.

Die Mittsommerzeit ist Grillzeit und bietet Unmengen von gutem Gemüse. Dazu trinkt man Faßbier. Erdbeeren und Himbeeren mit Rahm gehören in dieser Zeit auch einfach dazu. Wenn der Sommer erst da ist, gibt es keinen Weg und keinen Garten ohne Sommerfest. Festliche Anlässe finden sich immer, und die Dänen wissen das zu genießen. Hinzu kommt dann noch eine überwältigende Zahl offizieller Feste: Hafenfeste, Stadtfeste, Märkte, Strandfeste, Tierschauen, Waldfeste. Im Sommer ist ganz Dänemark ein einziges großes Stadtfest. Im Herbst weiß man, daß sich der Winter nähert, deshalb muß man essen, um sich gegen den anstrengenden Winter zu wappnen. Darum stehen gelbe Erbsen mit

Speck, Senf, Bier und Schnaps auf der Speisekarte. Es gibt gleich mehrere Tage lang Braunkohl mit Wurst und fettem Fleisch, Grünkohlsuppe mit gekochter Ochsenbrust, und jedesmal hat man einen Anlaß. Kleine warme Krapfen mit Portwein, Pfefferkuchen – man läßt sich immer etwas einfallen. Es gibt im Dänischen das Wort „hygge", das sich mit „Gemütlichkeit" nur unzulänglich ins Deutsche übersetzen läßt. Bezeichnenderweise gibt es den Ausdruck auch als Verb, was zeigt, daß die Dänen darunter etwas verstehen, was man auch aktiv tun kann. „Hygge" ist etwas Dänisches, der Inbegriff des dänischen Familienlebens, der auch den Freundeskreis mit einschließt. Man findet sich im trauten Kreis mit Familie und Freunden zusammen, ißt gut, trinkt und „hygger sig", man hat es also gemütlich miteinander. Das geht allerdings nicht auf Kommando, meist entstehen diese Situationen ganz spontan.

Dezember ist der große Festmonat. Bereits im November beginnen die Vorbereitungen, worüber heute viele Leute murren und sich ärgern, doch wenn sich der magische 24. Dezember nähert, geschieht es: Alle werden mitgerissen. Im Dezember finden eine Unmenge Weihnachtsfeiern statt, die sogenannten „julefrokoster". Man feiert sie in Restaurants, in Firmen und privat. Dazu gehört das große Weihnachtsbüffet mit kalten und warmen Gerichten und mit sehr viel Bier und Schnaps.

Der Weihnachtsabend ist heilig. Da bleibt man schon aus Rücksicht auf die Kinder nüchtern. Am Weihnachtsabend ißt man Reisbrei oder die leichtere Form Ris á l'amande (Mandelreis). Mit diesem Dessert verknüpft sich die Tradition des „Mandelgeschenks". Im Reis wird eine ganze Mandel versteckt, wer sie findet, bekommt ein kleines zusätzliches Geschenk. Das kann in Familien mit mehreren Kindern schon mal zu gewissen Schwierigkeiten führen, wenn sich die Eltern keine diplomatischen Lösungen einfallen lassen! Sonst ißt man Schweinebraten mit knuspriger Schwarte oder gebratene Gans, wobei in den letzten Jahren jedoch Puter und Ente den dänischen Weihnachtstisch erobert haben. Am ersten Weihnachtsfeiertag kommt das große Weihnachtsbüffet des Jahres. In allen Familien wird ordentlich aufgetischt. Am zweiten Weihnachtsfeiertag ißt man Reste und wartet dann auf den Silvesterabend. Nach all den fetten Weihnachtsgerichten ißt man zu Silvester gekochten Dorsch mit Pellkartoffeln und Fischsenfsoße, trinkt aber dafür mehr Alkohol als zu Weihnachten.

Den ganzen Januar über hat man ein schlechtes Gewissen wegen der Dezemberesserei, weshalb die eine Hälfte der Bevölkerung auf dem „Wasserwagen fährt", wie die Dänen sagen, das heißt, keinen Alkohol trinkt, und die andere Hälfte eine Abmagerungskur macht. Unglaublich, wieviel Reue man im Januar aufbringen kann! Dann freut man sich auf die Frühjahrsfeste. Klingt das nicht gut?

Natürlich wird zwischendurch auch gearbeitet, doch selbst beim Arbeiten denkt der Däne an das nächste schöne Fest mit Essen und Trinken. Der Däne liebt nun einmal das Feiern und seine „hygge", obgleich zur dänischen Gemütlichkeit nicht immer unbedingt Essen gehört, sie kann sich auch bei einer Tasse Tee und einem Keks einstellen. Die dänische „hygge" ist die undefinierbare gute Stimmung unter Menschen und ein nettes Verhältnis zu sich selbst!

Die Küche ist ein wichtiger Arbeitsplatz. Es gibt wohl in der ganzen Welt keine besser eingerichtete Küche als die dänische. Selbst die kleinste Wohnung hat eine Küche, die sich sehen lassen kann. In Kopenhagen gibt es eine ganze Straße nur mit Küchengeschäften. Die Küche bedeutet unglaublich viel. Man ißt gern in der Küche und benutzt den Eßraum statt dessen für etwas anderes, oder Küche und Eßzimmer gehen offen ineinander über, damit man das Küchengeschehen verfolgen kann. Küchenstimmung ist gute Stimmung. Selbst Kinder werden in einer Küche ruhig, weil sie spüren, daß hier etwas vor sich geht, was ihnen später zugute kommt, und das reizt ihre Neugierde. Es gibt sicher wenige Länder, in denen Küchenstimmung und Wetter eine so eigentümliche Einheit bilden wie in Dänemark. Eine warme Küche an einem kalten Winterabend ist für den Dänen ein Paradies.

XVII Die Geschichte des dänischen Smørrebrød

Smørrebrød gibt es in Dänemark seit Anfang des letzten Jahrhunderts. Eigentlich bedeutet das Wort nichts weiter als eine Scheibe Brot, auf die man Butter, Fett oder Margarine schmiert und die man mit Fleisch, Fisch oder Gemüse belegt. Den ersten „Smørrebrødzettel", die berühmte Liste mit der Auswahl an Smørrebrød, gab es 1883 im Kopenhagener Offiziersverein. Der Ober Emil Björn hatte es satt, vor jedem Gast erneut aufzählen zu müssen, was die Smørrebrødküche zu bieten hatte, weshalb ihm eines Abends die Idee kam, daß es leichter sei, das ganze Sortiment aufzuschreiben und den Gast ankreuzen zu lassen, was er gern haben wollte. Das war die Geburt des Smørrebrødzettels, den es heute in jedem dänischen Restaurant gibt.

Berühmt wurde später der ellenlange Smørrebrødzettel des Restaurants Oscar Davidsen in Kopenhagen.

Smørrebrød kann man aus allem machen, was man gerade zur Hand hat. Deshalb ist es so einfach und beliebt. Die Dänen essen es mindestens einmal am Tag. Viele nehmen ihr Smørrebrød mit zur Arbeit, statt in der Kantine zu essen.

Nur die Phantasie setzt den Kombinationsmöglichkeiten Grenzen. Tomaten und Leberpastete sind häufig, Eier findet man in allen Formen, beispielsweise auf Toast mit Gorgonzola, rohem Eidotter und Zwiebelringen. Man kann das Smørrebrød zubereiten, bevor die Gäste kommen, und es dann kühlstellen, man kann aber auch alles nur auf den Tisch stellen, so daß sich der Besuch sein eigenes Smørrebrød zusammenstellen kann. Die Reihenfolge ist wichtig! Sie lautet: Fisch, Salziges, Braten und Käse.

Es gibt in Dänemark viele Smørrebrød-Geschäfte, in denen man das frisch geschmierte Smørrebrød kaufen und mit nach Hause nehmen kann. Man trinkt dazu Bier und Schnaps, niemals Wein.

Wir Dänen wissen es – das Smørrebrød hat uns berühmt gemacht. Zum Glück ist es heute nicht mehr so überladen wie früher. Dafür schmeckt es besser. Das verdanken wir nicht zuletzt den jungen Leuten, die uns wieder mehr Respekt vor dem Essen beigebracht haben.

Der Hering ist ein wichtiger Bestandteil des dänischen Smørrebrød. Man fängt immer mit Hering an, ganz einfach, weil man sonst keinen Branntwein oder Schnaps dazu trinken kann. Der Hering muß zum letztenmal in seinem Leben schwimmen.

Viele Dänen machen ihren eigenen Kräuterschnaps. Sie sammeln die Kräuter und legen sie in einen geschmacksneutralen Schnaps. Bei dieser Zeremonie sind sie mit Leib und Seele dabei, und wenn man zu einem solchen hausgemachten Schnaps eingeladen wird, kann man sicher sein, daß mindestens eine Stunde lang der Gesprächsstoff nicht ausgeht und man zwischendurch immer wieder probieren muß.

Der dänische Literaturnobelpreisträger Johannes V. Jensen schrieb in den dreißiger Jahren einmal:

„Zu Mittag: Jetzt geht es mir gut. Vor mir stehen vier Stück herrliches Smørrebrød. Erst esse ich eines mit Ei und Hering. Oh, welche Ahnung von Schwefelwasserstoff, von Jodgeruch aus dem Tangwald des Meeres! Danach beiße ich in ein junges und schieres Stück Bra-

ten, und hier vertiefe ich mich in den Geschmack und schweige. Das Bukett der Rollwurst aus Hammel, öltropfenden Maschinen, Webereien, erweitert mein Wohlbefinden. Der Käse verknüpft mir im Herzen eine Stimmung aus Fäulnis und heißglühender Liebe.“

Man sieht, die Dänen haben zu ihrem Smørrebrød ein nahezu metaphysisches Verhältnis!

Wie viele andere Völker, so reisen heute auch die Dänen und haben deshalb Geschmack an anderen Eßkulturen gefunden. Das sieht man deutlich an den Festessen, wo es keineswegs ungewöhnlich ist, daß man zwischen die traditionellen dänischen Gerichte auch mal ein spanisches, französisches, italienisches oder griechisches einschiebt. Die Mittelmeerküche ist in Dänemark beliebt. Wir mischen viel. Früher hieß das Festmenü immer: Suppe, Braten und Eis. Doch das ändert sich. Jetzt gehört auch immer irgendein Fisch dazu.

Die Grenzen sind aufgehoben, heute kann man zu einem Essen durchaus mit Bier anfangen und danach Wein trinken, was früher undenkbar gewesen wäre. Da gab es nur das Entweder-Oder.

Das Tivoli ist für alle Dänen ein nationales Symbol. Auch beim Essen löst der Name Tivoli ganz bestimmte Vorstellungen aus. Für einen Dänen sind das: frisch gekochte Fjordgarnelen, Lammbraten mit Gurkensalat, Filetmedaillons mit gebratenen Zwiebeln und die unentbehrlichen Frikadellen. Eine Duftharmonie! Dazu kommen dann Zuckerwatte und Vanilleeis. Das Tivoli duftet ungemein dänisch!

Moderne Dänen essen am Morgen gern Sauermilchprodukte, oft mit Frisch- oder Trockenobst und Müsli. Sie trinken Gemüse- und Obstsaft. Sie essen grobes Brot, guten dänischen Käse und Marmelade und bei festlichen Anlässen Eier und Wurst. Aber die Eßgewohnheiten in den einzelnen Familien sind noch immer recht unterschiedlich. Auf jeden Fall stopft man nicht mehr so viel in sich hinein wie früher. Die Dänen sind auch etwas stärker zur Tugend ihrer Ahnen zurückgekehrt und lernen es, die Dinge wiederzuverwenden. Aus dem Braten von gestern macht man ein Resteessen, das „biksemad“, oder Labskaus, die Kartoffeln vom Tag zuvor legt man mit Salz, Schnittlauch und Zwiebelringen auf eine Scheibe Roggenbrot.

Das Brot ist ein Kapitel für sich. Es ist in den letzten zehn bis zwanzig Jahren in Dänemark erheblich besser, gesünder und abwechslungsreicher geworden. Das verdanken die Dänen nicht zuletzt dem Einfluß ihrer südlichen Nachbarn . . .

XVIII Einiges zum Smørrebrød

Für das Smørrebrød nimmt man in Dänemark hauptsächlich Roggenbrot, sehr gern Vollkornroggenbrot. Zu manchen Dingen gehört allerdings auch Weißbrot. Auf das Brot schmiert man ganz nach Geschmack Butter, Schmalz oder Margarine oder vielleicht auch nichts. Wenn der Belag ausreichend schmeckt, braucht man keine Butter. Zu manchen Dingen schmeckt übrigens getoastetes Roggenbrot sehr gut.

Lammkeule
Roggenbrot mit dünnen Scheiben geräucherter Lammkeule, garniert mit warmem Rührei und Schnittlauch.

Salzschinken
Sauerteigbrot mit ganz dünnen Scheiben dänischem Salzschinken, unter den man warmes Rührei oder ein pochiertes Ei legt und den man mit frisch gehackten roten Zwiebeln garniert. Dazu kann man Schnittlauch und eine gute Senfmarinade reichen.

Geräucherter Schinken
Geräucherten Schinken kleinwürfeln und mit gehackten Zwiebeln, etwas Senf und zwei gekochten Eiern (7 Minuten kochen und dann hacken) mischen. Auf eine Scheibe getoastetes Weißbrot geben, in eine kleine Vertiefung in der Mitte ein rohes Eidotter und darauf Zwiebelringe legen.

Dyrlægens natmad (Abendessen des Tierarztes)
Ein dänischer Klassiker: 1 Scheibe Roggenbrot zunächst dünn mit Schmalz bestreichen, 1 dicke Scheibe Leberpastete, mehrere dünne Scheiben „Salzfleisch“ (meist aus Oberschale vom Rind oder Kalb), Aspik und Zwiebelringe darauflegen.

Anschovis
Gehackte, hartgekochte Eier in eine Schüssel tun, mit Kresse garnieren und mit kleinen zusammengerollten Anschovis und kleingehackten Zwiebeln servieren.

Räucheraal
Am besten sind Aale von etwa 500 g Gewicht. Den Aal aufschneiden, enthäuten, auf 1 Scheibe Roggenbrot mit Butter legen. Dazu warmes Rührei servieren.

Frisch geräucherter Lachs
Frisch geräucherten Bornholmer Lachs in Scheiben schneiden. Auf einer Platte mit weißem oder grünem Spargel anrichten. Dazu Kümmelbrot oder Toast mit Butter und frisch gemahlenem Pfeffer, eventuell auch Rührei reichen.

Champignons in Rahm
200 g Champignons putzen, bei starker Hitze in etwas Butter sautieren. Rahm und Pfeffer dazugeben, einkochen lassen. Mit etwas Paprika abschmecken. Auf Weißbrottoast legen, obenauf mit mehreren knusprig gebratenen Baconstreifen garnieren.

Geräucherter Heilbutt
1 Scheibe Roggenbrot mit etwas Butter beschmieren und darauf frisch gekochte Kartoffeln in Scheiben legen. Den Fisch in dünne Scheiben schneiden und auf die Kartoffeln legen. Mit gehackten Eiern und viel Dill garnieren.

Frischer Lachs
Den Lachs aufschneiden, mit Salz und Pfeffer bestreuen, 3–4 Stunden ziehen lassen. In dünne Scheiben schneiden, mit grobem Roggenbrot und Kümmelbrot auf einer Platte anrichten. $1/2$ l Rahm kurz aufkochen, kalte gekochte Kartoffeln in Scheiben dazugeben, mit etwas Dijonsenf, 1 gehackten Anschovis, Salz und Pfeffer abschmecken. Kartoffeln zum Lachs reichen.

Gebeizter Fisch
Heilbutt, Seelachs oder Dorsch. Vom Fischhändler die Seitengräten der frischen Fischfilets abschneiden lassen. 2 gestrichene Eßlöffel Salz, 1 Eßlöffel Farinzucker, 2 Eßlöffel getrocknete Dillsamen, viel frisch gemahlenen Pfeffer vermischen und die eine Filetseite damit bestreichen. Einige Stunden kühlstellen. Die Filets auf Eis anrichten und mit gehackten Zwiebeln, Eidotter, Graubrot und Schmalz reichen.

Krebsschwänze
Wasser, Zucker, Salz und viel Dill aufkochen. Die lebenden Krebse in das Wasser tun, noch einmal 5 Minuten aufkochen lassen. Die Krebse und den Dill herausnehmen. Frischen Dill in die Lake schneiden, die Krebse wieder zurücklegen, in einem Gefäß 24 Stunden kühlstellen. Vor dem Essen eventuell anwärmen. Dazu gehören Kümmelbrot sowie mit etwas Senf, viel frischem Dill, gehackten Eiern oder Kräutermayonnaise verrührte Crème fraiche. Wenn man die Krebsschwänze auf den Brotscheiben anrichtet, müssen sie zuvor von der Schale befreit werden.

Krebssalat
Einen Kopfsalat gründlich waschen, eine große Salatschüssel damit auskleiden. Dünne gekochte Kartoffelscheiben, 1 Eßlöffel Kapern, Gurken- und Tomatenwürfel und in Scheiben geschnittene Radieschen auf den Salat legen. Die Krebsschwänze darauftun, Pfeffer und Salz beigeben. Über das

Ganze eine Marinade gießen: 4 (7 Minuten gekochte) Eier zerdrücken, mit etwas Senf, viel frischer Kresse, ein wenig Essig und Zitronensaft verrühren.

Langusten

Die Langusten in einer Lake aus Wasser, Salz, Zucker und viel frisch geschnittener Petersilie kochen. Das Wasser muß wirklich kochen, bevor man die Langusten hineintut. 5 Minuten kochen lassen, die Langusten wenden, so daß sie mit dem Rücken nach unten liegen. Einen Tag ruhen lassen, die Langusten aus der Schale nehmen, auch die Masse aus dem Langustenkopf lösen. Die Schwänze abschneiden. Die restliche Masse mit einem rohen Eidotter, etwas Salz und Zitronensaft, ½ dl Öl, viel frischem Kerbel, Petersilie, Schnittlauch verrühren. Die Langustenschwänze auf Toast legen. Zwei Eidotter, 3 Eßlöffel Crème fraiche und frisch geschnittenen Dill verrühren, die Langustenschwänze mit der Masse bedecken. 2 Minuten unter Grill im Backofen gratinieren. Mit der zubereiteten Marinade servieren.

Dorschrogen

Frischen Dorschrogen in Pergamentpapier einpacken, mit etwas Salz und Zucker in kochendes Wasser geben. Bei schwacher Hitze 5–10 Minuten kochen und dann ziehen lassen. Den Dorschrogen herausnehmen, in Scheiben schneiden, in Roggenmehl wälzen und in Butter braten. Dazu grobes Roggenbrot und Remoulade reichen. Am besten schmeckt selbstgemachte Remoulade: gehackte Mixed Pickles und Kräuter mit etwas Mayonnaise binden, mit Kapern und frisch gehackten Zwiebeln garnieren.

Gebeizter Hering

Heringsfilets mit etwas Salz und Zucker, viel getrocknetem Dill und gestoßenen Senfsamen einreiben. Drei Tage im Kühlschrank ziehen lassen. Schmeckt gut zu grobem Roggenbrot, aber auch leicht in Butter gebraten zu Rahmkartoffeln.

Gebeizter Lachs

½ Lachsseite von etwa ½ kg mit 3 Eßlöffeln Salz, 1 Eßlöffel Farinzucker und frischgemahlenem Pfeffer bestreuen und mit viel zerkleinertem Dill bedecken. Mindestens 24 Stunden im Kühlschrank stehen lassen. Den Dill eventuell abschaben, den Lachs in dünne Scheiben schneiden. Dazu reicht man Kümmelbrot und eine Soße aus: Senf, Farinzucker, frisch gemahlenem Pfeffer, frischem Dill und einigen Tropfen Essig. Zum Lachs serviert man gehackte Eier oder Spiegelei. Auf die gleiche Weise kann man Dorsch, Scholle, Rotbarsch, Seelachs, Scharbe, Flunder, Schellfisch beizen.

Gebeizte Makrele

Zwei Makrelenfilets mit einer Mischung aus 1 Eßlöffel Zukker, 1 Teelöffel Salz, 1 Teelöffel Kümmel, viel frisch gemahlenem Pfeffer und 3 Anschovis bestreichen. Beschweren und 2 Tage zugedeckt im Kühlschrank stehen lassen. Dazu reicht man Pellkartoffeln mit Buttersoße und etwas Zitronensaft sowie Gurkensalat.

Aal in Curry

4 Aale (à 500 g) säubern und in 3–3 cm lange Stücke schneiden, mit Salz und Zucker bestreuen und 1 Stunde kühlstellen. 4 große Zwiebeln schälen und in Scheiben schneiden. Mit 1 Eßlöffel Curry, 1 Teelöffel Paprika, 3 geschnetzelten Sommeräpfeln in Butter sautieren. Die gewaschenen und trockengetupften Aalstücke in Mehl wälzen und in die Zwiebelmischung geben. 3 geschälte und gehackte Tomaten und 1 Flasche Weißwein dazutun. Das Ganze zugedeckt 30 Minuten köcheln lassen. Die Aalstücke herausnehmen, nach Belieben mit Curry abschmecken und Petersilie in die Brühe geben. Danach die Aalstücke zurücklegen und das Ganze zu Pellkartoffeln oder grobem Brot servieren.

Aal in Meerrettich

4 Aale (à 500 g) in 3–4 cm lange Stücke schneiden, salzen und eine Stunde kühlstellen. 3 große Kartoffeln schälen und würfeln. Mit etwas Thymian und zwei in Scheiben geschnittenen Zwiebeln in 1 Eßlöffel Butter sautieren. Mit 1 l Wasser bedecken, 10 Minuten köcheln lassen. Die Aalstücke in der Pfanne anbraten und danach in die Kartoffelbouillon geben. 10 Minuten bei schwacher Hitze kochen lassen. Mit viel geriebenem Meerrettich und etwas Zitronensaft abschmecken. Zum Aal gebratenen frischen oder geräucherten Speck reichen.

Aal in Aspik

Zwei Aale (à 500 g) salzen und in 2–3 cm lange Stücke schneiden. Kühlstellen und ziehen lassen, inzwischen eine Marinade zubereiten: 2 Mohrrüben, 2 Äpfel und 2 Kartoffeln reiben. 2 rote Zwiebeln kleinhacken. Das Ganze mit 2 Lorbeerblättern, ein paar Nelken, Piment und 1 Teelöffel frisch gemahlenem Pfeffer in einen Topf geben. Mit Wasser und 1½ dl Essig bedecken, 15 Minuten köcheln lassen. Die Aalstücke dazutun und etwa 10 Minuten kochen lassen, bis der Aal gar ist. Aal und Gemüse herausnehmen, in eine Form legen. Pro Liter Lake 12 eingeweichte Blatt Gelatine in die Brühe geben, gut verrühren, über den Aal gießen und nach Geschmack frische Petersilie, Kerbel, Dill oder Schnittlauch darauftun. Einen Tag ziehen lassen. Zum Essen Essig, Senf und grobes Brot reichen.

Lachstartar

Etwa 250 g Lachs schaben, in einer Schüssel mit 1 Teelöffel Senf, frischgemahlenem Pfeffer und frischgehackter Kresse mischen. Mit Crème fraiche, frischem Dill und etwas geriebenen Zwiebeln abschmecken. Dazu Toast reichen.

Dorsch- oder Seelachstatar

250 g Dorsch oder Seelachs hacken, 4 mittelhart gekochte Eier, Kresse, Schnittlauch und Senf gut mit dem Fisch verrühren und mit etwas Zitronensaft abschmecken. Dazu Toast und gebratenen durchwachsenen Speck reichen.

Heringsrouladen

Große Heringsfilets mit Salz und Pfeffer würzen. Gehackte Gewürz- und Senfgurken, Rote Bete und Zwiebeln mischen, mit 2 Eßlöffel Senf verrühren. Die Masse auf die Filets legen, die Filets zusammenrollen und mit Zahnstochern zusammenhalten. In ein Gefäß legen. Aus gleichen Teilen Essig, Apfelmost, etwas Zucker, 1 Stange Zimt, ein paar Nelken und Pimentkörnern eine Marinade zubereiten und über die Rouladen gießen. Das Gefäß abdecken und bei 250° C 30 Minuten in den Backofen geben (man kann das Ganze auch langsam in einem Topf erhitzen). Ziehen lassen.

Für Rat und Hilfe danken wir:

Erik Koed Westergaard
Københavns Fisketorv
Københavns Grønttorv
Restaurant Lumskebugten
Gl. Humlebæk Kro
Gitte Kik
Det Dynamiske Hjørne
Skovshoved Hotel
Den Faglærte Slagter – Valby
Søllerød Kro
Smidstrup Gård
Frederiksberg Smørrebrød
Danmarks Turistråd – Bente Hoffmann
Carlsberg A/S – Rolf Nielsen, Monica Ritterband
Restaurant Bjælkehuset
Nationalmuseet København
Københavns Bymuseum
Det Grønne Køkken
Vendsyssel – Denmark A/S
Marianne Holmfred

edition q – Buchtips

Marlies Sillinger-Rindsfüsser

Zu Gast im Land der Zigeunerbarone

Ein kulinarischer Streifzug durch die Wojwodina

In ihrem neuen Koch-Kunst-Führer macht die Autorin mit der wechselvollen Geschichte einer europäischen Region vertraut. In gelungenen Kompositionen werden dazu wahrhafte Köstlichkeiten serviert.

144 Seiten mit 36 Illustrationen von Wolfgang Ruth
Best.-Nr. 9142, ISBN 3-86124-142-0

Ursula Winnington

Köchelei fürs Paradies

Ursula Winningtons Leitspruch „Essen ist mein zweites Vergnügen" ist auch in ihrem neuen von Horst Hussel so poetisch-hintersinnig illustrierten Koch-Kunst-Verführer spürbar.

256 Seiten mit 6 vierfarbigen und 41 Zeichnungen von Horst Hussel
Best.-Nr. 9083, ISBN 3-928024-39-6

Ursula Winnington

Mein Leib- und Magenbuch

Diese kulinarischen Notizen sind im doppelten Sinne schmackhaft: einerseits durch die originellen und detaillierten Rezepte; andererseits durch die eingestreuten lebensklugen Texte, Anekdoten und Histörchen.

192 Seiten mit 36 teils farbigen Illustrationen von Xago
Best.-Nr. 9018, ISBN 3-928024-65-5

edition q Verlags-GmbH